Inhalt

W0053407

Einleitung

»Am Gelde hängt, zum Gelde drängt doch alles.« Diese Binsenweisheit trifft natürlich auch für Berufspolitiker zu. Interessant daran ist, daß sich in der Bezahlung und Versorgung von Berufspolitikern deutlicher als in vielen anderen Punkten zeigt, wie es um unser Gemeinwesen bestellt ist, und es spiegeln sich darin sogar charakteristische Merkmale der Art und Weise, wie Politik heutzutage verstanden und betrieben wird: Anstößig sind nicht die offenen Bezüge von Politikern, sondern ihre zum Teil steuerfreien Zweit- und Dritteinkommen, ihre überzogenen Übergangsgelder und hohen Versorgungen schon nach kurzer Zeit, die die Staatskasse plündern, die Empfänger in Abhängigkeit bringen, ihr Ansehen und ihre Glaubwürdigkeit ramponieren und ihnen die politische Gestaltungskraft nehmen. Wenn Exekutivspitzen gleichzeitig dem Parlament angehören, das sie zu kontrollieren hat, wenn wirtschaftliche Interessenten sich Abgeordnete kaufen, ist eine unvoreingenommene Wahrnehmung der gemeinwohlbezogenen Amtsaufgaben nicht mehr möglich. Solche Interessenverquickungen sind von Übel. Niemand kann gleichzeitig mehreren Herren dienen.

Zur Bürgernähe gehört, daß die Gesetze in ihrer majestätischen Gleichheit auch auf die Politiker selbst angewandt werden. Privilegierungen der Volksvertreter entbehren nicht nur beim großen Lauschangriff der Rechtfertigung. Es kann nicht sein, daß jeder Steuerzahler seine Aufwendungen dem Finanzamt akribisch belegen muß, nicht aber Abgeordnete oder Minister mit ihren Pauschalen, von denen Normalverdiener nur träumen können. Es kann nicht sein, daß die Masse der Bürger um die Finanzierbarkeit ihrer Renten bangt, Politiker für sich selbst aber immer verrücktere Versorgungen anhäufen. Hier tut sich eine Schere zwischen der Alterssicherung der Bürger und der politischen Klasse auf, die um so brisanter wird, je deutlicher die Rentenversicherung und die allgemeine Beamtenversorgung abspecken müssen. Nur wenn Politiker selbst unter den von ihnen gemachten Gesetzen leiden und ihre Ungerechtigkeit und mangelnde Praktikabilität am eigenen Leib erfahren, können sie sich in die Bürger hineinversetzen. Sie würden dann auch merken, wo der Schuh drückt, und hätten die nötige Motivation, um Reformen voranzutreiben.

Wenn das Wort von Bundespräsident Herzog, bei den anstehenden Reformen gehe es weniger um ein Erkenntnisproblem als vielmehr um ein Umsetzungsproblem, irgendwo zutrifft, dann vorrangig bei der Versorgung von Politikern. Schon den Inhalt der bestehenden Gesetze zu erfassen verlangt erhebliche Anstrengungen. Das liegt an ihrer undurchdringlichen Kompliziertheit und Verschachtelung. Man braucht dafür gleich eine Vielzahl von Spezialisten: Beamtenrechtler, Gemeinderechtler, Parlamentsrechtler und Steuerrechtler. Wenn der Zugang aber schon für gelernte Juristen erschwert ist, gilt dies erst recht für Angehörige anderer Staats- und der Politikwissenschaften – vom normalen Bürger ganz zu schweigen.

Die Undurchsichtigkeit wird dadurch vertieft, daß jedes Land die Versorgung seiner Abgeordneten und Minister gesondert festlegt. Zu bestimmten Zeiten hat sich beinahe so etwas wie ein Privilegienwettlauf entwickelt, der den Gedanken des Föderalismus ad absurdum führt. Die Vielzahl besoldeter Ämter im Bund, in den Ländern und Kommunen, die alle mit einer großzügigen Altersversorgung verbunden sind, verführt fast dazu, verschiedene Ämter im Laufe einer politischen Karriere aneinanderzureihen und – bei häufig unzureichenden Verrechnungsvorschriften

– Pensionen und Übergangsgelder daraus zu sammeln: als Bürgermeister einer Stadt, als politischer Beamter oder als Minister erst in einem Land, dann in einem anderen, schließlich im Bund oder in der Europäischen Union.

Die Kompliziertheit hat ebenso System wie die vielfältigen Möglichkeiten des Kumulierens von Versorgungen: Beides hängt damit zusammen, daß Politiker die einzige Berufsgruppe sind, die über ihre Bezüge selbst entscheidet und dabei gleichzeitig versucht, das ganze Ausmaß ihrer Verdienstmöglichkeiten vor der Öffentlichkeit zu verbergen.

Öffentlichkeit ist hier also doppelt nötig, wenn Druck in Richtung auf die erforderlichen Reformen entstehen soll. Das setzt voraus, daß die komplizierten Gesetze in allgemeinverständliches Deutsch übersetzt werden, und bedingt eine Darstellungsweise, die die Probleme möglichst handgreiflich macht: In diesem Buch werden daher auch exemplarische Einzelfälle aufgeführt und Roß und Reiter klar benannt. (Schwerer zu lesende Tabellen und Übersichten sind in den Anhang gestellt worden.) Das Buch erschöpft sich aber nicht in Einzelfällen, vielmehr bleibt die Gesamtproblematik in ihren verschiedenen Verästelungen und politischen Auswirkungen stets im Blick, und am Ende sind die nötigen Gesetzesänderungen im Zusammenhang aufgelistet.

In den letzten ein bis zwei Jahren hat die Opposition im Bundestag, besonders die Fraktion von Bündnis 90/Die Grünen, mehrere Gesetzentwürfe zu Teilthemen dieses Buches vorgelegt. Das ist sehr zu begrüßen, obwohl die Reformvorschläge bisher stets von der Mehrheit niedergestimmt wurden. Abgeordnete wie Gerhard Häfner sehen die verheerende Wirkung überzogener Politikerprivilegien und meinen es ernst mit ihrer Beseitigung. Derartige Initiativen würden jedoch an Durchschlagskraft und die Gesamtpartei an Glaubwürdigkeit gewinnen, wenn die Grünen sich für die nötigen Reformen nicht nur auf Bundesebene

stark machten, sondern auch auf der Ebene derjenigen Bundesländer, wo sie (zusammen mit ihren Koalitionspartnern) auch die
Mehrheit haben, um die nötigen Reformen zu verwirklichen.
Dieses Buch legt deshalb einen Schwerpunkt auch auf die einschlägigen Regelungen der Länder und betont zugleich die über-
greifende Systematik.

Das Buch wird bewußt *vor* der Bundestagswahl 1998 (und den
Landtagswahlen in Bayern und Mecklenburg-Vorpommern) ver-
öffentlicht. Der Bundestag und der Bayerische Landtag warten
nur darauf, *nach* den Wahlen noch weiter aufzustocken, und
haben diese Absicht sogar schriftlich niedergelegt. Von einem
Abbau der Privilegien dürfte dann erst recht keine Rede mehr
sein – auch nicht in anderen Parlamenten. Die Diskussion muß
deshalb vorgezogen werden und jetzt auf den Tisch, auch wenn
dies der politischen Klasse nicht paßt. In der Vorwahlzeit ist sie
in erhöhtem Maße ansprechbar und muß notgedrungen auch auf
Probleme ihrer eigenen Bezahlung eingehen und eventuell wirk-
liche Reformen in Aussicht stellen. In Wahlkampfveranstaltun-
gen können Fragen nach Auswüchsen bei der eigenen Bezahlung
nicht so leicht beiseite gewischt werden, wie Politiker das sonst
gerne tun. Darin liegt auch ein Grund, warum der Verfasser es
mit diesem Buch so eilig hatte – nur ein halbes Jahr ist seit dem
Erscheinen seines Buches *Fetter Bauch regiert nicht gern. Die
politische Klasse – selbstbezogen und abgehoben* (Kindler Verlag)
verstrichen. Dadurch wird aber auch das vorliegende Buch von
der Darstellung verwandter Probleme – wie etwa der Rekrutie-
rung und der Leistung von Politikern oder der Rolle von verfassungsrechtlichen Institutionen – thematisch entlastet und kann
sich deshalb ganz auf die Doppel- und Dreifachbezahlung und
Mehrfachversorgung von Politikern konzentrieren und auf die
damit verbundenen Probleme des Spagats zwischen verschiedenen Brötchengebern.

Ein weiterer Grund, warum das Thema jetzt aufgegriffen wird, liegt darin, daß das Bundesverfassungsgericht seine Kontrollaufgabe in Sachen Politikerversorgungen in den letzten Jahren eher zu vernachlässigen scheint. Die Prozesse, die Abgeordnete der Grünen in Rheinland-Pfalz und Thüringen angestrengt haben, sind seit 1991 in Karlsruhe anhängig. Ankündigungen des Gerichts über voraussichtliche Entscheidungstermine sind immer wieder hinausgeschoben worden.

Um so wichtiger erscheint es, die öffentliche Kontrolle zu aktivieren, wozu vor allem die Medien gehören – aber auch jeder einzelne Bürger.

1. KAPITEL

Einführung

Managergehälter – Meßlatte für Politiker?

Ein durchschnittlicher deutscher Arbeitnehmer hat ein Einkommen von brutto 4319 Mark im Monat.[1]* Der Bundespräsident (29 402 Mark) und der Bundeskanzler (28 370 Mark)[2] haben fast das Siebenfache an Bezügen, ein Bundesminister gut das Fünffache (23 020 Mark), ein Landesminister in Baden-Württemberg (18 817 Mark) oder im Saarland (18 743 Mark)[3] mehr als das Vierfache. Bundestags- und Landtagsabgeordnete beziehen in den alten Flächenländern zwischen dem knappen Doppelten (Schleswig-Holstein: 7350 Mark, Baden-Württemberg: 7900 Mark) und dem knappen Dreifachen (Hessen: 11 266 Mark, Bundestag ab 1. April 1998: 12 350 Mark).[4]

Daß Spitzenpolitiker ein Mehrfaches des Durchschnittseinkommens bekommen, ist grundsätzlich in Ordnung. Politiker müssen finanziell angemessen ausgestattet sein, damit sie möglichst unabhängig sind und nicht nur Reiche sich ein hauptberufliches politisches Amt leisten können. »Die Politik« ist in Gesellschaft und Wirtschaft eingebunden und kann sich hinsichtlich der Bezahlung ihrer Spitzenkräfte nicht ganz abseits stellen. Auch der »Mann auf der Straße« wird dies ohne Neid anerkennen, wenn er den Eindruck hat, Politiker seien ihr Geld wert und bei der

* Die Anmerkungen finden Sie ab S. 279

Auswahl des politischen Personals und der Festlegung seiner Bezüge gehe es mit rechten Dingen zu.

Allerdings wird man einen Spitzenpolitiker nie wie Boris Becker oder den Vorstand der Deutschen Bank bezahlen können. Es wäre sachlich unangebracht, die Einkommen von hochbezahlten Wirtschaftsbossen als Maßstab zu nehmen. Denn für Politiker gelten nun einmal andere Kriterien:

- Politikerbezüge speisen sich aus öffentlichen, vom Steuerzahler zwangsweise erhobenen Mitteln, denen – anders als privaten Geldern – eine enge Gemeinwohlbindung anhaftet. Schon gar nicht können Auswüchse in der Privatwirtschaft Vorbild für den öffentlichen Bereich sein.

- Über die Bezüge von Politikern entscheidet die politische Klasse letztendlich selbst. Bei Entscheidungen des Parlaments in eigener Sache sind erst recht Angemessenheit, Transparenz und penible Einhaltung der Entscheidungsprozeduren geboten.

- Zudem werden die Ämter, um deren Bezahlung es geht, nicht nach einer vom Markt bewerteten Leistung, sondern nach politischen Kriterien vergeben.

- Die vorstehenden Erwägungen werden dadurch voll bestätigt, daß Politiker auch in vergleichbaren Demokratien nicht bessergestellt sind als deutsche, eher schlechter.

Der Sold des Politikers – intransparent und durch die Hintertür

Die Probleme bei der Bezahlung von Politikern liegen nicht bei den offen ausgewiesenen Gehältern, sondern bei den versteckten Zusatzeinkommen, deren wirtschaftlicher Wert die Gehälter oft noch übertrifft.

In Deutschland können Politiker im Wege der Gesetzgebung selbst über ihre Bezüge entscheiden. Bei Entscheidungen von Amtsinhabern in eigener Sache käme es eigentlich ganz besonders auf die Korrektheit des Verfahrens und die Durchsichtigkeit des Inhalts an. Gerade daran aber fehlt es meist völlig. Die »raffiniert unübersichtlichen und kaum durchschaubaren Regelungen« (so der Staatsrechtslehrer Hans Heinrich Rupp) sind geradezu durch eine Flucht aus der Öffentlichkeit gekennzeichnet. Anstoß erregen vor allem sechs Punkte:

1. die Undurchschaubarkeit der Regelungen;
2. als »Aufwandsentschädigungen« kaschierte, steuerfreie Zusatzeinkommen;
3. weitere Zusatzbesoldung durch Interessenten, die den Abgeordneten die Unabhängigkeit nehmen und sie korrumpieren;
4. überdimensionierte »Übergangsgelder«, die unabhangig vom Grund des Ausscheidens aus dem Amt und selbst dann anfallen, wenn keinerlei Übergangsprobleme bestehen;
5. unmäßige Altersrenten, die schon nach unverhältnismäßig kurzen Amtszeiten und weit vor der normalen Altersgrenze anfallen;
6. unzureichende »Anrechnungsvorschriften«, die es erlauben, Gehälter und Pensionen geradezu zu sammeln und Doppel- und Dreifachversorgungen anzuhäufen.

Das Ausweichen ins Kleingedruckte, in die ebenso üppigen wie gut kaschierten Zusatzeinkommen, hat System. Politiker suchen sich zwar einerseits gut zu bedienen, wollen dies aber andererseits vor der Öffentlichkeit möglichst verschleiern. Die Undurchsichtigkeit entspringt vor allem der Intention der politischen Akteure, den Durchblick auf ihre Finanzen und damit die öffentliche Kontrolle zu erschweren. Überproportionale Zusatzleistungen sollen dem Blick der Presse, der Bürger und besonders der Parteimitglieder entzogen werden.

Es gibt verschiedene Techniken, deren sich die politische Klasse bedient, um ihre Bezüge unterderhand auszuweiten. Eine Methode besteht darin, im Hinblick auf neu eingetretene Entwicklungen die Bezahlung zu erhöhen und die an sich gebotene Kürzung an anderer Stelle zu unterlassen.

So hat die zunehmende Arbeitsbelastung von Abgeordneten dazu geführt, daß die »Diäten« zu einem vollen Gehalt ausgebaut wurden. Die an sich naheliegende Frage, ob damit dann noch ein volles Einkommen aus privatem Beruf vereinbar sei, blieb ungeprüft. Und noch viel schlimmer: Bisher gilt es sogar als zulässig, wenn staatlich gutbezahlte Abgeordnete sich zusätzlich ganz offen in den Sold von Lobbyisten begeben und von diesen ein großzügiges Zweiteinkommen beziehen, welches oft höher ist als die Politikerbezüge selbst.

Als für Minister eine Altersversorgung eingeführt wurde, hätte es nahegelegen, das Übergangsgeld zu überprüfen, das vorher als eine Art Ersatz für die Altersversorgung gedacht und gerechtfertigt und deshalb so üppig ausgestaltet war. Doch in den meisten Fällen geschah nichts dergleichen.

Als die Pension für den Bundespräsidenten auf 100 Prozent seiner Aktivenbezüge erhöht wurde, geschah dies mit dem Argument, auch Präsidenten im Ruhestand hätten noch öffentliche Verpflichtungen und benötigten dafür Sekretariat und Fahrdienst. Doch als deren Finanzierung später zusätzlich vom Staat übernommen wurde, hat man die Überversorgung gleichwohl nicht überprüft, und sie besteht noch heute.

Eine andere Methode geht dahin, gerechtfertigte Sondermaßnahmen öffentlich vorzuschieben und in ihrem Windschatten dann andere nur scheinbar ähnliche Fälle in gleicher Weise finanziell auszustatten. So wurden im Saarland und in Hamburg Fälle von angeblich unversorgten Hinterbliebenen von im Amt erkrankten oder verstorbenen Regierungsmitgliedern als argumentative Hebel mißbraucht, um völlig überzogene Altersversorgungen für *alle* Minister und Senatoren einzuführen.

Und der Ausbau der Diäten für Bundestagsabgeordnete zu einer »Vollalimentation« mußte dafür herhalten, einen entsprechenden Ausbau auch für Abgeordnete der Bundesländer und des Europaparlaments vordergründig zu legitimieren, obwohl deren Aufgaben und Belastung unvergleichlich geringer sind.

Eine dritte Methode geht dahin, daß ein Land vorprescht und die dortige politische Klasse eine zweifelhafte Regelung zu ihren eigenen Gunsten einführt, worauf die anderen Länder und der Bund dies zum Anlaß nehmen, allmählich alle zu folgen, bis die Regelung wie selbstverständlich flächendeckende Verbreitung in der Republik gefunden hat.

So bewilligten sich Ende der sechziger Jahre die Abgeordneten in Nordrhein-Westfalen und Schleswig-Holstein erstmals eine Altersversorgung und brachen damit die Bahn für eine staatsfinanzierte Überversorgung auch in anderen Landesparlamenten und im Bund.

So führten einige Länder eine völlig überzogene Versorgung von Ministern ein, die sich allmählich flächendeckend in allen Bundesländern verbreitete, bis dies Anfang der neunziger Jahre – bei Untersuchung des Hamburger Versorgungsfalls – aufflog und die Hälfte der Länder die Überversorgung zurücknahm. In den anderen Bundesländern aber besteht die krasse Überversorgung fort.

Eine Variante der Methode 3 besteht darin, daß die Parlamente sich vorher absprechen und nach Art eines Quasikartells alle oder fast alle gleichzeitig unangemessene Regelungen einführen. So sprachen sich die Bundesländer Ende der siebziger Jahre ab und nahmen – unter bewußtem Mißverstehen des Diätenurteils des Bundesverfassungsgerichts von 1975[5] – gleichzeitig eine sprunghafte Erhöhung ihrer Bezahlung vor.[6]

Eine vierte Methode besteht darin, das Einverständnis der Opposition zu ungerechtfertigten Maßnahmen zugunsten der Regierung dadurch zu erkaufen, daß die Opposition in den Genuß eines anderen, ebenso ungerechtfertigten Vorzugs gelangt.

So wurde 1970 in Rheinland-Pfalz unter dem damaligen Ministerpräsidenten Helmut Kohl eine völlig überzogene Ministerversorgung eingeführt. Die SPD-Opposition meldete sich in keiner der »Beratungen« des Gesetzes zu Wort, von Kritik ganz zu schweigen, weil sie mit einer Verdoppelung der staatlichen Fraktionszahlungen abgefunden wurde, die – aufgrund eines ebenfalls neu geschaffenen Oppositionsbonus – vor allem ihr zugute kam.

Die »Methode Kohl« wurde Vorbild für das angrenzende Saarland, wo man zwei Jahre später in genau gleicher Weise verfuhr. Auch dort wurde das Schweigen der Opposition bei Einführung einer völlig überzogenen Ministerversorgung durch Verdoppelung der Fraktionszahlungen mit Oppositionsbonus erkauft. Stellvertretender Fraktionsvorsitzender der damals oppositionellen SPD-Landtagsfraktion und Mitglied des zuständigen Landtagsausschusses war Oskar Lafontaine, der offenbar schnell gelernt hatte und die Methode Kohl auch zur »Methode Lafontaine« machte.

Die Regelungen waren so gut camoufliert, daß die Öffentlichkeit seinerzeit in beiden Ländern nichts bemerkte. Erst 20 Jahre später kamen die Sünden ans Tageslicht. Die überzogenen Versorgungsgesetze mußten unter dem Druck der öffentlichen Kritik zurückgenommen werden – allerdings nur für die Zukunft.[7] Als Lafontaine die Presse, die diese Praktiken ans Licht der Öffentlichkeit gebracht hatte, als »Nazi-Presse« diffamierte, erhielt er unversehens öffentliche Unterstützung von Helmut Kohl, seinem scheinbar größten politischen Gegner. Ihre Eintracht konnte allerdings nur diejenigen überraschen, die nicht von den gemeinsamen Versorgungsleichen in den Kellern von Mainz und Saarbrücken wußten.

Doch die Wurzeln des verbreiteten Unbehagens über die Bezüge von Politikern liegen in Wahrheit tiefer. Die Bürger wären viel nachsichtiger mit ihren Politikern, würden diese ihre Aufgaben, derentwegen sie gewählt worden sind, wirklich erfüllen. Die Unzufriedenheit hängt ganz wesentlich mit der mangelnden Leistung der politischen Klasse zusammen und damit, daß die Bürger nur zahlen müssen, meist aber keinen Einfluß auf die Auswahl ihrer Repräsentanten besitzen, die innerhalb der Parteien ausgekungelt wird. Quelle des Mißvergnügens ist nicht nur die Selbstbewilligung der Bezüge, sondern mindestens ebenso die Selbstbewilligung von Ämtern und Posten, ihre Verschiebung auch an Personen, deren Qualifikation durchaus fraglich ist. Es ist zuallererst das Mißverhältnis von Leistung und Bezahlung, das die Bürger auf die Palme treibt.

2. KAPITEL

Abgeordnete

Einheitsbezahlung –
auch für ganz junge Abgeordnete

Als der Student Matthias Berninger 1994 in den Bundestag kam,
war er 23 Jahre alt. Die Höhe seiner Bezüge war ihm laut
Presseberichten zuerst selbst unheimlich. Doch pflegt man sich
an Erhöhungen des eigenen Einkommens, auch an sehr starke
Erhöhungen, schnell zu gewöhnen. Im einzelnen hat Berninger
Anspruch auf:

- eine steuerpflichtige »Entschädigung« von 11 825 DM monatlich (seit 1. 4. 1998 sind es 12 350 DM, und ab 1. 1. 1999
  werden es sogar 12 875 DM sein);
- eine (automatisch mit der Geldentwertung steigende) steuerfreie »Kostenpauschale« von derzeit 6344 DM monatlich, die
  ohne Nachweis ausbezahlt wird, also auch dann, wenn die
  tatsächlich anfallenden Unkosten sehr viel geringer sind;[1]
- eine Freifahrkarte 1. Klasse für die Deutsche Bahn, die einem
  Gegenwert von 10 900 DM entspricht, das sind monatlich 908
  DM;
- Kostenerstattungen bei »Inlandsdienstreisen« und »Aus-
  landsdienstreisen«, die von der Bundestagspräsidentin ge-
  nehmigt sind;

- eine staatsfinanzierte Altersversorgung, die bereits nach $7\frac{1}{2}$ Jahren Mandatszeit 4068 DM (ab vollendetem 65. Lebensjahr) und nach $17\frac{1}{2}$ Jahren Mandatszeit 8719 DM monatlich (ab vollendetem 55. Lebensjahr) beträgt.[2] Um durch eigene Beiträge eine entsprechende Anwartschaft in einer privaten Versicherung zu erwerben, müßte Berninger Beträge in Höhe von monatlich mehreren tausend Mark bezahlen, und das im wesentlichen aus versteuertem Einkommen;
- eine staatsfinanzierte Invaliditätsversorgung, die bei Unfall mindestens 50 Prozent der Entschädigung beträgt:
- eine staatsfinanzierte Hinterbliebenenversorgung;
- einen staatlichen Zuschuß zu den Krankheitskosten oder Beitragszuschuß zur Kranken- und Pflegeversicherung von monatlich ca. 400 DM;
- Übergangsgeld nach dem Ausscheiden aus dem Bundestag – je nach Mandatsdauer – von bis zu 373 176 DM;
- zusätzlich bis zu rund 239 000 DM jährlich für die Beschäftigung von Mitarbeitern;[3]
- die Erstattung von Flug- und Schlafwagenkosten in der Bundesrepublik gegen Nachweis;
- freie Benutzung von Dienstwagen im Raum Bonn;
- ein Büro mit Ausstattung;
- kostenfreies Telefonieren im Bundestag;
- kostenfreies Telegraphieren, Fernschreiben und kostenfreie Telebriefe bis zu 3000 DM jährlich;
- drei Faxgeräte, davon eines in Bonn und zwei im Wahlkreis, und die Erstattung von Faxgebühren bis zu 4000 DM jährlich.

Das sind insgesamt – ohne die Erstattung der Mitarbeiterkosten – ca. 25 000 DM monatlich.
Berninger (Bündnis 90/Die Grünen) ist keinesfalls der jüngste Abgeordnete in Deutschland: Die Dipl.-Psychologin Nicole Mors-

blech (FDP) kam im März 1996 mit 23 Jahren in den rheinland-pfälzischen Landtag, der Jura-Student Nils Schmid (SPD) wurde im Februar 1997 mit ebenfalls 23 Jahren Mitglied des Landtags von Baden-Württemberg, und die Studentin der Volkswirtschaftslehre Ronja Perschbacher wurde 1995 gleichfalls im Alter von 23 Jahren in den Hessischen Landtag gewählt.

Die zehn jüngsten Abgeordneten des 12. Deutschen Bundestags (1990 bis 1994) waren:

Hans Martin Bury (SPD)	* 5. 4. 1966
Claudia Nolte (CDU)	* 7. 2. 1966
Birgit Homburger (FDP)	* 11. 4. 1965
Iris Gleicke (SPD)	* 18. 7. 1964
Petra Bläss (PDS/LL)	* 12. 6. 1964
Jürgen Augustinowitz (CDU)	* 10. 6. 1964
Steffen Kampeter (CDU)	* 18. 4. 1963
Cornelia Yzer (CDU)	* 28. 7. 1961
Christoph Matschie (SPD)	* 15. 7. 1961
Sigrid Hoth (FDP)	* 8. 3. 1961[4]

Viele junge Abgeordnete fühlen sich – jedenfalls am Anfang – überbezahlt. Am 13. Juni 1995 war in der Presse zu lesen, drei SPD-Abgeordnete – Christoph Matschie, der 1990 mit 29 Jahren, Ute Vogt, die 1994 mit 30 Jahren, und Thomas Krüger, der 1994 mit 36 Jahren in den Bundestag gekommen war – plädierten öffentlich für ein Abspecken der Diäten, unter anderem

- für eine Beseitigung der Überversorgung von Bundestagsabgeordneten,
- für eine Ersetzung der Kostenpauschale durch Einzelkostennachweise und

● gegen eine Koppelung der Bezahlung von Abgeordneten an
die Bezüge von Richtern.[5]

Tatsächlich ging die Entwicklung dann genau in die umgekehrte
Richtung – und zwar mit ausdrücklicher Zustimmung auch der
drei genannten Abgeordneten. So laut sie vorher getönt hatten,
so klammheimlich stimmten sie am 21. September 1995 im Bundestag, als es ernst wurde, *für* ein unmögliches Diäten- und
Versorgungserhöhungsgesetz,[6] das später aber glücklicherweise
am Veto des Bundesrats scheiterte. Wie kommentierte der Abgeordnete Matschie doch so treffend: Sehr bald merke man, daß
sich Erfolg vor allem durch Anpassung einstelle, »und dann ist
die Versuchung zur Anpassung enorm«.[7]

Der Brandenburger Diätenfall –
Abgeordnete als schlechte Vorbilder

Dr. Herbert Knoblich (SPD) ist seit 1990 Präsident des Landtags
von Brandenburg. Bis Anfang 1997 bezog er in dieser Eigenschaft 12 460 DM monatlich, das Doppelte eines normalen Abgeordnetengehalts.
Hinzu kommen hohe steuerfreie Bezüge von fast 6000 DM,
nämlich:

	1706 DM	(allgemeine Kostenpauschale)
	476 DM	(Tagegeldpauschale)
	2640 DM	(Fahrtkostenpauschale)[8]
	1110 DM	(Amtsaufwandspauschale des Präsidenten)
zusammen also	5932 DM	monatlich.

Zusätzlich kann sich der Präsident des Landtags – obwohl er über ein ganzes Heer von Hilfskräften verfügt –, wie jeder normale brandenburgische Abgeordnete auch, einen Assistenten der Besoldungshöhe BAT IIa Ost (entspricht derzeit je nach Lebensaltersstufe zwischen 4008 und 5803 DM monatlich) vom Staat finanzieren lassen. Damit erhalten brandenburgische Abgeordnete mehr Mittel für Hilfskräfte als alle ihre Kollegen in anderen deutschen Landesparlamenten.

Hinzu kommt ferner eine üppige Altersversorgung. Sollte Dr. Knoblich am Ende der laufenden Wahlperiode, also nach nur neun Jahren, aus dem Landtag ausscheiden, besitzt er eine Anwartschaft auf Altersversorgung in Höhe von 4548 DM (= 36,5 Prozent von 12 460 DM).

Doch war ihm das alles noch nicht genug: Im Frühjahr 1997 boxte der Landtag von Brandenburg unter seiner Führung eine dreistufige Erhöhung der Bezahlung seiner Mitglieder um insgesamt 22 Prozent durch. Das bringt Knoblich zum 1. 4. 1997 ein Mehr von 794 DM, zum 1. 1. 1998 von weiteren 918 DM und zum 1. 1. 1999 von noch einmal 980 DM, was seine steuerpflichtigen Bezüge auf monatlich 15 152 DM steigert.

Entsprechend steigt auch seine Versorgungsanwartschaft – nach neun Jahren Präsidentschaft im Landtag um fast 1000 DM auf monatlich 5530 DM.

Welcher Teufel den Landtag geritten hat, bei über 20 Prozent Arbeitslosigkeit und rückläufigen Löhnen im Lande Brandenburg für sich selbst einen 22prozentigen Gehaltssprung zu beschließen und damit ausgerechnet an der Spitze des Staates ein völlig falsches wirtschafts- und lohnpolitisches Signal zu setzen, ist für den normalen Bürger schlechterdings nicht nachvollziehbar.

Um den Diätensprung vor der Öffentlichkeit als gerechtfertigt hinstellen zu können, hatte die Landtagsspitze sich eine ebenso komplizierte wie trickreiche Argumentation ausgedacht: Da Beamte in Brandenburg 85 Prozent der westlichen Bezahlung erhalten, meinten die obersten Vertreter des brandenburgischen Volkes ebenfalls 85 Prozent der Diäten westlicher Landesparlamentarier (in Flächenstaaten) beanspruchen zu können. Unterschlagen wurde dabei, daß dieser Prozentsatz von der politischen Klasse selbst hochgetrieben worden war und daß *private* Arbeitnehmer in Brandenburg nur 74 Prozent des westlichen Lohnniveaus erhalten. Ebenso wurde unterschlagen, daß das wirtschaftlich schwache und bevölkerungsarme Land Brandenburg kaum mit Ländern wie Bayern oder Hessen verglichen werden kann.

Die vom Landtag selbst berufene Diätenkommission, in der zum Beispiel auch der Präsident des Landesrechnungshofs saß, hatte denn auch schon früh vor einer derartigen Anhebung gewarnt – und war deshalb vom Landtagspräsidenten in die Wüste geschickt worden, damit er freie Bahn für seine Erhöhungspläne erhielt. Daß Knoblich zur Verteidigung der Diätenerhöhung selbst vor allerdürftigsten rhetorischen Mitteln nicht zurückschreckt – frei nach der Devise: »Wenn du nicht überzeugen kannst, mußt du verwirren« –, demonstrierte er etwa in einem Zeitungsinterview. Auf die Frage, ob nicht 74 Prozent der Westgehälter die richtige Relation seien, erwiderte Knoblich: »Will Herr von Arnim die Parlamente privatisieren?«[9]

Worauf die Gegenfrage gestattet sei, ob Herr Knoblich das Parlament verbeamten will. Wer die Macht hat, glaubt offenbar, nicht wirklich argumentieren zu müssen, und Brandenburgs politische Klasse mit dem Landtagspräsidenten, den Fraktionsvorsitzenden der SPD und der CDU an der Spitze ist anscheinend wild entschlossen, ihre Macht voll auszureizen: Als der Bund der Steuerzahler Brandenburg ankündigte, er wolle ein Volksbegehren gegen die Diätenerhöhung anstrengen, wurden ihm unverse-

hens gesprächsweise Drohungen präsentiert: Die Vorsitzende
des Verbandes könne nicht sicher sein, daß ihr Sitz im Rundfunk-
rat für alle Zeit erhalten bleibe,[10] der Verband und seine Repräsentanten müßten sich auf Steuerprüfungen gefaßt machen etc.
Tatsächlich wurde bald darauf eine Steuerprüfung beim Bund
der Steuerzahler eingeleitet, die sich allerdings wieder zurück-
zog, nachdem der Vorgang öffentlich gemacht worden war.
Knoblich selbst behauptete öffentlich, Volksbegehren gegen
Diätenerhöhungen seien unzulässig, und zitierte den Wortlaut
des Art. 76 Absatz 2 der Landesverfassung (»Initiativen ... zu
Dienst- und Versorgungsbezügen sind unzulässig«), ohne aber
mit zu erwähnen, daß diese Vorschrift sich auf Beamte bezieht,
nicht auf den ganz anderen verfassungsrechtlichen Status von
Abgeordneten. Daß die Diäten keine Dienstbezüge sind, hat das
Bundesverfassungsgericht wiederholt klargestellt. Gleichwohl
glaubt die Landtagsspitze, sich derart einseitige Äußerungen, die
die Öffentlichkeit verwirren, leisten zu können, weil sie die stra-
tegischen Positionen im Staat besetzt hat: Über die Zulässigkeit
einer Volksinitiative entscheidet zunächst einmal der Landtag
selbst aufgrund der Empfehlung seines Innenausschusses, dessen
Vorsitz aber wiederum der SPD-Fraktionsvorsitzende Birthler
innehat. Und auch dieser hat sich gegenüber der Presse bereits
festgelegt. Über die Zulässigkeit einer Volksinitiative müsse
letztlich der Hauptausschuß des Landtags entscheiden, meinte
Birthler. Da er dessen Chef sei, werde es kein grünes Licht geben.
Die letzte Entscheidung wird beim Landesverfassungsgericht von
Brandenburg liegen. Doch auch hier glaubt der Landtag sich vor
unerwünschten Entscheidungen sicher. Er hat den finanziellen
Status der Mitglieder des Landesverfassungsgerichts nämlich so
geregelt, daß mit dem Diätensprung auch die Bezahlung der
Verfassungsrichter um 22 Prozent hochschießt. Dies geschieht
durch Ankoppelung: Die (nebenberuflich tätigen) Verfassungs-

richter erhalten ein Drittel der Entschädigung von Abgeordneten – ein in Deutschland einzigartiger Versuch, das Verfassungsgericht in Sachen Diäten einzubinden. Auf diese Weise können
die Richter kaum noch unbefangen über die Bezüge der Abgeordneten entscheiden und ebensowenig über eine Volksinitiative, die die Erhöhung rückgängig machen will. Doch könnten sich
die Strategen des brandenburgischen Landtags bei ihren Gleich-
schaltungsversuchen am Ende doch verrechnet haben. Selbst
wenn das ganze Verfassungsgericht von Brandenburg wegen
Befangenheit ausfallen sollte, bleibt das Bundesverfassungsgericht in Karlsruhe, und bei ihm könnten sich die Initiatoren der
geplanten Volksinitiative in jedem Fall gegen einen abweisenden
Bescheid des Landtags zur Wehr setzen.

Der Thüringer Diätenfall – in eigener Sache dynamisiert sich's leicht

Der Präsident des Landtags von Thüringen, Frank-Michael
Pietzsch, erhält seit dem 1. 11. 1996[11] eine steuerpflichtige Bezahlung von 15 230 DM, doppelt soviel wie ein normaler Abgeordneter. (Hinzu kommen dynamisierte steuerfreie Pauschalen, eine
ebenfalls dynamisierte, beitragsfreie Altersversorgung als Abgeordneter, eine weitere Versorgung als früherer Minister etc.) Gut
zwei Jahre vorher hatte sein steuerpflichtiges Gehalt noch 10 617
DM betragen, während einfache Abgeordnete 5308 DM[12] erhielten (plus die genannten üppigen Nebenleistungen). Wie kam es
zu diesem enormen Gehaltssprung?
Das Rezept ist einfach: Man schreibe eine Vorschrift in die
Verfassung, nach der die Abgeordnetenbezahlung sich entspre-

chend der allgemeinen Einkommensentwicklung erhöhen solle,
lasse diese Vorschrift vom Volk absegnen, wobei man den Eindruck erwecke, die Einkommensanpassung solle erst für die Zeit
nach Inkrafttreten der Verfassung gelten, erkläre dann aber
später, nachdem alles entschieden und verkündet ist, die Verfassung verlange eine drastische Erhöhung der Abgeordnetengehäl-
ter, weil auch die vor ihrem Inkrafttreten erfolgten Einkommens-
erhöhungen einzubeziehen seien. Eine Nachprüfung ergibt, daß
der nicht öffentlich verhandelnde zuständige Landtagsausschuß
bei Vorbereitung der neuen Landesverfassung tatsächlich davon
ausgegangen war, der geplante Diätenartikel schreibe eine rück-
wirkende Erhöhung vor, in offiziellen Verlautbarungen des
Landtagspräsidenten genau dies aber *vor* der Volksabstimmung
ausdrücklich in Abrede gestellt und den abstimmenden Bürgern
verheimlicht worden war. Wie soll man so etwas anders nennen
als Falschinformation der Öffentlichkeit oder – schärfer – als
Diätenbetrug? Auf diese Weise sprang die Bezahlung von Abgeordneten Anfang 1995 von 5308 DM auf 7007 DM, also um 32
Prozent, ein Jahr später auf 7371 DM und ein weiteres Jahr
später auf 7615 DM (rückwirkend ab 1. 11. 1996). Für den
Landtagspräsidenten ergeben sich jeweils die doppelten Beträge.
Dieses Verfahren ist meines Erachtens verfassungswidrig. Das
Bundesverfassungsgericht hat für Diätenentscheidungen, bei denen das Parlament in eigener Sache beschließt, Transparenz
zwingend vorgeschrieben. Das ergibt sich aus dem Demokratie-
und dem Rechtsstaatsprinzip, die kraft Grundgesetz auch den
Landesverfassungsgeber binden (Art. 28 Abs. 1 Satz 1 GG).[13]
Eine Landesregelung, die dagegen verstößt, ist grundgesetzwi-
drig und damit nichtig (Art. 31 GG).[14] Das der Volksabstimmung
vorausgehende Verfahren war aber das Gegenteil von Transparenz: Die Bürger wurden hinsichtlich des Umfangs der »Diätenanpassung« gezielt falsch informiert.[15]

Das Schlimmste an der Dynamisierung der Abgeordnetenbezüge
ist jedoch folgendes: Die Ankoppelung erfolgt an die Entwicklung der Einkommen von abhängig Tätigen (nicht auch von
Arbeitslosen oder Selbständigen). Arbeitnehmereinkommen
aber sind in Thüringen wie auch in den anderen neuen Ländern
– im Verhältnis zur Produktivität – viel zu rasch gestiegen, was
dazu beigetragen hat, daß die sogenannten Lohnstückkosten im
Osten bei 130 Prozent des Westens liegen und die Wettbewerbs-
fähigkeit entsprechend belasten. So schwer diese Wahrheit aus-
zusprechen ist, so liegt darin doch ein zentraler Grund für die
hohe Arbeitslosigkeit im Osten. Das Schreckliche daran ist nun,
daß die obersten Repräsentanten des Landes Thüringen sich an
diese volkswirtschaftlich verkehrte Lohnentwicklung auch noch
ankoppeln und damit selbst zu Nutznießern einer sozial- und
wirtschaftspolitisch verheerenden Entwicklung werden.

Ja, es ist sogar noch ein überproportionales Wachstum der Abgeordnetenbezahlung programmiert: Die Koppelung setzt an den
Bruttobezügen von Arbeitnehmern an, diese enthalten aber auch
alle Sozialversicherungsbeiträge, obwohl *Abgeordnete* solche
nicht (oder nur in zu vernachlässigendem Umfang) zu entrichten
haben, weil sie ohne eigene Beiträge in den Genuß staatsfinan-
zierter Alters-, Hinterbliebenen- und Invaliditätsrenten kommen
und bei Krankheit staatliche Beihilfe in Anspruch nehmen können. Die Sozialversicherungsbeiträge steigen aber überpropor-
tional, womit die Koppelung an die Bruttobezüge von Arbeitnehmern zwangsläufig dazu führt, daß das durchschnittliche *verfügbare* Einkommen von Thüringer Abgeordneten (auf das es für
das Niveau des Lebensstandards ankommt) *schneller* wächst als
das durchschnittliche verfügbare Einkommen der Arbeitnehmer,
die angeblich als ihre Bezugspersonen dienen – ein offensichtlich
sinnwidriges Ergebnis.

Ein weiteres zentrales Problem liegt in der Festschreibung und

Verstärkung anderer unhaltbarer Privilegien. Denn mit der gleichen Rate wie die »Entschädigung« sind auch alle übrigen daran geknüpften Leistungen, vor allem die staatsfinanzierte Altersrente, gestiegen (und werden weiter steigen), obwohl diese Zusatzleistungen ohnehin (und auch schon vor der Indexierung und dem Diätensprung) überzogen waren: Ein Thüringer Landtagsabgeordneter erwirbt schon nach neun Jahren, das heißt nach den ersten beiden Wahlperioden, 44 Prozent der Entschädigung, also fast drei Fünftel einer Vollversorgung, auszuzahlen bereits ab dem 55. Lebensjahr: nach derzeitigem Stand 3351 DM monatlich. Dies ist eine noch sehr viel üppigere Versorgungsrate, als sie alle anderen Parlamentarier, auch im Westen, erhalten, ganz zu schweigen von den Renten durchschnittlicher Arbeitnehmer. Wollte ein Thüringer Abgeordneter in den neun Jahren seiner Parlamentszugehörigkeit durch monatliche Prämien bei einer privaten Versicherung einen gleichwertigen Rentenanspruch erwerben, müßte er eine monatliche Prämie von etwa 9000 DM aufbringen, und zwar im wesentlichen aus versteuertem Einkommen, wohingegen die Abgeordneten auf den Erwerb ihrer Versorgungsanwartschaft keine Steuern zahlen müssen.

Darüber hinaus sieht der Thüringer Automatismus auch für die hohen steuerfreien Kostenpauschalen von Erfurter Abgeordneten (bis 1995 2400 bis 3350 DM monatlich je nach Entfernung des Wohnorts von der Landeshauptstadt) eine Indexierung mit den Preissteigerungen seit 1992 vor (was seit dem 1. 11. 1996 zu Erhöhungen auf 2798 bis 3905 DM geführt hat) und schreibt damit auch diese verfassungsrechtlich höchst umstrittenen Regelungen fest, obwohl sie Gegenstand von Reformvorschlägen von Diätenkommissionen im Bund und in den Ländern und auch Gegenstand eines beim Bundesverfassungsgericht seit 1991 anhängigen Gerichtsverfahrens sind.

Daß eine solche – mehrfach höchst inadäquate – Koppelung politisch nicht durchzuhalten ist, ist inzwischen auch dem Thüringer Landtag klargeworden. Ende 1997 haben CDU- und SPD-Fraktionen einen gemeinsamen Gesetzentwurf zur Änderung der Landesverfassung und des Abgeordnetengesetzes eingebracht.[16] Statt die Koppelung aber abzuschaffen, wird sie nur zwei Jahre lang »ausgesetzt«, das heißt bis nach den nächsten Wahlen aufgeschoben.[17] Damit wird das Landesverfassungsgericht das (vorerst) letzte Wort in dieser Sache zu sprechen haben.

Bayern – Schlaraffenland für Landespolitiker

Während fast überall Nullrunden bei den Gehältern und Einschränkungen bei der Altersversorgung im Gespräch sind, haben bayerische Landtagsabgeordnete sich solcher Sorgen enthoben. Die nächste Erhöhung ihrer Bezahlung und Versorgung kommt bestimmt, und zwar zum 1. Juli 1998. Was sich in Thüringen als unhaltbar erwiesen hat, wird in Bayern munter praktiziert: die automatische Erhöhung der Bezahlung und Versorgung von Landtagsabgeordneten.

Dabei liegen bayerische Abgeordnete im Vergleich ohnehin besonders günstig: Mit 10 115 DM steuerpflichtigem Gehalt (daran geknüpft: Übergangsgeld und Altersversorgung) und 4858 DM steuerfreier Kostenpauschale liegen sie bei weitem an der Spitze aller Landtagsabgeordneten, zum Beispiel auch erheblich vor dem bevölkerungsreichsten Land Nordrhein-Westfalen, wo die Abgeordneten 8605 DM (steuerpflichtig) und – je nach Entfernung ihres Wohnorts von Düsseldorf – zwischen 3542 und 4236 DM (steuerfrei) erhalten.

Die größere »Bescheidenheit« nordrhein-westfälischer Abgeordneter hat ihre Wurzel in der Entstehungsgeschichte. Vor 20 Jahren wollte der nordrhein-westfälische Landtag zunächst dem bayerischen »Vorbild« folgen und die üppigen Diäten der Münchner Kollegen auch in Nordrhein-Westfalen übernehmen. Gegen dieses Vorhaben drohte der Bund der Steuerzahler mit einem Volksbegehren vorzugehen, und er nahm von dieser Initiative, die auf große öffentliche Resonanz stieß und nach einer Expertise der nordrhein-westfälischen Staatskanzlei auch rechtlich zulässig war, erst Abstand, als der Landtag einlenkte und eine unabhängige Diätenkommission unter Vorsitz des früheren Sportbundspräsidenten und Innenministers Willi Weyer einsetzte. Diese gelangte zu moderateren Vorschlägen, die der Düsseldorfer Landtag dann notgedrungen weitgehend übernahm.

Neben der normalen Bezahlung nach dem Abgeordnetengesetz bedienen sich bestimmte Abgeordnete noch aus den Fraktionskassen, die in Bayern ebenfalls besonders üppig vom Staat subventioniert werden. Besonders die CSU-Fraktion des Bayerischen Landtags zahlt aus ihren staatlichen Mitteln hohe Zusatzsalärs an bestimmte Abgeordnete für die Wahrnehmung von Fraktionsfunktionen (wie zum Beispiel den Fraktionsvorsitz, den derzeit Alois Glück innehat). Dafür gab die CSU-Fraktion im Jahre 1996 1,2 Millionen Mark aus, mehr als doppelt soviel wie die CDU-Fraktion im Landtag von Niedersachsen (0,53 Millionen Mark[18]). Demgegenüber kam die SPD-Fraktion des Bayerischen Landtags mit 246 576 DM aus, und die Fraktion Bündnis 90/Die Grünen mit 50 000 DM.[19]

Bayern steht übrigens nicht nur bei der Bezahlung seiner Abgeordneten an der Spitze. Gleiches gilt auch für die Minister: Die Amtsbezüge bayerischer Minister (24 914 DM monatlich) sind sogar höher als die von Bundesministern (23 620 DM monatlich).[20] Auch das ist der Öffentlichkeit bisher entgangen.

Was den finanziellen Status von Abgeordneten anlangt, sind in Bayern besonders zwei Privilegien anstößig: die hohe steuerfreie Kostenpauschale und die Altersversorgung.

Hinsichtlich der Kostenpauschale ist allerdings noch von einer bayerischen Besonderheit zu berichten, die illustriert, warum das Thema Politikerbezüge im Freistaat Bayern so schwer kritisch zu behandeln ist. Zu Anfang der achtziger Jahre war sich alle Welt darüber klar, daß die Kostenpauschalen, die in Bayern und im Bund besonders üppig ausfielen, steuerfreie Zusatzeinkommen darstellten und mit den Grundsätzen des Bundesverfassungsgerichts nicht vereinbar waren.[21] Willi Geiger, ein Mitverfasser des Diätenurteils, ließ 1978 in einem Vortrag vor der Deutschen Vereinigung für Parlamentsfragen keinen Zweifel an der Verfassungswidrigkeit der Kostenpauschale.[22] In den daraufhin angestrengten Prozessen kam es aber zu keinem Urteil in der Sache, weil die Kläger – ein ehemaliger Oberlandesrichter und ein Handelsvertreter – keine Klagebefugnis hatten. Hier wird ein zentrales Dilemma des deutschen Bundesverfassungsgerichts in Sachen Politikfinanzierung besonders deutlich: Wer klagewillig ist, hat keine Klagebefugnis, und wer klagebefugt ist (wie die Abgeordneten selbst, die Parteien, Regierungen und Fraktionen), ist oft nicht klagewillig. Die von den Abgeordneten selbst gemachten Prozeßgesetze schirmen sie gegen unliebsame Interventionen seitens der Bürger ab. Nur in Bayern ist es anders, weil die Verfassungsväter dort die Einrichtung der Popularklage geschaffen haben, die es jedem Bürger ermöglicht, Verstöße gegen Grundrechte vor das Verfassungsgericht zu bringen. Die (vom Bund der Steuerzahler herbeigeführte) Entscheidung fiel allerdings ganz anders aus, als man erwartet hatte, und ließ die Distanz der Richter gegenüber der Politik in einem merkwürdigen Licht erscheinen. Der Bayerische Verfassungsgerichtshof segnete die Kostenpauschale bayerischer Landtagsabgeordneter nämlich verfassungsrechtlich ab – allerdings mit einer grotesk-unhaltbaren Begründung: Die Konkurrenz unter den Abgeordneten werde quasi automatisch dazu führen, daß sie ihre Kostenpauschale auch ausschöpften. Diese Begründung läuft geradezu auf einen Freibrief hinaus, weil sie geeignet wäre, Kostenpauschalen praktisch in beliebiger Höhe zu rechtfertigen.[23]

Dieses Urteil konnte freilich nicht verhindern, daß die steuerfreie Kostenpauschale auch in Bayern aus dem berufenen Munde von Sachverständigenkommissionen mehrfach zur Disposition gestellt wurde, zuletzt sogar von einer Kommission unter Vorsitz des der CSU nahestehenden Politikwissenschaftlers Heinrich Oberreuter, die vom bayerischen Ministerpräsidenten, Edmund Stoiber, nach spektakulären Fällen von Interessenkollisionen eingesetzt worden war. Hinsichtlich der Abgeordnetenbezahlung empfahl diese Kommission – neben einer gewissen Anhebung der Entschädigung – vor allem die starke Einschränkung der steuerfreien Aufwandspauschale, die Einzelabrechnung der mandatsbedingten Kosten und die Absenkung der ausdrücklich als »nicht angemessen« und »überzogen« bewerteten Altersversorgung.[24] Doch zeigte sich hier einmal mehr, wie weit der Arm der politischen Klasse in Bayern reicht. Die Empfehlungen der Kommission wurden bezeichnenderweise von ihrem Vorsitzenden auf keiner Pressekonferenz vorgestellt und deshalb auch nicht öffentlich diskutiert. Dies ermöglichte es dem Bayerischen Landtag, die Empfehlungen zu ignorieren und seine Privilegien beizubehalten. Darüber hinaus führte der Landtag im Dezember 1995 auch noch die verfassungsrechtlich und politisch unhaltbare automatische Dynamisierung der Entschädigung, der Altersversorgung und der steuerfreien Kostenpauschale ein.[25] Dies geschah auch deshalb weitgehend unbemerkt, weil die Öffentlichkeit seit September 1995 mit dem Bonner Diätencoup beschäftigt war, der erst im Dezember 1995 seinen Abschluß fand.

Der Bonner Diätenfall –
Eigennutz und schöner Schein

Bundestagspräsidentin Rita Süssmuth erhielt – neben steuer-freien »Aufwandsentschädigungen« von rund 6500 DM und einer Rente als frühere Bundesministerin[26] – bis 1995 ein steuer-pflichtiges Gehalt von 20 732 DM, ihr Stellvertreter Hans-Ulrich Klose erhielt – neben steuerfreien »Aufwandsentschädigungen« und einer hohen Rente als ehemaliger Senatspräsident von Ham-burg – 15 549 DM steuerpflichtiges Gehalt. Doch beiden war das noch lange nicht genug. Die kurz vorher in Thüringen eingeführ-te Indexierung und der damit verbundene gewaltige Diäten-sprung hatten sie auch für den Bereich des Bundes »sinnlich« gemacht. Im Jahre 1995 initiierten sie gemeinsam mit anderen Abgeordneten eine Ankoppelung der Bezahlung von Bundes-tagsabgeordneten an die Besoldung von Bundesrichtern, was zu einer Niveauanhebung auch ihrer eigenen Bezahlung um ein Drittel geführt hätte. Um die Koppelung durchzusetzen, sollte sogar das Grundgesetz geändert werden. Bei dieser Gelegenheit sollte außerdem eine Formulierung im Grundgesetz unterge-bracht werden, die später noch eine weitere Niveauerhöhung der Abgeordnetenbezahlung erlaubt hätte.
Die gewaltige Anhebung wurde von Süssmuth und Klose unter anderem damit begründet, zum Ausgleich werde die Altersver-sorgung gekürzt. In Wahrheit aber wäre auch die Altersversor-gung, besonders für amtierende Abgeordnete und die Parla-mentspräsidentin und ihre Stellvertreter, stark gestiegen. Da Bundestagsabgeordnete im Ruhestand schon vor der geplanten Änderung überversorgt waren,[27] war die weitere Anhebung der Versorgung derart heikel, daß Süssmuth und Klose, die von der Neuregelung in besonderer Weise profitieren sollten, sie mit

allen Mitteln zu camouflieren suchten und sich zu einer regelrechten Desinformationskampagne hinreißen ließen.[28]

Die Wahrheit kam dennoch ans Licht. Der Coup scheiterte. Nach einem erneuten Anlauf beschloß der Bundestag – kurz vor Weihnachten des Jahres 1995 und ohne Verfassungsänderung – eine vierstufige Erhöhung der Bezahlung seiner Mitglieder in Neun-Monats-Schritten um insgesamt 24 Prozent und eine – ebenfalls vierstufige – Erhöhung der Altersversorgung für amtierende Abgeordnete um insgesamt 12 Prozent.[29] (Gleichwohl behauptet Bundestagspräsidentin Süssmuth unverdrossen, die Altersversorgung werde gesenkt.)[30] Doch als die Notwendigkeit massiver Eingriffe ins allgemeine soziale Netz immer deutlicher wurde, mußte der Bundestag im Juni 1996 die zweite Erhöhungsstufe und die beiden folgenden jeweils um ein Jahr verschieben.[31] Dies geschah allerdings erst nach erheblichem öffentlichen Druck und gewissermaßen zähneknirschend.[32] Die zweite Erhöhung wurde damit erst zum 1. 7. 1997 wirksam, die dritte ist zum 1. 4. 1998 erfolgt und die vierte tritt zum 1. 1. 1999 in Kraft. Bedenkt man, daß im Jahre 1998 Bundestagswahlen sind und die ursprüngliche Staffelung zeitlich darauf angelegt war, die Erhöhung der Diäten aus dem Wahlkampf herauszuhalten, wird nachvollziehbar, warum der Bundestag sich mit der Verschiebung um ein Jahr so schwertat.

Der Fall Cornelia Yzer – mit Mitte 30 ausgesorgt

Die Notiz in der *Frankfurter Allgemeinen Zeitung* vom 18. Januar 1997 klang harmlos: Die Parlamentarische Staatssekretärin im Bundesministerium für Bildung, Wissenschaft, Forschung und

Technologie, Cornelia Yzer, 35, werde am 1. März als Haupt-
geschäftsführerin zum Verband Forschender Arzneimittelher-
steller gehen. Sie werde ihr Amt als Staatssekretärin aufgeben,
wolle aber weiterhin Bundestagsabgeordnete bleiben.

In Wahrheit ist der Vorgang brisant, illustriert er doch in exem-
plarischer Weise, wie reformbedürftig die Bezahlung unserer
Politiker und wie dringend nötig der Abbau ihrer Privilegien ist.
Der Fall hat mehrere Aspekte:

1. Frau Yzer hat offenbar keine Probleme, zwei volle Berufe
    gleichzeitig zu bewältigen. Dafür erhält sie zwei hohe Gehäl-
    ter: Neben dem Hauptgeschäftsführergehalt von geschätzten
    400 000 DM im Jahr bekommt sie kraft Gesetzes die unge-
    kürzten Abgeordnetendiäten von 12 350 DM monatlich
    (Stand April 1998) plus eine dynamisierte, das heißt mit den
    Preissteigerungen automatisch wachsende, steuerfreie Auf-
    wandsentschädigung von derzeit monatlich 6344 DM. Hinzu
    kommt die ganze sonstige Ausstattung einer Bundestagsabge-
    ordneten (freie Fahrt mit der Bahn, jederzeit innerdeutsche
    Freiflüge, gratis Telefon und Fax) plus bis zu rund 240 000
    DM im Jahr für Mitarbeiter.

2. Neben den Bezügen als Abgeordnete und Verbands-
    geschäftsführerin stand Frau Yzer als ausgeschiedener Parla-
    mentarischer Staatssekretärin noch ein »Übergangsgeld« zu.
    Dieses war wegen der weiterlaufenden Abgeordnetenbezüge
    zwar gekürzt, aber nur unzureichend. Es blieben in den ersten
    drei Monaten nach ihrem Ausscheiden – zusätzlich zu den
    zwei vollen Gehältern als Abgeordnete und Geschäftsführe-
    rin und der steuerfreien Pauschale – ein »Übergangsgeld«
    von monatlich rund 11 800 DM und in den folgenden 33
    Monaten von monatlich etwa 4400 DM, insgesamt fast
    180 000 DM. Das »Übergangsgeld« wird unabhängig vom

Grund des Ausscheidens und der Bedürftigkeit gewährt. Eine Anrechnung von Bezügen aus nichtöffentlichen Kassen war zunächst nicht vorgesehen, so daß es überflüssigerweise auch in Fällen wie dem vorliegenden beansprucht werden konnte, in denen Politiker nahtlos und auf eigenen Wunsch auf einen hochdotierten anderen Posten überwechseln. Ein solches Übergangsgeld, das ehemalige Minister und Parlamentarische Staatssekretäre erhalten, war ursprünglich als Ersatz-Altersversorgung gedacht, hatte mit Einführung der großzügigen Pensionsregelung aber seinen Sinn verloren.

3. Wenn Frau Yzer später irgendwann aus dem Bundestag ausscheidet, erhält sie noch einmal viele Monate lang ein Übergangsgeld von monatlich 10 366 DM. Eine Verrechnung mit ihrem Verbandseinkommen findet nicht statt. Eine solche hat der Bundestag zwar 1995 eingeführt, die amtierenden (und beschließenden) Abgeordneten haben sich selbst (und damit auch Frau Yzer) aber davon ausgenommen.

4. Hinzu kommen gleich zwei dynamisierte Pensionen: eine aus der nur knapp fünf Jahre währenden Zeit als Staatssekretärin (nach derzeitigem Stand monatlich etwa 5400 DM ab dem 55. Lebensjahr) und eine zweite aus dem Abgeordnetenmandat, deren Höhe von der Dauer der Mandatszeit abhängt und die schon nach 7½ Jahren eine weitere Anwartschaft auf über 4000 DM begründet (sieben Jahre davon hat Frau Yzer bereits zusammen). Mit Mitte 30 hat Frau Yzer damit bereits eine Altersrente sicher, für die viereinhalb Normalverdiener ein ganzes Arbeitsleben benötigen. (Die Sozialversicherungsrente eines Durchschnittsverdieners nach 45 Versicherungsjahren beträgt 1998 2144 DM monatlich, bei Leistung der gesetzlichen Höchstbeiträge 3644 DM, siehe S. 128)

5. Aber sind ihre beiden Berufe wirklich miteinander vereinbar? Das Bundestagsmandat gilt als Fulltimejob. Wir alle kennen

die Klagen vom überlasteten Abgeordneten. Soll das jetzt alles nicht wahr sein? Oder hat die Dame übermenschliche Arbeitskraft?

Die Antwort dürfte einfacher sein: Beide Tätigkeiten überschneiden sich weitgehend. Vieles, was sie als Abgeordnete tut, kommt auch ihrem neuen Arbeitgeber zugute, einem mächtigen Bonner Lobbyistenverband, der gerade auf dem Gebiet seinen Einfluß zu verstärken sucht, auf dem Frau Yzer tätig war und ist. Doch wird diese Doppelrolle nur dadurch möglich, daß man es mit der Unabhängigkeit der Abgeordneten nicht mehr so genau nimmt.

Darf das sein? Steht nicht im Grundgesetz ausdrücklich, die Abgeordneten seien »Vertreter des ganzen Volkes« (und nicht irgendeines Interessenverbandes), und dient die Bezahlung des Abgeordneten nicht seiner Unabhängigkeit, wie es in Artikel 48 des Grundgesetzes ebenfalls ausdrücklich heißt? Auch die vierstufige Diätenerhöhung, die die Parlamentarier Ende 1995 – nach dem vorläufigen Scheitern noch weitergehender Pläne – durchboxten, wurde ganz wesentlich von dem Argument getragen, die Unabhängigkeit der Abgeordneten müsse gesichert sein. Tatsächlich hat das Bundesverfassungsgericht ein derartiges Ausschlachten des Mandats schon in seinem Diätenurteil von 1975 beanstandet: Solche Doppelbezüge beeinträchtigen nicht nur die Unabhängigkeit, sondern sind auch eine gleichheitswidrige Bevorzugung gegenüber anderen Abgeordneten, die ihre Unabhängigkeit nicht verkaufen und nur *ein* Gehalt beziehen.

Doch der Gesetzgeber hat bisher nichts Wirksames gegen derartige Fälle unternommen, denn viele Abgeordnete würden sich damit den Ast absägen, auf dem sie so komfortabel sitzen. Frau Yzer ist in Bonn ja keineswegs ein Einzelfall.

Nur ein weiteres der zahlreichen Beispiele sei hier genannt: 1996

wechselte der frühere Parlamentarische Staatssekretär im Bundeswirtschaftsministerium, Reinhard Göhner, als Hauptgeschäftsführer zur Bundesvereinigung der Deutschen Arbeitgeberverbände
(BDA) – ebenfalls ohne sein Bundestagsmandat aufzugeben.

Gewiß, es hat auch Abgeordnete gegeben, die in ähnlicher Lage
Interessenkollisionen vermeiden wollten und auf ihr Mandat
verzichteten. Doch überlassen die Gesetze dies ganz allein dem
Stilgefühl und dem guten Willen des Abgeordneten – und darauf
kann man sich eben nicht immer verlassen. Das schlimmste aber
ist, daß innerhalb der politischen Klasse kaum einer daran Anstoß nimmt. Bundesforschungsminister Jürgen Rüttgers gratu-
lierte seiner Staatssekretärin gar noch öffentlich als Festredner
auf einer Tagung ihres neuen Brötchengebers.

Die Beurteilung von Geldzahlungen von Interessenten an Abgeordnete ist in Deutschland merkwürdig unsicher. Eine Mischung
aus Eigeninteresse der Politiker, Ideologie und mißverstandener
pluralistischer Pseudotheorie hat es geschafft, den Eindruck zu
erwecken, als seien finanzielle Einflußnahmen von Lobbyisten
auf die Politik harmlos.

Doch zeigt das aktuelle Beispiel Steuerreform, wie nötig es ist,
daß die Politiker sich vor exzessivem Einfluß der Verbände
gesetzlich schützen. Sonst wäre der Abbau der vielen Steuerver-
günstigungen, die unser Steuerrecht durchziehen, und die Schaf-
fung einer einfachen und gerechten Besteuerung überhaupt
nicht mehr durchsetzbar und die Politik zu unser aller Schaden
zur Handlungsunfähigkeit verdammt. Fast jede Steuervergünsti-
gung oder Subvention trägt den Stempel eines Lobbyverbandes,
der gegen deren Beseitigung mit allen Mitteln vorgeht – mit Hilfe
solcher Brückenköpfe im Parlament wie Cornelia Yzer und
Reinhard Göhner. Wie will Bundesminister Seehofer sich bei der
Gesundheitsreform gegen die Interessen der Pharmaindustrie
durchsetzen, wenn Abgeordnete wie Frau Yzer in deren Dien-

sten stehen? Wie will der Bundestag die Subventionierung des Bergbaus in den Griff bekommen, wenn Abgeordnete wie der Vorsitzende der Industriegewerkschaft Bergbau und Energie, Hans Berger, von innen dagegenhalten?

Wie sehr politische Handlungsfähigkeit Integrität und Unabhängigkeit von interessierten Geldgebern verlangt, hat der Flick-Skandal offenbart, der auch ein gerichtliches Nachspiel hatte, das am 16. Februar 1987 mit einem Urteil des Landgerichts Bonn beendet wurde. Im Prozeß hatten die Beschuldigten, Flicks Generalbevollmächtigter von Brauchitsch und die beiden ehemaligen Bundesminister Friedrichs und Graf Lambsdorff, die – so war es im Urteil zu lesen – in den Jahren 1975 bis 1980 insgesamt 730 000 DM von Flick erhalten hatten, zu ihrer Verteidigung offenbart, in welchem Umfang auch andere Politiker Bargeld entgegengenommen hatten: beispielsweise – ausweislich der Angaben im Urteil – auch Helmut Kohl in den Jahren 1975 bis 1980 insgesamt 515 000 DM und Franz Josef Strauß 950 000 DM,[33] und aus anderer Quelle ist bekannt, daß der damalige wirtschaftspolitische Sprecher der CDU und heutige Bundesverkehrsminister, Matthias Wissmann, für den Wahlkampf 1975 50 000 DM erhalten hat.[34]

Doch während die USA aus ihrem Watergate-Skandal durchgreifende gesetzgeberische Konsequenzen gezogen haben, blieben ähnliche Konsequenzen beim Flick-Skandal aus. Ein Lobbyist, der einen Abgeordneten für seine Belange interessieren will, kann ihm auch heute noch einen ganzen Sack Geld andienen, ohne sich strafbar zu machen. Derartige »Spenden« unterliegen nicht einmal der Einkommensteuer (lediglich der meist viel niedrigeren Schenkungsteuer), weil sie unter keine der sieben Einkunftsarten des Einkommensteuergesetzes fallen – selbst dann nicht, wenn der Abgeordnete sie für private Zwecke verbraucht. Eine vom früheren Bundespräsidenten von Weizsäcker eingesetzte Kommission (der auch der Verfasser dieses Buches angehörte) hatte 1993 vorgeschlagen, solche »Spenden« gesetzlich zu verbieten – bisher im Bund ohne Erfolg. Zwar hat das Bundesverfassungsgericht 1992 immerhin eine Veröffentlichung von Spenden ab 20 000 DM vorgeschrieben, aber die Übertretung der Vorschrift bleibt ohne wirksame Sanktionen, und den 1994 eingefügten Straftatbestand der Abgeordnetenbestechung haben die Abgeordneten so eng gefaßt, daß er voraussichtlich niemals zur Anwendung kommen wird (siehe »Hintergrund«, S. 45 f.). Angesichts der hohen Staatsgelder für Parteien und Politiker, die regelmäßig mit der Absicherung der Unabhängigkeit der Parteien und der Politiker begründet werden, ist es unfaßbar, daß derartigen Einflußversuchen bisher kein wirksamer Riegel vorgeschoben ist. Wenn der Bundestag nicht die Kraft aufbringt, sich von solch lähmenden Verquickungen im eigenen Hause zu befreien und das über 20 Jahre alte Urteil des Bundesverfassungsgerichts endlich zu vollziehen, wird es immer schwerer, die Herausforderungen der Gegenwart und der Zukunft zu bewältigen. In Zeiten hoher Wachstumsraten konnten die Partikularinteressen befriedigt werden, und es blieb trotzdem genug für allgemeine Belange. Heute hat sich die Situation gewandelt, und die Fähigkeit der Politik, Prioritäten zu setzen und notfalls auch schmerzhafte Einschnitte durchzuführen, wird für das Gemeinwesen zur Existenzfrage.

Hintergrund
§ 108e Strafgesetzbuch – Abgeordnetenbestechung:

»(1) Wer es unternimmt, für eine Wahl oder Abstimmung im Europäischen Parlament oder in einer Volksvertretung des Bundes, der Länder, Gemeinden oder Gemeindeverbände eine Stimme zu kaufen oder zu verkaufen, wird mit Freiheitsstrafe bis zu fünf Jahren oder mit Geldstrafen bestraft.

(2) Neben einer Freiheitsstrafe von mindestens sechs Monaten wegen einer Straftat nach Absatz 1 kann das Gericht die Fähigkeit, Rechte aus öffentlichen Wahlen zu erlangen, und das Recht, in öffentlichen Angelegenheiten zu wählen oder zu stimmen, aberkennen.«

Erläuterung
Die Fachliteratur ist sich darüber einig, daß diese 1994 eingeführte Vorschrift derart eng gefaßt ist, daß wohl niemals ein Abgeordneter oder Lobbyist nach ihr bestraft werden wird. Der Tatbestand bezieht sich nur auf künftige Abstimmungen, erfaßt nicht Abstimmungen in Fraktionen oder Parteien, auch nicht das Verhalten des Abgeordneten bei Beratungen in den Ausschüssen und im Plenum der Volksvertretungen. Erforderlich ist überdies eine konkrete Unrechtsvereinbarung, die Stimme bei einer Abstimmung in der Volksvertretung zu mißbrauchen. Angesichts der totalen Wirkungslosigkeit der Vorschrift hat ein sachverständiger Kommentator die Vorschrift charakterisiert »als politische Kosmetik, große Worte, hinter denen das Kungeln und Mauscheln weitergehen kann«.

6. Das Amt einer Parlamentarischen Staatssekretärin, das Frau Yzer fast fünf Jahre innehatte, wurde 1967 in der Zeit der Großen Koalition aus Proporzgründen eingeführt. Die Stellen sind nach einem geflügelten Bonn-mot »so unnötig wie ein Kropf«, und doch werden Parlamentarische Staatssekretäre, weil sie zusätzlich noch Abgeordnetendiäten erhalten, sehr viel höher bezahlt als beamtete Staatssekretäre, die das Ministerium leiten und die eigentliche Arbeit tun.

Parlamentarische Staatssekretäre wurden ursprünglich als
»Juniorminister« gehandelt: Nachwuchsleute, die das Mini-
sterhandwerk erlernen sollten. Doch als Frau Yzer im Alter
von 30 Jahren eine solche Pfründe erhielt, dürfte sie vor allem
eines gelernt und verinnerlicht haben: die Überzeugung nämlich, daß alles möglich sei, wenn man nur die richtigen Ver-
bindungen besitze.

7. Die steuerfreie Aufwandsentschädigung soll eigentlich vor
   allem die Zweitwohnung und die Verpflegungskosten von
   Abgeordneten in Bonn abdecken. Doch hat Frau Yzer als
   Verbandsgeschäftsführerin ihren beruflichen Hauptsitz ohnehin in Bonn, so daß für sie keine derartigen Zusatzkosten
   für das Mandat anfallen und große Teile der Pauschale zu
   einem – verfassungswidrigen – steuerfreien Zusatzeinkommen werden.

   Müßten die Abgeordneten ihre Mandatskosten einzeln abrechnen wie alle anderen Bürger auch und wie es Sachverständigenkommissionen, die der Bundestag und viele Landesparlamente selbst eingesetzt hatten, immer wieder gefordert
   haben, könnte es zu solchen Auswüchsen nicht mehr kommen. Doch bisher wollten die Abgeordneten sich dieses Privileg nicht nehmen lassen und haben die Pauschale 1995 auch
   noch dynamisiert.

Der vorstehende Text erschien in ähnlicher Form Anfang Februar 1997 als Namensartikel des Verfassers im *Stern* und löste
geradezu ein öffentliches Gewitter aus: entrüstete Pressekom-
mentare, Tausende von Bürgerbriefen waren die Folge, und auch
mancher Politiker gab öffentlich sein Unverständnis über derartige Regelungen zu Protokoll. Die öffentliche Resonanz war
deshalb so stark, weil der Fall Yzer mit einem Schlage die ganze
Fülle von finanziellen Privilegien der politischen Klasse in

Deutschland deutlich werden ließ: die Möglichkeit vollalimen-
tierter Abgeordneter, ihre Unabhängigkeit auch noch an Lobbyisten zu verkaufen; die Überversorgung durch überzogene Renten und »Übergangsgelder«, die selbst dann anfallen, wenn gar
keine Übergangsprobleme entstehen, steuerfreie, als »Aufwandsentschädigung« getarnte Zusatzleistungen, Doppel- und
Dreifachbezüge etc.

Daraufhin erklärte sich Frau Yzer nach anfänglichem Zögern
bereit, auf das Übergangsgeld als frühere Staatssekretärin zu
verzichten, und Bundesinnenminister Kanther kündigte eine Gesetzesänderung an, wonach private Bezüge in Zukunft auf Übergangsgelder von Bundesministern und Parlamentarischen Staatssekretären angerechnet werden sollten. Diese Gesetzesänderung
ist inzwischen zwar beschlossen und in Kraft gesetzt, aber sie
betrifft nur einen Zipfel des Problems. Alle anderen Privilegien
sollen offenbar auch in Zukunft bestehenbleiben.

Ins Parlament eingebaute Lobbyisten (wie Yzer oder Göhner)
gibt es nicht nur im Bundestag, sondern auch im Europäischen
Parlament: Elmar Brok kam 1980 im Alter von 34 Jahren als
Abgeordneter nach Straßburg. Als Europaabgeordneter erhält
er ähnliche Bezüge und Ansprüche auf Altersversorgung wie
seine Kollegen im Bundestag. Das ist im (deutschen) Gesetz über
die (deutschen) Mitglieder des Europäischen Parlaments niedergelegt. Doch darüber hinaus haben sich die Europaabgeordneten
noch besondere Möglichkeiten für steuerfreie Zusatzverdienste
bewilligt (siehe S. 57).

Neben alledem hat Elmar Brok seit 1992 einen höchst einträgli-
chen Zweitjob: Er ist fest angestellt beim Bertelsmann-Konzern.
Als dessen »Europabeauftragter« und Leiter des mit drei Mitarbeitern besetzten Brüsseler Lobbybüros erhält er ein hohes
Zusatzsalär.[35]

Auch hier hatte Helmut Kohl seine Finger im Spiel und soll Brok nicht etwa in die Schranken verwiesen, sondern ihn umgekehrt noch ermutigt haben, sich in die Abhängigkeit des Konzerns zu begeben.[36] Wie hätte Kohl auch anders können, war er doch selbst zu seiner Zeit als CDU-Fraktionsvorsitzender im Rheinland-Pfälzischen Landtag bezahlter Lobbyist des Ludwigshafener Chemieverbandes.

Das Landtagsmandat als Pfründe

Bodo Hombach ist Landtagsabgeordneter in Nordrhein-Westfalen. Er ist nicht nur erfolgreicher Wahlkampfmanager von Johannes Rau und Berater von Gerhard Schröder, sondern hat auch die Geschäftsführung der Preussag Handel GmbH und der Preussag International GmbH inne. Er übt also beides nebeneinander aus: sein Mandat und seinen privatwirtschaftlichen Beruf. Das ist auch durchaus möglich. In Hessen führt selbst Landtagspräsident Klaus Peter Möller (CDU) seinen Beruf als Rechtsanwalt neben seinem hohen Amt weiter.[37] Das Landtagsmandat ist in Wahrheit nicht notwendig ein »Fulltimejob«, wird aber dennoch in fast allen Ländern als solcher bezahlt. Von einem Teilzeitparlament gehen denn auch nach wie vor die Stadtstaaten Berlin und Bremen und das Land Baden-Württemberg aus. Hamburg hält bemerkenswerterweise an der Praxis eines Feierabendparlaments fest,[38] obwohl die dortige Bürgerschaft (wie die Parlamente von Berlin und Bremen) Landes- *und* Kommunalangelegenheiten zu bewältigen hat.

Ursprünglich waren die Mandate der Abgeordneten in den Parlamenten der Bundesländer alle als Ehrenämter konzipiert.[39] Noch in den sechziger und siebziger Jahren hatten die Bezüge von Landtagsabgeordneten nur die Hälfte oder weniger der Bundestagsentschädigung betragen. Inzwischen haben die Abgeordneten der meisten Landesparlamente ihre Bezüge stark erhöht. Auch in den fünf neuen Ländern hat man schnell gelernt. Einige Landesparlamente haben ihre Bezüge sogar an die ihrer Bundestagskollegen angenähert, sie zwischenzeitlich teilweise sogar übertroffen. Die Mandate wurden selbst in einem sehr kleinen und armen Bundesland wie dem Saarland zu vollbezahlten und überversorgten Fulltimejobs ausgebaut.[40] Das erscheint paradox; denn gleichzeitig haben die Aufgaben der Landesparlamente, besonders im Bereich der Gesetzgebung – jedenfalls in den elf alten Ländern –, stark abgenommen.[41] Ihre Aufgaben sind viel geringer als etwa die der Länderparlamente der USA und der Schweiz (deren Mitglieder gleichwohl eine sehr viel niedrigere Bezahlung und erst recht eine geringere oder gar keine Versorgung erhalten).[42] Dieser Befund hat den Direktor des Niedersächsischen Landtags zu der Frage veranlaßt, wie lange die Abgeordneten ihren zu groß geschneiderten finanziellen Anzug wohl noch vor dem Steuerzahler verbergen könnten.[43] Auch der frühere Präsident des Thüringer Landtags Gottfried Müller (1990 bis 1994) hält die Einordnung der Arbeit eines Landtagsabgeordneten »als Nebentätigkeit zum Beruf«, also »gewissermaßen als Halbzeitjob« für durchaus »realistisch« – zumindest im Westen, wenn er auch weiß, daß er sich damit »dem Protest seiner Kolleginnen und Kollegen« aussetzt.[44] Das gilt jedenfalls für normale, einfache Landtagsabgeordnete. Für Inhaber besonderer parlamentarischer Ämter – wie die Präsidenten, die nicht nur einen besonderen Status haben, sondern gleichzeitig auch Chef der Parlamentsverwaltung sind, die Fraktionsvorsitzenden und Parlamentarischen Geschäftsführer der Fraktionen – mag die Beurteilung anders ausfallen. Sie haben oft sehr viel mehr zu tun, so daß sich ihre Tätigkeit tatsächlich zum

Fulltimejob auswachsen kann. Aber sie erhalten ja auch – eben deshalb – eine sehr viel höhere Bezahlung als das »parlamentarische Fußvolk«.

Daß es in den Landesparlamenten typischerweise sehr wohl möglich ist, seinen Beruf neben dem Mandat noch fortzuführen,[45] zeigen auch die Regelungen für öffentliche Bedienstete, die in sechs Bundesländern neben ihrem Mandat aktive Beamte oder sonstige öffentliche Bedienstete bleiben können.[46] In Baden-Württemberg und Sachsen können selbst hauptberufliche Bürgermeister und sogar Oberbürgermeister ihr Amt neben einem Landtagsmandat ausüben. Damit ist doch wohl der Nachweis erbracht, daß das Mandat normalerweise kein Fulltimejob zu sein braucht. Wenn die Tendenz in der Praxis dennoch immer mehr dahin geht, aus der Abgeordnetentätigkeit auch auf Landesebene generell einen Fulltimejob zu machen, so geschieht dies auch deshalb, um die hohe Bezahlung und Versorgung der Abgeordneten vordergründig zu legitimieren. Diese Folge der Überfinanzierung ist besonders schädlich, weil sie potentiellen Interessenten, die im Privatberuf erfolgreich sind und deshalb auf diesen nicht verzichten wollen, den Weg ins Parlament erschwert.[47] Zudem: Wie sollen Parlamente, die ihre eigene Arbeit nicht gehörig zu organisieren und zu rationalisieren verstehen, in der Lage sein, andere Bereiche optimal zu gestalten, vorrangig die Verwaltung, deren Reform zu den wichtigsten Aufgaben der Landesparlamente gehört?[48]

Daß Landtagsabgeordnete überbezahlt sind, bestätigt auch ein Vergleich mit Stadträten. Die Mitglieder des Stadtrats von Frankfurt, München oder Köln sind schwerlich weniger stark belastet als die Abgeordneten des Saarländischen Landtags. Dennoch erhalten sie nur eine (sehr viel niedrigere) Aufwandsentschädigung und keine Altersversorgung, was auch daher rührt, daß das Bundesverfassungsgericht im kommunalen Bereich konsequent an der Ehrenamtlichkeit der Mandate der Volksvertreter festgehalten hat.[49]

Demgegenüber gibt die Überfinanzierung der Landesparlamentarier den Parteien die Möglichkeit, ihre Abgeordneten als »vom Landtag bezahlte Parteiarbeiter von Montag bis Freitag einspannen zu können« (so der ehemalige Bundestagspräsident Kai Uwe von Hassel), und bringt die Abgeordnetenbezahlung auf diese Weise in den Bereich der indirekten Parteienfinanzierung. Das privilegiert nicht nur im Wettbewerb mit (neuen) Herausforererparteien, sondern auch im Wettbewerb mit neuen Kandidaten der alten Parteien.[50] Wenn vollbezahlte Landtagsabgeordnete sich ihrer Parteibasis über Jahre hinweg praktisch hauptberuflich widmen und lokale Parteiämter und Kommunalmandate ausüben können, haben sie, wenn es um die Kandidatenaufstellung durch die Parteigremien geht, einen so gewaltigen Startvorteil, daß selbst die besten Seiteneinsteiger kaum eine Chance besitzen. Daß die Verdrängung qualifizierter Leute den Chancen der eigenen Partei und dem Ansehen des Parlamentarismus generell abträglich sein könnte, wird dabei in Kauf genommen.[51] Das eigene berufliche Hemd ist vielen Abgeordneten offenbar näher als der parteiliche Rock.[52] Der Wettbewerb wird auf diese Weise doppelt verfälscht: zu Lasten neuer Parteien und zu Lasten neuer Kandidaten der alten Parteien.

Zweiteinkommen – am Finanzamt vorbei

Die 39jährige ehemalige Lehrerin Michaele Hustedt wohnt in Bonn und ist 1994 über die nordrhein-westfälische Landesliste von Bündnis 90/Die Grünen in den Bundestag eingezogen. Ne-

ben den rund 150 000 DM steuerpflichtigem Gehalt und der
Kostenerstattung von bis zu 239 000 DM für Mitarbeiter erhält
sie – wie andere Bundestagsabgeordnete auch – eine steuerfreie
Kostenpauschale von 76 128 DM jährlich, die dynamisiert ist und
sich jedes Jahr entsprechend den Preissteigerungen automatisch
erhöht. Wie hoch der durch das Mandat bedingte Aufwand
tatsächlich ist, ist dabei völlig gleichgültig. Die Steuerfreiheit der
Pauschale ist im Gesetz festgelegt, so daß das Finanzamt sie
selbst dann akzeptieren muß, wenn die Pauschale weit überhöht
ist. Dies ist regelmäßig bei Bundestagsabgeordneten der Fall, die
ohnehin in Bonn oder in der Nähe von Bonn wohnen und deshalb
keine Zweitwohnung benötigen, ihre Mahlzeiten meist zu Hause
einnehmen können und die Fahrten zwischen Wohnung und
Bundestag auf dessen Kosten (mit dem Wagenpark des Bundestags oder gesondert abgerechneten Taxis) durchführen können.
Abgeordnete, die über die Landesliste in den Bundestag gekommen sind, haben zudem keinen Wahlkreis zu betreuen, so daß ihr
Mandatsaufwand noch weiter sinkt (falls sie nicht von sich aus
entsprechende Betreuungsaktivitäten übernehmen).
Die Kostenpauschale von Bundestagsabgeordneten ist laut Gesetz vor allem bestimmt für

- die Kosten eines Wahlkampfbüros,
- die Mehrkosten am Sitz des Bundestags,
- die Fahrtkosten und
- sonstige Kosten, zum Beispiel für die Wahlkreisbetreuung.[53]

Andere Listenabgeordnete aus Bonn oder Umgebung sind in
ähnlich glücklicher Lage wie Michaele Hustedt, zum Beispiel
Anke Fuchs (SPD), Uwe Göllner (SPD), Karl Lamers (CDU),
Ingrid Matthäus-Maier (SPD), Dr. Susanne Tiemann (CDU)
und Dr. Guido Westerwelle (FDP). Bei ihnen ist zu vermuten,

daß berücksichtigungsfähige Kosten nur in einem Umfang anfallen, der erheblich geringer ist als die Pauschale, die damit zu einem steuerfreien Zweiteinkommen wird. Es kann schlechterdings nicht gerechtfertigt werden, die Pauschale allen Abgeordneten in gleicher Höhe zu gewähren, unabhängig davon, ob sie ein eigenes Büro außerhalb ihrer (Erst-)Wohnung oder eine Zweitwohnung in Bonn finanzieren.

Viele andere Abgeordnete, die nicht in Bonn wohnen und einen Wahlkreis zu betreuen haben, machen dennoch mit der Kostenpauschale, die das ganze Jahr über monatlich gezahlt wird, besonders auch in den Urlaubs- und Ferienmonaten und in der Wahlkampfzeit, ebenfalls einen goldenen Schnitt. Das ist zwar meist schwer nachzuweisen, weil Abgeordnete ihre mandatsbedingten Ausgaben nicht veröffentlichen müssen und die wenigen, die es freiwillig tun, meist nichts zu verbergen haben. In welchem Maß die Kostenpauschalen ein steuerfreies Zusatzeinkommen darstellen, kommt aber immer wieder in Unterhaltsprozessen heraus, wenn Abgeordnete von unterhaltsberechtigten Angehörigen verklagt werden und dann vor Gericht nicht nachweisen können, daß ihr Mandatsaufwand der Pauschale wirklich entspricht, so daß der überschießende Betrag von den Gerichten als Einkommen angesehen und in die Bemessung der Unterhaltspflicht einbezogen wird.[54]

Besondere Nutznießer der Kostenpauschalen sind Abgeordnete, deren Verbände oder Unternehmen kostenlos ein Büro zur Verfügung stellen, so daß der darauf entfallende Teil der Pauschalen eingespart werden kann (siehe oben S. 47). So war dem brandenburgischen Landtagsabgeordneten (und jetzigen Bauminister) Herbert Meyer von 1991 bis 1994 von einer Baufirma ein Büro finanziert worden, das er als Wahlkreisbüro nutzte. Als dies Anfang 1998 herauskam, räumte Meyer ein, »unsensibel« gehandelt zu haben, und zahlte die Miete nach.[55] Doch Hunderte von anderen Fällen bleiben bestehen, bei denen die pauschale Erstattung sehr viel höher ist als die Aufwendungen; der Fehler liegt im System der steuerfreien Kostenpauschale.

Gerade dieses Abgeordnetenprivileg verhindert in besonderer Weise, daß die Steuergesetze auch auf die Abgeordneten selbst angewendet werden. Sogar Handelsvertreter und Montagebauer, die das ganze Jahr quer durch Deutschland fahren, müssen jede Quittung für das Finanzamt sammeln und kommen nicht in den Genuß von Pauschalen, schon gar nicht in der Größenordnung wie Bundestagsabgeordnete. Und wenn Pauschalen gewährt werden, dann oft so gering, daß nicht einmal die tatsächlichen Aufwendungen erfaßt werden. So können Steuerzahler seit Anfang 1997 Mehraufwendungen für Verpflegung bei Auswärtstätigkeit bis zu 14 Stunden nur mit 10 DM und bis 24 Stunden nur mit 20 DM ansetzen.

Der Mühen der Steuerzahler im täglichen Umgang mit dem Steuerrecht und dem Finanzamt haben sich die Abgeordneten mit einem Federstrich enthoben. Kaum etwas macht so bürgerfern wie der Umstand, daß die Gesetze nicht mehr auf die Gesetzesmacher selbst Anwendung finden. Wenn die Abgeordneten die Sorgen und Beschwernisse der Bürger im Umgang mit den überkomplizierten, vielfach ungerechten und praxisfernen staatlichen Gesetzen nicht mehr am eigenen Leib erfahren, verlieren sie allmählich den Kontakt zu den Bürgern.

Besonders anstößig ist es, wenn *Amtsträger* – mit Hilfskräften und Sachmitteln aller Art vielfach ausgestattet und zeitlich oft gar nicht in der Lage, das Parlamentsmandat noch auszufüllen – neben der Abgeordnetenpauschale noch weitere steuerfreie Pauschalen erhalten (zum Beispiel als Minister, Parlamentarischer Staatssekretär oder Parlamentspräsident), die dann zu einem besonders weit aufgeblähten regelrechten steuerfreien Überhangeinkommen führen (Näheres dazu S. 146 ff.).

Derartige Privilegien sind nach der Rechtsprechung des Bundesverfassungsgerichts verfassungswidrig. Steuerfreie Erstattungen
sind nur zulässig, wenn sie sich am angemessenen und besonderen durch das Mandat bedingten Aufwand orientieren.[56]
Die politisch angemessenste Lösung wäre es, die Abgeordneten
unter den Steuergesetzen ebenso leiden zu lassen wie Normalbürger und Kosten nur noch nach Einzelnachweis zu erstatten.
Dagegen einzuwenden, dadurch würde die Parlamentsbürokra-
tie aufgebläht, wie dies jüngst ein Abgeordneter in einer Fernsehsendung dem Autor entgegenhielt, ist einfach schlechter Stil –
angesichts der bürokratietreibenden Regelungswut, die die Parlamente sonst allenthalben an den Tag legen. Im übrigen wird die
Einzelnachweisung in Hessen seit dem Diätenskandal von 1988
mit Erfolg praktiziert – womit die vielen hergesuchten Einwände,
die die Abgeordneten in anderen Ländern und im Bund dagegen
vorbringen, alle widerlegt sind. Auf einen Einzelnachweis der
Kosten zielen auch die Forderungen von Sachverständigenkommissionen – gerade für den Bundestag und den Bayerischen
Landtag, wo die Mißstände wegen der hohen Einheitspauschalen
am krassesten sind.[57] Doch haben sich die deutschen Parlamente
(mit Ausnahme des hessischen) bisher gegenüber allen berechtigten Reformforderungen taub gestellt.
Besonders kraß ist die Situation bei den 99 Europaabgeordneten,
die die Bundesrepublik ins Parlament von Straßburg (bzw. Brüssel) entsendet, übrigens alle per Wahlliste. Das reine Listenwahl-
recht bewirkt, daß allein die Parteigremien die Mandate vergeben. Die Bürger wissen in aller Regel überhaupt nicht, wer sie
vertritt. Das scheint man auch gar nicht anzustreben: Die Kandidaten werden – abgesehen von den ersten zehn – auf den Wahllisten nicht einmal namentlich genannt. Das veranlaßte den Bonner Wirtschaftsprofessor Carl-Christian von Weizsäcker, vor der
letzten Europawahl öffentlich zu bekennen, er werde sich nicht

an der Wahl beteiligen, weil er die Kandidaten (einschließlich der bisherigen Amtsinhaber) ohnehin alle nicht kenne.

Wenn die Mandate für viele deutsche Europaabgeordnete als Pfründen für ausgediente Politiker apostrophiert werden, so ist dies in zahlreichen Fällen so falsch nicht. Man lese einmal die Liste der deutschen Abgeordneten durch. Sie erhalten neben den 12 350 DM steuerpflichtigem Gehalt (seit 1. April 1998), die sie wie die Bundestagsabgeordneten bekommen, und einer Sekretariatszulage für die Einstellung von einem oder mehreren Assistenten von bis zu 18 042 DM monatlich (= 9205 ECU) zusätzlich eine steuerfreie Kostenpauschale von 6256 DM (= 3192 ECU) und besonders üppige Fahrtkostenerstattungen und Tagegelder: 1,49 DM (= 0,76 ECU) je Kilometer für die ersten 400 km der Hin- bzw. Rückreise nach oder von Straßburg (oder Brüssel) und 0,74 DM (= 0,38 ECU) für jeden weiteren Kilometer, zusätzlich für jeden Tag ein Tagegeld von 443 DM (= 226 ECU).[58]

Die Zweifel an der Berechtigung der Pauschalen und die Überzeugung, daß es sich in Wahrheit zu weiten Teilen um steuerfreie Zweiteinkommen handelt, werden durch ein Urteil des Oberverwaltungsgerichts Sachsen-Anhalt vom Dezember 1997 bestätigt. Darin ging es um die Frage, ob der ehemalige Ministerpräsident von Sachsen-Anhalt Dr. Werner Münch seine Bezüge zu Recht erhalten hatte. Die damals gültigen Regelungen sahen vor, daß Regierungsmitglieder aus dem Westen mindestens ihre bisherige Bruttovergütung weiter erhalten sollten, und Münch, der vorher Europaabgeordneter gewesen war, hatte zur Bruttovergütung auch die steuerfreie Kostenpauschale von damals 4768 DM und Tagegelder von monatlich 4176 DM (bei durchschnittlich zwölf Sitzungstagen) gezählt, was zusammen mit der steuerpflichtigen Entschädigung von damals 9464 DM eine Gesamtvergütung von über 18 000 DM ergab. Dagegen war der Rechnungshof von

Sachsen-Anhalt davon ausgegangen, zur Bruttovergütung gehö-
re nur die steuerpflichtige Entschädigung, und er errechnete auf
dieser Basis eine Überzahlung der Amtsbezüge von fast 300 000
DM, die das Land von Münch zurückverlangte. Doch das Ober-
verwaltungsgericht schloß sich im Ergebnis der Argumentation
Münchs an und lehnte eine Rückzahlungspflicht ab. Dabei kam
das Gericht zu folgender Einschätzung der steuerfreien Kostenpauschalen:

> »Bei den Aufwandsentschädigungen der öffentlichen Ämter
> ist ... keineswegs gewährleistet, daß ein entschädigungsfähi-
> ger Aufwand überhaupt in entsprechender Höhe entstanden
> ist. Der Kläger [Münch][59] hat dargelegt, daß die pauschalier-
> ten Entschädigungen der Europaabgeordneten (Aufwands-
> entschädigung, Tagegelder, Reisekostenvergütung) insge-
> samt großzügig bemessen waren. Er habe außerdem auf wei-
> tere Vergünstigungen zurückgreifen können (unentgeltliche
> Büros in Straßburg und Brüssel, kostenfreie Benutzung von
> Fax- und Telefongeräten, Personalkosten, Jahresnetzkarte
> der Deutschen Bahn AG, Fahrdienste an den Parlamentssit-
> zen). Im Ergebnis hätten ihm die Tagegelder vollständig und
> die Aufwandsentschädigung fast vollständig zur freien Verfü-
> gung gestanden. Der Senat hat keinen Anlaß, diese Angaben
> zu bezweifeln. ... Es drängt sich hiernach die Frage auf, ob die
> Steuerfreiheit der Abgeordnetenentschädigung in ihrer bis-
> herigen Form sachlich noch zu rechtfertigen ist. Dies ist
> jedoch nicht Gegenstand des vorliegenden Verfahrens.«[60]

3. KAPITEL

Regierungsmitglieder

Privilegien von Ministern

Dr. Axel Horstmann ist seit dem 27. November 1995 Minister für Arbeit, Gesundheit und Soziales in Nordrhein-Westfalen und verdient als solcher 22 580 DM, 13mal im Jahr. So weit, so gut. Ein Minister soll auch ordentlich bezahlt werden. Doch ist dies noch lange nicht alles. Horstmann ist wie die meisten Minister gleichzeitig auch Landtagsabgeordneter und erhält deshalb zusätzlich einen großen Teil des Abgeordnetengehalts – in Nordrhein-Westfalen sind dies noch einmal 4303 DM –, zusammen also 26 883 DM monatlich, und da ist schon eher eine kritische Nachfrage angezeigt, schon deshalb, weil Minister durch ihr Amt meist ausgelastet sind und für das Abgeordnetenmandat kaum noch Zeit haben – ganz abgesehen vom Grundsatz der Gewaltenteilung. In Hamburg und Bremen ist es Regierungsmitgliedern denn auch kraft Verfassung untersagt, gleichzeitig dem Parlament anzugehören. In den anderen Ländern gibt es ein solches Verbot dagegen nicht. In Niedersachsen allerdings erhalten Minister wenigstens nicht auch noch ein Abgeordnetengehalt.

Richtig anrüchig sind bestimmte weitere Zulagen, die als »Aufwandsentschädigung« etikettiert und deshalb steuerfrei sind, in Wahrheit aber ein verschleiertes Zusatzeinkommen darstellen, denn Ministern werden ihre Aufwendungen durch die sonstige Amtsausstattung ohnehin großzügig abgedeckt (durch Hilfskräf-

te, Dienstwagen mit Fahrer, gegebenenfalls Dienstwohnung
etc.). Deshalb haben Länder wie Niedersachsen und Hessen
solche »Aufwandsentschädigungen« bis auf kleine Reste beseitigt. Dagegen bezieht der nordrhein-westfälische Sozialminister
(wie seine anderen Düsseldorfer Kollegen) eine steuerfreie Zulage von 1326 DM und als Landtagsabgeordneter noch einmal
2778 DM. Wenn man davon ausgeht, daß nordrhein-westfälische
Minister normalerweise auch keinen höheren Aufwand haben als
ihre Kollegen in Hannover, laufen die überhöhten Pauschalen
auf ein zusätzliches Bruttoeinkommen von 5178 DM hinaus,
wodurch sich das Monatsgehalt von Dr. Horstmann tatsächlich
auf 32 061 DM aufaddiert (siehe Tabelle 15 im Anhang), also auf
42 Prozent mehr, als die offen ausgewiesenen Ministerbezüge
von 22 580 DM vorgeben.

Daß sich solch unangemessene Privilegien bisher halten konnten, liegt nicht zuletzt an der Unübersichtlichkeit der Bestimmungen: In sechzehn Bundesländern gibt es sechzehn unterschiedliche Ministergesetze, deren Verständnis dadurch zusätzlich erschwert wird, daß man beispielsweise neben dem Ministergesetz noch vier weitere, miteinander verschachtelte
Gesetze studieren muß, wenn man ermitteln will, welche Gesamtbezüge ein Mitglied der Düsseldorfer Landesregierung tatsächlich erhält:

- das Bundesbesoldungsgesetz, auf das die Ministergesetze ver-
  weisen,
- das Beamtenversorgungsgesetz, das ergänzend heranzuzie-
  hen ist,
- das Sonderzuwendungsgesetz, das die 13. Bezahlung regelt,
  und
- das Abgeordnetengesetz, nach dem Minister, die gleichzeitig
  Abgeordnete sind, weitere Zahlungen erhalten.

Außerdem hat der nordrhein-westfälische Minister nach seinem
Ausscheiden aus dem Amt Anspruch auf *Übergangsgeld*. Für
jeden Monat Amtszeit erhält er ein monatliches Übergangsgeld,
insgesamt mindestens sechs Monate und höchstens 24 Monate
lang, und zwar in den ersten drei Monaten in Höhe der vollen
Amtsbezüge von 22 580 DM, in den folgenden 21 Monaten die
Hälfte (11 290 DM). Müßte der Minister sich einen solchen
Anspruch während seiner Amtszeit bei einer privaten Versiche-
rung erkaufen, so müßte er dafür durchschnittlich monatlich
Prämien von ca. 5000 DM aufbringen.

Im Gestrüpp der Regelungen besonders gut getarnt ist die Minister*pension*, die wirtschaftlich den allergrößten Brocken aus-
macht. Hier bestehen in vielen Ländern die verrücktesten Privilegien, die sich in Bonn glücklicherweise nie haben durchsetzen
lassen. So erwirbt Dr. Axel Horstmann schon nach vier Ministerjahren einen Pensionsanspruch in Höhe von 63 Prozent seines Aktivengehaltes (nach derzeitigem Stand 14 226 DM monatlich). Aufgrund der hohen Versorgung geben nordrhein-
westfälische Minister ihr Amt gelegentlich sogar mitten in der
fünfjährigen Wahlperiode auf, wenn sie ihre vier Jahre voll
haben, wie dies zum Beispiel der frühere Landwirtschaftsmini-
ster Hans Otto Bäumer – zum Ärger von Ministerpräsident
Johannes Rau – tat.

Zurück zu Axel Horstmann: Für den Erwerb einer Vollversorgung von 75 Prozent benötigt er nur zehn Jahre im Amt (da er
zusätzlich zehn ruhegehaltfähige Dienstjahre als früherer Beamter hat [siehe »Hintergrund« auf S. 63 ff.]). Er wird dann nach
dem Ausscheiden aus dem Amt rund 16 600 DM monatlich
erhalten, 13mal im Jahr, lebenslang und unabhängig davon, daß
er dann (im Jahre 2005) erst 51 Jahre alt ist. Ein Bundesminister
braucht für seine 75prozentige Altersrente 23 Ministerjahre und
erhält sie frühestens ab dem 55. Lebensjahr. Für die Besserstel-

lung von Landesministern gibt es keine Rechtfertigung. Angesichts der sehr viel höheren Verantwortung von Bundesministern würde umgekehrt eher ein Schuh daraus.

Wer wie Horstmann mit 41 Jahren in die Regierung eintritt und mit 51 in Pension gehen kann, müßte, um eine entsprechende Rente bei einer privaten Versicherung zu erwerben, monatlich Prämien einzahlen, die an sein offen ausgewiesenes Aktivengehalt von 22 580 DM heranreichten, und zwar aus versteuertem Einkommen. Der Erwerb der staatsfinanzierten Rente läuft, wirtschaftlich gesehen, also auf ein verschleiertes steuerfreies Zusatzeinkommen des Ministers hinaus, dessen Höhe in einem grotesken Mißverhältnis zum offen ausgewiesenen eigentlichen Einkommen steht.

Wir haben oben festgestellt, daß Dr. Axel Horstmann zusätzlich zu dem offen ausgewiesenen Ministergehalt noch einen verdeckten Zuschlag von 42 Prozent erhält, der sein Gehalt auf 32 061 DM bringt. Jetzt stellen wir fest, daß dies noch nicht einmal die ganze Wahrheit ist. Müßten nordrhein-westfälische Minister ihren Anspruch auf Übergangsgeld und Altersversorgung nämlich selbst finanzieren, benötigten sie dafür durchschnittlich ein zusätzliches Einkommen, das, vorsichtig geschätzt, noch einmal 20 000 DM betragen müßte, so daß sie, wirtschaftlich gesehen, 52 061 DM monatlich beziehen, also rund 30 000 DM mehr als ihre offen ausgewiesenen Ministerbezüge (siehe Tabelle 15 im Anhang).

Hintergrund
Altersrente von Ministern in Nordrhein-Westfalen
(§ 11 Ministergesetz)

»(1) Ein Mitglied der Landesregierung erhält von dem Zeitpunkt an, in dem die Amtsbezüge aufhören, Ruhegehalt, wenn es das Amt eines Mitglieds der Landesregierung mindestens vier Jahre bekleidet hat.

(2) Ruhegehaltsfähig ist die Amtszeit als Mitglied der Landesregierung. Daneben werden andere nach dem Landesbeamtengesetz ruhegehaltfähige Dienstzeiten höchstens bis zu zehn Jahren berücksichtigt.

(3) Das Ruhegehalt beträgt 35 vom Hundert des Amtsgehalts und des Ortszuschlags; es steigt mit jedem Jahr der ruhegehaltsfähigen Dienstzeit um zwei vom Hundert bis zum Höchstsatz von 75 vom Hundert. Ein Rest der ruhegehaltsfähigen Dienstzeit von mehr als 182 Tagen gilt als vollendetes Dienstjahr.

(4) Bei einer Amtszeit von weniger als zehn Jahren ruht der Anspruch auf das Ruhegehalt bis zum Beginn des Monats, für den die Landesregierung den Eintritt der Dienstunfähigkeit im Sinne des Landesbeamtengesetzes feststellt oder in dem das ehemalige Mitglied der Landesregierung mit einer mindestens achtjährigen Amtszeit das fünfzigste Lebensjahr, mit einer mindestens sechsjährigen Amtszeit das fünfundfünfzigste Lebensjahr und mit einer vierjährigen Amtszeit das sechzigste Lebensjahr vollendet.

(5) Hat nach Feststellung der Landesregierung ein Mitglied der Landesregierung bei Ausübung seines Amtes oder im Zusammenhang mit seiner Amtsführung ohne sein Verschulden eine Gesundheitsschädigung erlitten, die seine Arbeitskraft dauernd und so wesentlich beeinträchtigt, daß es nach Beendigung des Amtsverhältnisses zu Übernahme seiner früheren oder einer ihr gleichwertigen Tätigkeit nicht mehr in der Lage ist, so erhält es auch dann Ruhegehalt, wenn die Voraussetzung des Absatzes 1 nicht vorliegt.

(6) Eine um höchstens zwei Monate kürzere Amtszeit steht den Amtszeiten in den Absätzen 1 und 4 gleich.«

Erläuterung

Ein nordrhein-westfälischer Minister erhält nach einer Amtszeit von vier Jahren 35 Prozent der steuerpflichtigen Amtsbezüge als Ruhegehalt, und dieses »steigt mit jedem Jahr der ruhegehaltsfähigen Dienstzeit um zwei vom Hundert bis zum Höchstsatz von 75 vom Hundert«. Das klingt durchaus akzeptabel, zumal der Satz von zwei vom Hundert eher bescheiden anmutet. Doch hinter der scheinbar harmlosen Formulierung verbirgt sich ein gewaltiges Privileg. Es fehlt nämlich das unscheinbare Wörtchen »weitere«. Es heißt also nicht: »und steigt mit jedem *weiteren* Jahr der ruhegehaltsfähigen Dienstzeit«. Die Folge ist, daß die ersten vier Ministerjahre doppelt zählen und der Minister nach deren Ablauf in Wahrheit bereits einen Anspruch auf 43 Prozent besitzt (35 + 8 Prozent). Darüber hinaus werden auch »andere nach dem Landesbeamtengesetz ruhegehaltsfähige Dienstzeiten höchstens bis zu zehn Jahren berücksichtigt«, wozu auch Ausbildungszeiten etc. rechnen. Ein nordrhein-westfälischer Landesminister kann deshalb gegebenenfalls bereits nach vier Jahren eine Pension von 63 Prozent seines steuerpflichtigen Aktivengehalts beanspruchen, nach derzeitigem Stand rund 14 226 DM.

Andere Bundesländer haben ihre früher ähnlich üppigen Ministerrenten nach den Versorgungsskandalen in Hamburg und im Saarland in den Jahren 1992 und 1993 auf das Niveau von Bundesministern gesenkt, das ja auch nicht gerade schlecht ist, und damit bestätigt, daß höhere Landesministerrenten nicht vertretbar sind. Bayern, Bremen, Hessen, Niedersachsen, Rheinland-Pfalz, das Saarland und Mecklenburg-Vorpommern haben auf die öffentliche Kritik reagiert und die Doppelzählung der ersten vier oder fünf Ministerjahre beseitigt (durch Einfügen des Wörtchens »weitere«) und außerdem die pensionserhöhende Anrechnung von früheren Jahren im Parlament oder im öffentlichen Dienst aufgehoben. Vorbildlich ist Mecklenburg-Vorpommern, das auch amtierenden Ministern die Pensionsansprüche gekürzt hat. Andere Landesregierungen haben sich dagegen taub gestellt und bisher gehofft, die öffentliche Kritik aussitzen und ihre überzogenen Altersrenten aufrechterhalten zu können. So zählen zum Beispiel in Hamburg und Nordrhein-Westfalen die ersten Ministerjahre noch doppelt – das Wort »weitere« ist immer noch nicht in den Ministergesetzen hinzugefügt –, und in Nordrhein-Westfalen, Schleswig-Holstein und Thüringen werden Vorzeiten im Parlament oder im öffentlichen Dienst nach wie vor angerechnet (siehe Hintergund).

Hintergund
Überzogene Renten von Landesministern

Rentenanspruch nach vier Ministerjahren (in Prozent des Aktivengehalts) und erforderliche Ministerjahre bis zur Erreichung der Höchstpension von 75 Prozent:

Länder	Rente nach 4 Amtsjahren	Amtsjahre für 75 Prozent
Baden-Württemberg	40 Prozent[1]	17 Jahre[1]
Berlin	47 Prozent	14 Jahre
Brandenburg	44,375 Prozent[2]	22 (18) Jahre[2]
Hamburg	47 Prozent	14 Jahre
Nordrhein-Westfalen	43 Prozent[3]	20 (10) Jahre[3]
Sachsen	45 Prozent	16 Jahre
Schleswig-Holstein	45 Prozent[4]	20 (15) Jahre[4]
Thüringen	35 Prozent[5]	20 (10) Jahre[5]
Zum Vergleich: Bundesminister	29 Prozent	23 Jahre

Kommentar

Die Versorgung von Bundesministern betrug ursprünglich nach vier Amtsjahren 35 Prozent und wurde im Jahre 1989 im Zuge der Einschränkung der Sozialversicherungsrenten und der Beamtenpensionen auf 29 Prozent gesenkt.[6] Die obengenannten Länder haben weder das von Anfang an überhöhte Versorgungsniveau ihrer Regierungsmitglieder gesenkt noch im Zuge der allgemeinen Streckung der Voraussetzungen der öffentlich finanzierten Versorgungssysteme die Ministerversorgung einbezogen (oder dies jedenfalls nicht in ausreichendem Maß). Dagegen haben andere Länder wie Bayern, Bremen, Hessen, Mecklenburg-Vorpommern, Rheinland-Pfalz und Sachsen-Anhalt ihre Versorgungssysteme auf das Bundesniveau gekürzt, zumindest für die Zukunft.

1 In Baden-Württemberg entsteht der Anspruch erst nach 5 Jahren. Die Höchstversorgung wird nach 17 Ministerjahren erreicht.

2 In Brandenburg entsteht der Anspruch erst nach 5 Jahren. Was die Höhe des Anspruchs anlangt, wird – nach Auskunft des Innenministeriums – die einschlägige Vorschrift dahin ausgelegt, daß neben der Ministerversorgung von 35 Prozent jedes Amtsjahr mit 1,875 Prozent zu Buche schlägt, so daß nach 5 Amtsjahren ein Anspruch von 44,375 Prozent besteht. Da bis zu 4 Jahre »nach dem Beamtenrecht ruhegehaltsfähige Dienstzeiten« angerechnet werden, kann die Versorgung nach 5 Amtsjahren 51,875 Prozent betragen. Die Höchstversorgung von 75 Prozent wird dann nach 18 Jahren erreicht.

3 In Nordrhein-Westfalen werden zusätzlich bis zu 10 Jahre »nach dem Landesbeamtengesetz ruhegehaltsfähige Dienstzeiten« mit je 2 Prozent rentenerhöhend berücksichtigt, so daß der Prozentsatz nach 4 Jahren Ministerzeit leicht 63 Prozent betragen kann. Die Höchstversorgung von 75 Prozent wird dann bereits nach 10 Ministerjahren erreicht.

4 In Schleswig-Holstein entsteht der Anspruch erst nach 5 Jahren. Da dort zusätzlich bis zu 5 Jahre Vordienstzeiten im öffentlichen Dienst mit je 2 Prozent rentenerhöhend berücksichtigt werden, kann der Anspruch nach 5 Jahren Ministerzeit leicht 55 Prozent betragen. Die Höchstversorgung von 75 Prozent wird dann bereits nach 15 Ministerjahren erreicht.

5 In Thüringen werden zusätzlich bis zu 10 dem Ministeramt vorangegangene Jahre im Thüringer Landtag oder in der im März 1990 gewählten Volkskammer mit je 2,5 Prozent rentenerhöhend berücksichtigt, so daß der Rentenanspruch nach 4 Ministerjahren bis zu 60 Prozent betragen kann. Die Höchstversorgung von 75 Prozent wird dann bereits nach 10 Ministerjahren erreicht.

6 Gesetz zur Änderung des Beamtenversorgungsgesetzes und sonstiger dienst- und versorgungsrechtlicher Vorschriften vom 18. 12. 1989, BGBl. I 1989 S. 2218. Art. 4 dieses Gesetzes enthält auch die Änderungen des Bundesministergesetzes. Die Gesetzesänderungen traten nach Art. 20 des Gesetzes am 1. 1. 1992 in Kraft.

Niedersachsen hat seine überzogene Ministerversorgung zwar im Jahre 1992 abgesenkt: Jetzt zählt nach den ersten vier Jahren, die mit 29 Prozent zu Buche schlagen (bisher 35 Prozent), jedes weitere Jahr »nur« noch 2,5 Prozent (bisher 5 Prozent). Gleichzeitig wurde aber festgelegt, daß für alle damals schon amtierenden Regierungsmitglieder die alten Regelungen auch in Zukunft fortgelten. Das bedeutet zum Beispiel für Gerhard Schröder, der seit 1990 niedersächsischer Ministerpräsident ist und das neue Gesetz mit initiiert hat, daß ihm aus den acht Amtsjahren, die er bis Juni 1998 aufzuweisen hat, bereits 12 543 DM (= 55 Prozent des Amtsgehalts) monatliche Pension sicher sind, die im Falle seines Ausscheidens aus der niedersächsischen Regierung im Herbst 1998 sofort fällig würden, da Schröder dann das 55. Lebensjahr vollendet hat. (Zur Frage der Verrechnung dieser Pension mit einem eventuellen Kanzlergehalt von Schröder siehe S. 145). Bleibt Schröder noch vier weitere Jahre Ministerpräsident, so hat er Anspruch auf die Höchstversorgung von 17 104 DM (= 75 Prozent). Hinzu kommt eine Pensionsanwartschaft aus sechs Jahren Bundestag (1980 bis 1986) und eine weitere Pensionsanwartschaft aus vier Jahren im niedersächsischen Landtag (Fraktionsvorsitz von 1986 bis 1990), für die allerdings Verrechnungsvorschriften gelten.

In Brandenburg wird das Ministergesetz nach Auskunft des dortigen Innenministeriums sehr großzügig ausgelegt: Nach fünf Jahren ergibt sich bereits eine Versorgung von 44,375 Prozent der Amtsbezüge, die sich, falls vier Jahre im öffentlichen Dienst vorausgehen, auf 51,875 Prozent erhöht. Danach erhält zum Beispiel der frühere Wissenschaftsminister Hinrich Enderlein allein für seine vier Amtsjahre eine ab dem 55. Lebensjahr fällige monatliche Versorgung von rund 6800 DM. Diese Auslegung ist allerdings mit dem Wortlaut des Ministergesetzes[1] kaum noch in Einklang zu bringen und erweckt den Eindruck, daß die Minister hier *corriger la fortune* in eigener Sache betreiben.

In Hamburg erhalten Senatoren bereits nach vier Amtsjahren 47 Prozent der Aktivenbezüge als Pension und mit jedem zusätzlichen Amtsjahr 3 Prozent mehr. (Bundesminister erhalten nach vier Jahren 29 Prozent und mit jedem zusätzlichen Jahr 2½ Prozent.) Der im Herbst 1997 nach neunjähriger Amtszeit zurückgetretene Bürgermeister Dr. Henning Voscherau bezieht seitdem eine Pension von monatlich rund 14 500 DM – neben seinen Bezügen als Hamburger Notar. Bedenkt man, wie hoch die Prämien gewesen wären, hätte Voscherau eine solche Rente bei einem privaten Versicherungsunternehmen erwerben wollen, und daß Voscherau für ihre Finanzierung ein riesiges zusätzliches monatliches Bruttoeinkommen hätte haben müssen, so wirft seine Behauptung, er habe als Senator »finanziell zugesetzt«,[2] ein überraschendes Licht auf die Bezüge von Hamburger Notaren.

Für den jüngsten Hamburger Versorgungsfall sorgte Helgrit Fischer-Menzel, bis Februar 1998 Senatorin für Arbeit, Gesundheit und Soziales. Sie trat zurück, als bekanntgeworden war, daß sie einer Stiftung, die ausgerechnet von ihrem Ehemann geleitet wird, einen Millionenauftrag aus ihrem Ministerium verschafft hatte. Als Lohn für dieses Fehlverhalten erhält die 49jährige Politikerin ein Übergangsgeld von insgesamt rund 317 000 DM und ab vollendetem 55. Lebensjahr eine monatliche Pension von über 11 000 DM, rund 4300 DM mehr, als Bundesminister nach gleicher Amtszeit beanspruchen können.

Bayern hat zwar seine überzogene Ministerversorgung gesenkt,
ein anderes unhaltbares Privileg aber nicht angetastet. So erhält
zum Beispiel der 50jährige Minister für Landesentwicklung und
Umweltfragen, Dr. Thomas Goppel, wie alle anderen bayerischen Minister, die gleichzeitig im Landtag sind, monatlich noch
6248 DM steuerfreie Pauschalen dazu, Ministerpräsident Stoiber
sogar 8188 DM, was im Falle Stoibers einem steuerpflichtigen
monatlichen Zusatzgehalt von an die 16 000 DM entsprechen
dürfte, da fast alle Aufwendungen selbstverständlich anderweitig
bezahlt werden (Dienstvilla, Dienstwagen etc.). Derartige steuerfreie Bezüge, denen offensichtlich kein entsprechender Aufwand
gegenübersteht, sind nicht nur überzogen, sondern auch verfassungswidrig,[3] was Stoiber als anerkannt guter Jurist eigentlich
auch wissen müßte. (Näheres dazu S. 143 ff.)
Hochproblematisch ist auch das Übergangsgeld von Ministern.
Ein Übergangsgeld von insgesamt rund 450 000 DM, das einem
ehemaligen Bundesminister schon nach dreijähriger Amtszeit
drei Jahre lang gezahlt wird (und zwar selbst dann, wenn er das
Amt von sich aus aufgegeben hat, etwa wegen politischen Versa-
gens oder weil er einen attraktiven Posten in der Wirtschaft
übernehmen möchte), ist einfach zu üppig. Auch in Nordrhein-
Westfalen sieht man das so. Dort hat der Landtag Anfang 1997
beschlossen,[4] nicht nur die Höchstlaufzeit von drei auf zwei Jahre
zu begrenzen, sondern auch anderweitiges Einkommen aus pri-
vatwirtschaftlicher Tätigkeit auf das Übergangsgeld für ehemalige Minister anzurechnen – eine Reaktion auf den Fall Müntefering. Die nordrhein-westfälische Regelung war ins Gerede gekommen, als Franz Müntefering im Herbst 1995 als Düsseldorfer
Arbeitsminister zurücktrat, um Bundesgeschäftsführer der SPD
unter Lafontaine zu werden. Müntefering hatte – zusätzlich zu
dem Gehalt für seine neue Funktion in Höhe von geschätzten
20 000 DM monatlich – als ehemaliger nordrhein-westfälischer

Landesminister Anspruch auf ein – mangels Übergangsproblemen – völlig überflüssiges »Übergangsgeld« von über 400 000 DM. Die öffentliche Kritik veranlaßte Müntefering gegenüber den Medien zu der Erklärung, auf das ihm gesetzlich zustehende Übergangsgeld verzichten zu wollen. Was damals aber kaum einer bemerkte: Müntefering konnte leicht das Übergangsgeld dreingeben, denn ihm bleibt eine hohe Altersversorgung als ehemaliger Bundestagsabgeordneter (10. 6. 1975 bis 8. 12. 1992). Obwohl offensichtlich noch keinesfalls im Ruhestand, erhält der 1940 Geborene seit Vollendung seines 55. Lebensjahres eine Altersversorgung aus der Bundeskasse, und zwar in Höhe von 8531 DM (ab dem 1. April 1998) und ab dem 1. Januar 1999 8719 DM monatlich – zusätzlich zu seinem Gehalt als Bundesgeschäftsführer. Und dies nicht wie das Ministerübergangsgeld auf drei Jahre begrenzt, sondern auf Lebenszeit.

Zurück zum Übergangsgeld: Neun andere Länder haben die Höchstlaufzeit des Übergangsgeldes von ausscheidenden Ministern in den letzten Jahren ebenfalls auf zwei Jahre gesenkt (Baden-Württemberg, Bayern, Hamburg, Hessen, Niedersachsen, Saarland, Schleswig-Holstein, Berlin und Bremen). Vorbildlich ist Thüringen, wo das Übergangsgeld längstens *ein Jahr* gezahlt wird. In vier anderen Ländern läuft es dagegen nach wie vor bis zu drei Jahren (Rheinland-Pfalz, Brandenburg, Sachsen und Sachsen-Anhalt). Siehe im einzelnen Tabelle 12 im Anhang.

Problematisch ist auch das Verfahren, in dem die Ministerbezüge festgelegt werden. Sie sind nämlich nicht als Festbeträge im Gesetz genannt, wie dies bis 1953 der Fall war, sondern an die Beamtenbesoldung gekoppelt, werden also auf eine Art und Weise bestimmt, die das Bundesverfassungsgericht bei Abgeordneten für unzulässig und verfassungswidrig erklärt hat. Die Koppelung an die Beamtenbesoldung enthebt das Parlament der Notwendigkeit einer selbständigen Entscheidung über die

Erhöhung von Ministerbezügen vor den Augen der Öffentlichkeit und begründet zudem den bösen Schein mangelnder Unbefangenheit von Ministern bei Tarif- und Besoldungsentscheidungen für öffentliche Bedienstete. Diese Gefahr liegt vor allem im Osten nahe und ist dort wirtschafts- und sozialpolitisch besonders mißlich. Die von der wirtschaftlichen Entwicklung in den neuen Ländern abgekoppelte Lohn- und Gehaltsanpassung hat nämlich zu vergleichsweise überhöhten Lohnstückkosten geführt, die wiederum dazu beigetragen haben, daß das reale Wachstum im Osten, das 1994 noch über 10 Prozent betragen hatte, inzwischen sogar geringer ist als im Westen. Damit ist der bisherige Aufholprozeß der neuen Länder zu einem Stillstand gekommen, und die Gefahr von hoher Dauerarbeitslosigkeit im Osten nicht mehr von der Hand zu weisen. Beim Wachstum der Löhne war der öffentliche Dienst Vorreiter: Während private Arbeitnehmer Ende 1996 durchschnittlich 74 Prozent des Westlohns erhielten, bekommen Beamte und öffentliche Angestellte bereits 85 Prozent ihrer westlichen Kollegen und peilen nunmehr 90 Prozent an. Zu dieser unrühmlichen und volkswirtschaftlich verheerenden Vorreiterrolle dürfte auch der Umstand beigetragen haben, daß Ostminister, die die Osttarife für den öffentlichen Dienst aushandeln, selbst von möglichst hohen Abschlüssen profitieren. Zumindest besteht der böse Schein, daß es sich so verhält.

Die SPD-Fraktion des Bundestags hat Ende 1996 zwar einen Gesetzentwurf vorgelegt. Danach sollen die Bezüge des Bundeskanzlers, der Bundesminister und der Parlamentarischen Staatssekretäre in den einschlägigen Gesetzen als Festbeträge genannt werden.[5] Ob der Antrag aber wirklich ernst gemeint ist, wird man daran ablesen können, ob die SPD in denjenigen Bundesländern, in denen sie (gegebenenfalls mit kleineren Koalitionspartnern) die Mehrheit hat, Entsprechendes verwirklicht. Die Festlegung

der Bezüge von Landesministern ist nach dem Grundgesetz nämlich Sache der Länder.

Einen sehr viel weiter gehenden Gesetzentwurf hat die Bundes-
tagsfraktion von Bündnis 90/Die Grünen Anfang 1997 vorgelegt.[6] Danach sollen auch die Ruhegehälter und Übergangsgelder erheblich eingeschränkt und die Kumulation von Abgeordnetenentschädigung und Ministerbezügen unterbunden werden.
Die Probe aufs Exempel, ob die Grünen es damit ernst meinen,
wird (wie schon bei der SPD) in den Ländern erfolgen, wo sie mit
an der Regierung sind und zusammen mit ihrem Koalitionspart-
ner die Mehrheit im Parlament haben, so daß sie die von ihnen
vorgeschlagenen Änderungen auch wirklich durchsetzen könnten. Hier böte sich Nordrhein-Westfalen mit seinen ausgepräg-
ten Ministerprivilegien und seiner rot-grünen Koalition besonders an. Reformbereitschaft scheint bisher allerdings nur in
Hamburg zu bestehen. Dort wurde vor den letzten Wahlen sogar
ein »Neuregelungsgebot« in das Senatsgesetz aufgenommen, das
folgenden Wortlaut hat:

> »§ 20a
> Neuregelungsgebot
> Der Senat legt der Bürgerschaft spätestens bis zum 30. April
> 1998 einen Gesetzentwurf zur Neuregelung der Ruhegehälter
> und Hinterbliebenenversorgung von Mitgliedern des Senats
> vor, die rückwirkend ab Senatsneubildung gelten soll.«[7]

Doch droht hier ähnliches wie sonst, wenn Politiker ankündigen,
sie wollten ihre eigene Bezahlung reformieren – und massiver
öffentlicher Druck, der den Abbau von Privilegien erzwingt,
fehlt: Die Auswüchse werden nur scheinbar beseitigt, in Wahrheit aber nur verschoben und kommen dann an anderer Stelle
wieder zum Vorschein. Das droht auch in Hamburg. Die offiziöse

Begleitstudie zu dem zitierten Reformparagraphen[8] will zwar
den Versorgungssockel beseitigen, wonach Senatoren schon
nach vier Amtsjahren 47 Prozent ihrer Bezüge als Altersrente
sicher sind. Statt einfach die (im Vergleich zum Bund) unhaltbare Überversorgung zu beseitigen,[9] will sie Vorzeiten in der gesetzlichen Rentenversicherung und im öffentlichen Dienst bei
Berechnung der Senatorenpension anrechnen,[10] so daß durch die
Hintertür doch wieder ein Sockel entstünde.

Wenn im Zuge der Steuerreform Vergünstigungen gekappt werden müssen, dürfen die Steuerprivilegien von Politikern nicht
ausgespart werden. Wer als Politiker bei der Rentenreform von
Bürgern Einschränkungen erwartet und manche Sozialleistun-
gen verringert, darf nicht Wasser predigen und Wein trinken,
sondern muß in eigener Sache mit gutem Beispiel vorangehen.
Die Treppe sollte – auch in der Politik – nur von oben gekehrt
werden.

Ein weiteres Privileg besteht darin, daß die Altersversorgung von
Ministern schon im Alter von 55 Jahren oder früher anfällt, also
im besten Schaffensalter von Führungskräften, und dann auch
neben Bezügen aus der Wirtschaft, mögen sie noch so hoch sein,
ungekürzt ausbezahlt wird.

So erhielt der bayerische Finanzminister, Dr. Freiherr von Waldenfels, als er 1995 mit 51 Jahren – nach acht Minister- und neun
Staatssekretärsjahren – auf eigenen Wunsch aus der Bayerischen
Staatsregierung ausschied, nicht nur ein Übergangsgeld, sondern
er nahm auch eine 75prozentige Vollversorgung von rund 16 000
DM mit, die ab seinem 55. Lebensjahr zu laufen beginnt, obwohl
er als Mitglied des Vorstands des Energieunternehmens VIAG
ein Gehalt von schätzungsweise mindestens 500 000 DM im Jahr
bezieht und deshalb keinerlei Notwendigkeit besteht, auch noch
dem Steuerzahler mit Übergangsgeld und vorzeitiger Altersversorgung auf der Tasche zu liegen. Waldenfels hatte übrigens als

Finanzminister das dem Freistaat Bayern gehörende Bayernwerk mit der VIAG vereinigt, so daß nicht nur die Opposition im Bayerischen Landtag mutmaßte, seine VIAG-Vorstandsstelle sei Teil des Deals um die Privatisierung des Bayernwerks gewesen.[11] Versorgungen als Belohnung für politisches Wohlverhalten gibt es natürlich auch bei Abgeordneten. Der einflußreiche Vorsitzende des Innenausschusses des Bundestags, Hans Gottfried Bernrath (SPD), arbeitete konstruktiv bei der Privatisierung der Post mit und erhielt den Posten des Vorstandsvorsitzenden bei der neugeschaffenen Bundesanstalt für Post und Telekommunikation (3500 Mitarbeiter).[12] Der SPD-Bundestagsabgeordnete Klaus Daubertshäuser, der sich in seiner Partei für die Umwandlung der Bundesbahn in eine Aktiengesellschaft eingesetzt haben soll,[13] erhielt einen Sitz in deren Vorstand für jährlich rund 300 000 DM, zusätzlich zu seiner Abgeordnetenrente von monatlich 8531 DM (ab 1. 1. 1999: 8719 DM) und seinem ebenfalls völlig überflüssigen Übergangsgeld. Bei der SPD waren besondere ideologische Widerstände gegen die Privatisierung von Staatsunternehmen zu überwinden – und das ist in der bundesrepublikanischen Praxis offenbar seinen Preis wert.

Als auf Einkommen und Pensionen meist nicht anrechenbare private Einkünfte gelten auch Bezüge von politischen Parteien – obwohl diese, wenn man die direkten und die indirekten Staatszuwendungen zusammennimmt, zu mehr als 60 Prozent aus der Staatskasse finanziert werden[14] –, Bezüge von Fraktionen und von Parteistiftungen – obwohl beide sich fast zu 100 Prozent aus der Staatskasse finanzieren – und oft auch von privatrechtlich organisierten Unternehmen – selbst wenn diese vollständig in öffentlicher Hand sind.

Und dort, wo Anrechnungsvorschriften bestehen, fallen diese so großzügig aus, daß sie in der Praxis häufig auf Nichtanrechnungsvorschriften hinauslaufen. So kommt es, daß zahlreiche Parlamentsabgeordnete neben ihren Abgeordnetenbezügen zusätzlich noch (teilweise sehr hohe) Versorgungsleistungen aus einem früheren Amt als Bundes- oder Landesminister erhalten. Dies gilt auch für Abgeordnete in hervorgehobenen parlamentarischen Positionen wie Präsidenten, Vizepräsidenten und Fraktionsvorsitzende, die in dieser Eigenschaft ohnehin ein zusätzliches Salär aus der Parlamentskasse beziehen. So erhält der Vizepräsident des Bundestags, Hans-Ulrich Klose, neben seinem Bundestagsgehalt von steuerpflichtigen 18 525 DM monatlich (seit 1. 4. 1998) – plus steuerfreier Kostenpauschale und diversen sonstigen Extras – aus seiner Zeit als Erster Bürgermeister von Hamburg (November 1974 bis Mai 1981) eine nur unzureichend gekürzte Versorgung von über 7000 DM monatlich. Jedes Jahr im Dezember bekommt er zusätzlich noch ein volles Weihnachtsgeld aus Hamburg, das ausdrücklich von den Anrechnungsbestimmungen ausgenommen ist, so daß er dann insgesamt auf über 39 000 DM kommt.

Der 59jährige Hans Kasper ist seit 28 Jahren Abgeordneter (am 14. 6. 1970 erstmals gewählt) und seit dem 9. November 1994 Präsident des saarländischen Landtags. Als solcher bekommt er 15 942 DM. Vorher war er neun Jahre und sieben Monate lang saarländischer Finanzminister. Aus dieser Amtszeit erhält er zusätzlich eine Pension von 14 057 DM, die nur unzureichend um 5580 DM gekürzt wird, so daß Kasper 8478 DM verbleiben, was zusammen mit dem Präsidentengehalt 24 420 DM ergibt. Im Dezember 1997 hatte er sogar Anspruch auf 40 230 DM.

Parlamentarische Staatssekretäre – teuer und überflüssig

Machen Sie einen Test: Kennen Sie die Namen Gertrud Demp-wolf, Horst Günther, Irmgard Karwatzki, Heinrich Kolb, Johannes Nitsch, Bernd Wilz? Dies sind sechs der 25 Parlamentarischen Staatssekretäre, die es derzeit in Bonn gibt: in jedem der 17 Ministerien mindestens einen, in acht Ministerien sogar zwei. Aber kennen müssen Sie die Namen dennoch nicht – trotz der äußerlich hohen Stellung, die auch in einer entsprechenden Ausstattung zum Ausdruck kommt (zwei Sekretärinnen, ein persönlicher Referent und ein Dienstwagen der 120 000-Mark-Klasse mit Fahrer). Kennzeichen von Parlamentarischen Staatssekretären ist nämlich, daß sie fast nichts zu sagen haben. Einige werden in Bonn sogar offen als Versager bezeichnet,[15] ohne daß dies – angesichts ihrer geringen Kompetenzen – aber viel ausmachte.[16] (Anderen soll ihre persönliche Tüchtigkeit hier keineswegs abgesprochen werden.) Dem früheren Bundesminister und späteren Bundestagspräsidenten Rainer Barzel wird der Ausspruch zugeschrieben, Parlamentarische Staatssekretäre seien »unnötig wie ein Kropf«. Sie erledigten keine Arbeit, sondern machten nur welche, eine Feststellung, die den früheren beamteten Staatssekretär Günther Hartkopf zu der süffisanten Bemerkung animierte, Parlamentarische Staatssekretäre seien »eine sehr nützliche Einrichtung. Sie nehmen uns die Arbeit ab, die es nicht gäbe, wenn wir sie nicht hätten.«[17] Selbst der derzeitige Vorsitzende der Unionsfraktion im Bundestag, Wolfgang Schäuble, hält Parlamentarische Staatssekretäre für »eher entbehrlich«. Wir sollten ihn beim Wort nehmen, falls der designierte Nachfolger von Helmut Kohl einmal selbst im Bonner Kanzleramt regiert.
Was Parlamentarische Staatssekretäre eigentlich zu tun haben,

ist nur sehr unscharf und dehnungsfähig umschrieben. Sie sind, jedenfalls im Bund, keine Regierungsmitglieder. Nach dem Gesetz über Parlamentarische Staatssekretäre haben sie die Minister, »denen sie beigegeben sind, bei der Erfüllung ihrer Regierungsaufgaben« zu unterstützen. Die ergänzende Geschäftsordnung der Bundesregierung läßt lediglich eine Vertretung der Minister »für Erklärungen vor dem Bundestag, vor dem Bundesrat und in den Sitzungen der Bundesregierung« zu. Aufgabenzuweisungen im einzelnen erfolgen meist durch Hausanordnungen oder, schlimmer noch, von Fall zu Fall. Das führt, wie der frühere Leiter der Organisationsabteilung des Bundesministeriums des Innern, Hans-Joachim Ordemann, mit Recht kritisiert, »zu Unsicherheiten. Reibungskonflikte zur Ministerialbürokratie, besonders zu den beamteten Staatssekretären, sind unvermeidbar.«[18]

In krassem Gegensatz zur relativen Machtlosigkeit und meist geringen Bedeutung von Parlamentarischen Staatssekretären steht ihre Bezahlung. Sie haben fast so hohe Bezüge wie Bundesminister. Hier zeigt sich, daß das Problem der Politikerbezüge oft weniger die hohe Bezahlung, sondern vielmehr die geringe Leistung ist – oder besser: das Verhältnis zwischen beiden. Erscheint die ganze Einrichtung gar überflüssig, sind alle Bezüge zu hoch. Bei Parlamentarischen Staatssekretären ist das Mißverhältnis zwischen Bezahlung und Leistung denn auch geradezu erschreckend – und auch vor der Öffentlichkeit nicht mehr zu verbergen. Viele von ihnen bilden klassische Beispiele für Politiker, die »nicht verdienen, was sie verdienen«. Das wird besonders deutlich im Verhältnis zu den *beamteten* Staatssekretären, die unter dem Minister an der Spitze des Ministeriums stehen und intern die eigentliche Arbeit tun. Parlamentarische Staatssekretäre erhalten zunächst einmal (in etwa) deren Gehalt von 17 670 DM,[19] zusätzlich aber noch, da sie kraft Gesetzes auch Bundestagsabgeordnete sein müssen,

7524 DM steuerpflichtige Abgeordnetenbezüge, außerdem steuer-
freie Pauschalen von insgesamt 5208 DM monatlich.[20] Auf diese
Weise haben Parlamentarische Staatssekretäre – umgerechnet in
Bruttobezüge – fast 14 000 DM im Monat *mehr* als ihre *beamteten*
Kollegen (siehe Tabelle 18 in Anhang).

Die Bezahlung von Parlamentarischen Staatssekretären ist insgesamt unhaltbar und unter mehreren Aspekten sogar verfassungswidrig. Besonders pikant und in der kritischen öffentlichen Diskussion bisher noch völlig unbemerkt geblieben aber ist dreierlei:

- Parlamentarische Staatssekretäre erhalten mit 7524 DM Abgeordnetenentschädigung sogar 1611 DM mehr als Bundesminister (5913 DM).[21] Dieser Effekt verstärkt sich noch,
sobald der Bundestag nach den Wahlen vom Herbst 1998
seine im Abgeordnetengesetz niedergelegte Absicht realisiert, die Abgeordnetenentschädigung auf das Jahresgehalt
eines Bundesrichters zu erhöhen.[22] Denn diese Erhöhung
wird Parlamentarischen Staatssekretären in vollem Umfang
zugute kommen. Steigt die Abgeordnetenentschädigung
dann zum Beispiel um monatlich 1500 DM, so erhalten Parlamentarische Staatssekretäre um diesen Betrag höhere Diäten, während Minister nur die Hälfte des Erhöhungsbetrages
bekommen.

- Parlamentarische Staatssekretäre erhalten – neben 75 Prozent des Amtsgehalts und der Dienstaufwandsentschädigung
– 100 Prozent des Ortszuschlags von Bundesministern. Der
Ortszuschlag ist ausdrücklich für die Abdeckung der Kosten
einer Wohnung am Sitz der Regierung bestimmt, wie man
auch daraus ersieht, daß der Ortszuschlag entfällt, wenn eine
Amtswohnung zugewiesen wird.[23] Falls es dem Parlamentarischen Staatssekretär ausnahmsweise nicht möglich ist, den
eigenen Hausstand an den Sitz der Bundesregierung zu verle-

gen, erhält er (genau wie der Bundesminister) für die Dauer der Fortführung des Hausstandes am bisherigen Wohnort eine weitere Entschädigung von 300 DM monatlich.[24] Unter diesen Umständen ist klar, daß die Kostenpauschale, die der Parlamentarische Staatssekretär in seiner Eigenschaft als Abgeordneter zusätzlich erhält, für ihn insofern offensichtlich keinen Sinn mehr macht, als sie die Kosten einer Zweitwohnung und des Verpflegungsmehraufwands in Bonn abdecken soll. Denn dafür erhält der Parlamentarische Staatssekretär bereits den Ortszuschlag und gegebenenfalls Entschädigung für doppelte Haushaltsführung. Parlamentarische Staatssekretäre rechnen also doppelt bei der öffentlichen Hand ab: Sie nehmen für ihre Wohn- und Verpflegungsmehrkosten in Bonn den Ortszuschlag sowie gegebenenfalls die Entschädigung für doppelte Haushaltsführung *und* die ebenfalls dafür bestimmte Kostenpauschale in Anspruch. Normalverbraucher, die bestimmten Aufwand, den sie nur einmal haben, doppelt abrechnen, begehen Betrug oder andere Vermögensdelikte. Bei den Parlamentarischen Staatssekretären ist der Sachverhalt, genaugenommen, kein anderer, auch wenn er durch die selbstgemachten gesetzlichen Pauschalierungen verdeckt wird und vordergründig legalisiert worden ist.

● Für Parlamentarische Staatssekretäre wirkt es sich auch besonders günstig aus, daß das 13. Gehalt, das sie bekommen, die sogenannte Sonderzuwendung, nicht in die Anrechnung einbezogen wird und die Entschädigung deshalb nicht um 30 Prozent der Sonderzuwendung gekürzt wird.[25] Diese Vorschrift erbringt Parlamentarischen Staatssekretären einen weiteren ungerechtfertigten Zusatzgewinn von 4971 DM.

Parlamentarische Staatssekretäre sind im Grundgesetz von 1949 nicht vorgesehen und wurden erst 1967 durch einfaches Gesetz eingeführt. Sie sind ein typisches Produkt der damals herrschenden Großen Koalition. Nach dem Gesetz von 1967[26] erhielten Parlamentarische Staatssekretäre eine Entschädigung von 75 Prozent des Amtsgehalts eines Bundesministers, und damit hatte es sich. Die Extraversorgung nach Beendigung ihres Amtes wurde erst 1974 eingeführt. Das macht die Posten für diejenigen, die sie ergattern, nicht nur zum Lottogewinn, sondern fällt auch fiskalisch ins Gewicht: Seit dem Regierungsantritt von Helmut Kohl im Jahre 1982 sind 50 Parlamentarische Staatssekretäre[27] in den Ruhestand geschickt worden – alle mit Übergangsgeld, fast alle zusätzlich mit Altersversorgung:[28]

- Parlamentarische Staatssekretäre streichen beim Ausscheiden aus dem Amt schon nach drei Jahren Amtszeit ein Übergangsgeld von 337 000 DM ein. Selbst wenn sie weiterhin im Bundestag sind, wird das Übergangsgeld nur unzureichend gekürzt, so daß ihnen immer noch 180 000 DM verbleiben – zusätzlich zu ihren Abgeordnetenbezügen.
- Außerdem erwerben sie schon nach 1¾ Amtsjahren einen Ruhegehaltsanspruch von monatlich 2709 DM, der von Amtsjahr zu Amtsjahr steigt und neben der Versorgung herläuft, die der Parlamentarische Staatssekretär zusätzlich noch in seiner Eigenschaft als Abgeordneter beanspruchen kann.

Ursprünglich waren die Stellen von Parlamentarischen Staatssekretären als Nachwuchsstellen für Minister gedacht. Ein solches Aufrücken ist im Laufe der Jahre aber immer mehr zur Ausnahme geworden. Das Amt ist »zur Sackgasse« verkommen, wie der frühere Außenminister Hans-Dietrich Genscher selbstkritisch anmerkt. Bis zur Wende von 1982 hatten noch 18 Parlamentarische Staatssekretäre den Sprung an die Spitze eines Ministeriums geschafft. Seitdem gelang dies nur noch vier Politi-

kern: Jürgen Möllemann, Irmgard Schwaetzer, beide von der
FDP, und Horst Seehofer und Carl-Dieter Spranger, beide CSU.
Die Einrichtung von Parlamentarischen Staatssekretären ist zu-
nehmend zum bloßen machtpolitischen Instrument von Helmut
Kohl verkommen, die Regierungsfraktion bei der Stange zu
halten, politisch gefügiges Verhalten zu belohnen und auf diese
Weise die Abgeordneten durch den goldenen Zügel der Vergabe
von begehrten Ämtern zu disziplinieren.
Nach dem Grundgedanken der Gewaltenteilung müßten Parla-
mentarische Staatssekretäre eigentlich abgeschafft werden.
Ebensowenig wie Minister gleichzeitig Abgeordnete sein sollten,
kann ein Staatssekretär gleichzeitig zwei Herren dienen: der
Regierung *und* dem Parlament.
Hält man dennoch – und im Widerspruch zum Grundsatz der
Gewaltenteilung – an der Einrichtung fest, so ließe sich die Idee,
die Minister im Parlament oder bei sonstigen politischen und
Regierungsangelegenheiten durch einen Vertreter zu entlasten,
auch auf weniger aufwendige Weise realisieren. Das demonstriert und praktiziert das Land Schleswig-Holstein seit 25 Jahren. Dort kann die Regierung bestimmte Abgeordnete zu parlamentarischen Vertretern von Ministern machen und mit den
Aufgaben von Parlamentarischen Staatssekretären betrauen.
Dies geschieht aber *ehrenamtlich*, das heißt: ohne Amtsgehalt
und ohne Versorgungsanspruch. Parlamentarische Staatssekretäre in Schleswig-Holstein erhalten lediglich eine zusätzliche
monatliche Entschädigung von 1908 DM (und kein zusätzliches
Staatssekretärsgehalt).[29] Daran sieht man, daß es anders geht –
warum also nicht auch in Bonn? Will man die Einrichtung des
Parlamentarischen Staatssekretärs nicht überhaupt abschaffen,
könnte Schleswig-Holstein ein Vorbild sein, in welche Richtung
eine sinnvolle Reform gehen könnte.

Roß und Reiter – 25 Beispiele

Derzeit gibt es in Bonn 25 Parlamentarische Staatssekretäre. Im folgenden sollen sie alle vorgestellt werden unter Angabe ihres Bruttoeinkommens (steuerfreie Pauschalen werden in Höhe des typischerweise für die Lebenshaltung zur Verfügung stehenden Teils in Bruttoeinkommen umgerechnet),[30] ihres Anspruchs auf Übergangsgeld aus dem Amt sowie auf Altersversorgung aus dem Amt und aus dem Mandat. (Ein eventuelles Übergangsgeld aus dem Mandat ist nicht einbezogen.) Dabei werden die Ansprüche für den hypothetischen Fall berechnet, daß sie im Herbst 1998, also am Ende der laufenden Legislaturperiode, aus dem Amt und dem Mandat ausscheiden würden. Eventuelle Verrechnungen werden nicht vorgenommen.

1. Dr. Sabine Bergmann-Pohl (CDU), Parlamentarische Staatssekretärin im Bundesgesundheitsministerium

Die 52jährige Ärztin (geboren 20. 4. 1946) war Präsidentin der Volkskammer 1990. Sie ist seit 1990 im Bundestag und seit 24. 1. 1991 im Amt.

Bruttomonatseinkommen insgesamt: 32 710 DM
Übergangsgeld nach Ausscheiden aus dem Amt insgesamt: 377 688 DM
Pensionsanspruch aus dem Amt monatlich: rund 6500 DM ab vollendetem 55. Lebensjahr
Pensionsanspruch aus dem Mandat monatlich: rund 4000 DM ab dem vollendetem 65. Lebensjahr

2. Manfred Carstens (CDU), Parlamentarischer Staatssekretär im Bundesinnenministerium

Der 54jährige Sparkassenbetriebswirt (geboren 23. 2. 1943) ist seit 1972 im Bundestag und seit 21. 4. 1989 im Amt, zunächst im Finanzministerium, dann im Verteidigungsministerium und seit 15. 5. 1997 im Bundesinnenministerium.

Bruttomonatseinkommen insgesamt: 32 710 DM
Übergangsgeld nach Ausscheiden aus dem Amt insgesamt: 377 688 DM
Pensionsanspruch aus dem Amt monatlich: rund 7500 DM sofort nach Ausscheiden
Pensionsanspruch aus dem Mandat monatlich: 8719 DM sofort nach dem Ausscheiden

3. Gertrud Dempwolf (CDU), Parlamentarische Staatssekretärin im Bundesfamilienministerium

Die 61jährige frühere Landfrau (geboren 3. 2. 1936) ist seit 1984 im Bundestag und seit 18. 11. 1994 im Amt.

Bruttomonatseinkommen insgesamt: 32 710 DM
Übergangsgeld nach Ausscheiden aus dem Amt insgesamt: 377 688 DM
Pensionsanspruch aus dem Amt monatlich: rund 5000 DM sofort nach Ausscheiden aus dem Amt
Pensionsanspruch aus dem Mandat monatlich: rund 6800 DM sofort nach Auslaufen des Mandats

4. Rainer Funke (FDP), Parlamentarischer Staatssekretär im Bundesjustizministerium

Der 57jährige frühere Rechtsanwalt und Banksyndikus (geboren 18. 11. 1940) ist seit 1978 Landesschatzmeister und seit 1993 Vorsitzender der FDP Hamburg. Er ist seit 24. 1. 1991 im Amt und seit 14 Jahren im Bundestag (1980–1983 und seit 1987).

Bruttomonatseinkommen insgesamt: 32 710 DM
Übergangsgeld nach Ausscheiden aus dem Amt insgesamt: 377 688 DM
Pensionsanspruch aus dem Amt monatlich: rund 6500 DM sofort mit Ausscheiden
Pensionsanspruch aus dem Mandat monatlich: rund 6800 DM ab vollendetem 59. Lebensjahr

5. Wolfgang Gröbl (CSU), Parlamentarischer Staatssekretär im Bundeslandwirtschaftsministerium

Der 57jährige Diplomforstwirt (geboren 12. 3. 1941) begann 1969 als persönlicher Referent des CSU-Generalsekretärs Max Streibl, wurde 1971 Referent im neugegründeten bayerischen Umweltministerium und war danach 15 Jahre lang direkt gewählter bayerischer Landrat (1972–1987), bevor er seit 12. 3. 1987 in mehreren Ministerien als Parlamentarischer Staatssekretär diente. Seit 1993 ist er im Landwirtschaftsministerium. Im Bundestag ist er seit 1987.

Bruttomonatseinkommen insgesamt: 32 710 DM
Übergangsgeld nach Ausscheiden aus dem Amt insgesamt: 377 688 DM
Pensionsanspruch aus dem Amt monatlich: rund 8200 DM sofort mit dem Ausscheiden

Pensionsanspruch aus dem Mandat monatlich: rund 5400 DM ab vollendetem 62. Lebensjahr

6. Horst Günther (CDU), Parlamentarischer Staatssekretär im Bundesarbeitsministerium

Der 58jährige Kaufmann (geboren 17. 7. 1939) hatte verschiedene Funktionen bei der Deutschen Angestellten-Gewerkschaft. Er ist seit 1980 im Bundestag und seit 24. 1. 1994 im Amt.

Bruttomonatseinkommen insgesamt: 32 710 DM
Übergangsgeld nach Ausscheiden aus dem Amt insgesamt: 377 688 DM
Pensionsanspruch aus dem Amt monatlich: rund 5100 DM sofort mit dem Ausscheiden
Pensionsanspruch aus dem Mandat monatlich: rund 8700 DM sofort mit Ablauf des Mandats

7. Joachim Günther (FDP), Parlamentarischer Staatssekretär im Bundesbauministerium

Der 49jährige Ingenieur (geboren 22. 10. 1948) spielte früher eine Rolle in der Liberaldemokratischen Partei der DDR, bevor er FDP-Chef in Sachsen wurde. Er ist seit 1990 im Bundestag und seit 22. 4. 1991 im Amt.

Bruttomonatseinkommen insgesamt: 32 710 DM
Übergangsgeld nach Ausscheiden aus dem Amt insgesamt: 377 688 DM
Pensionsanspruch aus dem Amt monatlich: rund 6500 DM ab vollendetem 55. Lebensjahr
Pensionsanspruch aus dem Mandat monatlich: rund 4000 DM ab vollendetem 65. Lebensjahr

8. Hansgeorg Hauser (CSU), Parlamentarischer Staatssekretär im Bundesfinanzministerium

Der 54jährige Steuerberater (geboren 20. 6. 1943) ist seit 1990 im Bundestag und seit 15. 11. 1995 im Amt.

Bruttomonatseinkommen insgesamt: 32 710 DM
Übergangsgeld nach Ausscheiden aus dem Amt insgesamt: 377 688 DM
Pensionsanspruch aus dem Amt monatlich: rund 3500 DM sofort mit Ausscheiden aus dem Amt
Pensionsanspruch aus dem Mandat monatlich: rund 4000 DM ab vollendetem 65. Lebensjahr

9. Klaus-Jürgen Hedrich (CDU), Parlamentarischer Staatssekretär im Bundesentwicklungsministerium

Der 56jährige Studienrat (geboren 21. 12. 1941) war neun Jahre im Landtag Niedersachsen (1974–1983), bevor er im Jahre 1983 in den Bundestag kam. Er ist seit 17. 11. 1994 im Amt.

Bruttomonatseinkommen insgesamt: 32 710 DM
Übergangsgeld nach Ausscheiden aus dem Amt insgesamt: 377 688 DM
Pensionsanspruch aus dem Amt monatlich: 5100 DM sofort mit Ausscheiden aus dem Amt
Pensionsanspruch aus dem Mandat monatlich: rund 7300 DM ab vollendetem 58. Lebensjahr

10. Walter Hirche (FDP), Parlamentarischer Staatssekretär im Bundesumweltministerium

Der 57jährige Politiker (geboren 13. 2. 1941) ist FDP-Chef von Niedersachsen und war dort vier Jahre lang Landesminister (1986–1990) und 12 Jahre Landtagsabgeordneter (1974–1978 und 1982–1990). Von 1990 bis 1994 war er Minister in Brandenburg. Er ist seit 17. 11. 1994 im Amt und ebenfalls seit 1994 im Bundestag.

Bruttomonatseinkommen insgesamt: 32 710 DM
Übergangsgeld nach Ausscheiden aus dem Amt insgesamt: 377 688 DM
Pensionsanspruch aus dem Amt als Parlamentarischer Staatssekretär monatlich: rund 5100 DM ab vollendetem 55. Lebensjahr.
Kein Pensionsanspruch aus dem Bundestagsmandat, jedoch weitere Ansprüche nach dem niedersächsischen Abgeordnetengesetz und Ministergesetz.

11. Dr. Werner Hoyer (FDP), Parlamentarischer Staatssekretär im Bundesaußenministerium

Der 46jährige Volkswirt und Hauptmann der Reserve (geboren 17. 11. 1951) war 10 Jahre wissenschaftlicher Assistent an der Universität Köln und ist dort Lehrbeauftragter. Er war Parlamentarischer Geschäftsführer der FDP-Bundestagsfraktion (1989–1993) und FDP-Generalsekretär (1993–1994). Er ist seit 1987 im Bundestag und seit 17. 11. 1994 im Amt.

Bruttomonatseinkommen insgesamt: 32 710 DM
Übergangsgeld nach Ausscheiden aus dem Amt insgesamt: 377 688 DM

Pensionsanspruch aus dem Amt monatlich: rund 5100 DM ab
vollendetem 55. Lebensjahr
Pensionsanspruch aus dem Mandat monatlich: rund 5500 DM ab
vollendetem 62. Lebensjahr

12. Irmgard Karwatzki (CDU), Parlamentarische Staatssekretärin im Bundesfinanzministerium

Die 57jährige Sozialarbeiterin (geboren 15. 12. 1940) war
6½ Jahre Parlamentarische Staatssekretärin im Bundesministerium für Jugend, Familie und Gesundheit und im Bundesministerium für Bildung und Wissenschaft (4. 10. 1982 bis 21. 4. 1989).
Seit 17. 11. 1994 ist sie in ihrem derzeitigen Amt und seit 21 Jahren im Bundestag.

Bruttomonatseinkommen insgesamt: 32 710 DM
Übergangsgeld nach Ausscheiden aus dem Amt insgesamt:
377 688 DM
Pensionsanspruch aus dem Amt monatlich: etwa 7700 DM sofort
mit dem Ausscheiden aus dem Amt
Pensionsanspruch aus dem Mandat monatlich: 8719 DM sofort
mit dem Auslaufen des Mandats

13. Ulrich Klinkert (CDU), Parlamentarischer Staatssekretär im Bundesumweltministerium

Der 42jährige Ingenieur (geboren 23. 5. 1955) kommt aus der
Ost-CDU, war Volkskammer-Abgeordneter 1990 und ist seit
3. 10. 1990 im Bundestag und seit 1. 2. 1994 im Amt.

Bruttomonatseinkommen insgesamt: 32 710 DM
Übergangsgeld nach Ausscheiden aus dem Amt insgesamt:
377 688 DM

Pensionsanspruch aus dem Amt monatlich: über 5100 DM ab vollendetem 55. Lebensjahr
Pensionsanspruch aus dem Mandat monatlich: über 4000 DM ab vollendetem 65. Lebensjahr

14. Dr. Heinrich Kolb (FDP), Parlamentarischer Staatssekretär im Bundeswirtschaftsministerium

Der 42jährige Wirtschaftsingenieur (geboren 8. 1. 1956) und mittelständische Unternehmer (Beruf ruht seit 1992) ist seit 1990 im Bundestag und seit 15. 9. 1992 im Amt.

Bruttomonatseinkommen insgesamt: 32 710 DM
Übergangsgeld nach Ausscheiden aus dem Amt insgesamt: 377 688 DM
Pensionsanspruch aus dem Amt monatlich: rund 6000 DM ab vollendetem 55. Lebensjahr
Pensionsanspruch aus dem Mandat monatlich: rund 4000 DM ab vollendetem 65. Lebensjahr

15. Rudolf Kraus (CSU), Parlamentarischer Staatssekretär im Bundesarbeitsministerium

Der 57jährige Baukaufmann (geboren 27. 2. 1941) war vorher Parlamentarischer Geschäftsführer der CDU/CSU-Bundestags-fraktion (1989–1992). Er ist seit 1976 im Bundestag und seit 8. 5. 1992 im Amt.

Bruttomonatseinkommen insgesamt: 32 710 DM
Übergangsgeld nach Ausscheiden aus dem Amt insgesamt: 377 688 DM
Pensionsanspruch aus dem Amt monatlich: über 6000 DM sofort mit Ausscheiden aus dem Amt

Pensionsanspruch aus dem Mandat monatlich: 8719 DM sofort mit Ablauf des Mandats

16. Dr. Norbert Lammert (CDU), Parlamentarischer Staatssekretär im Bundesverkehrsministerium

Der 49jährige Sozialwissenschaftler (geboren 16. 11. 1948) ist seit 21. 4. 1989 in mehreren Ministerien Parlamentarischer Staatssekretär gewesen, zuletzt (seit 15. 5. 1997) im Bundesverkehrsministerium. Er ist seit 1980 im Bundestag.

Bruttomonatseinkommen insgesamt: 32 710 DM
Übergangsgeld nach Ausscheiden aus dem Amt insgesamt: 377 688 DM
Pensionsanspruch aus dem Amt monatlich: rund 7300 DM ab vollendetem 55. Lebensjahr
Pensionsanspruch aus dem Mandat monatlich: 8719 DM ab vollendetem 55. Lebensjahr

17. Eduard Lintner (CSU), Parlamentarischer Staatssekretär im Bundesinnenministerium

Der 53jährige Jurist und frühere Rechtsanwalt (geboren 4. 11. 1944) ist seit 24. 1. 1991 im Amt und seit 1976 im Bundestag.

Bruttomonatseinkommen insgesamt: 32 710 DM
Übergangsgeld nach Ausscheiden aus dem Amt insgesamt: 377 688 DM
Pensionsanspruch aus dem Amt monatlich: rund 6500 DM ab vollendetem 55. Lebensjahr
Pensionsanspruch aus dem Mandat monatlich: 8719 DM ab vollendetem 55. Lebensjahr

18. Bernd Neumann (CDU), Parlamentarischer Staatssekretär im Bundesbildungsministerium

Der 56jährige Lehrer (geboren 6. 1. 1942) war von 1973 bis 1987 Mitglied der Bürgerschaft von Bremen und zunächst Parlamentarischer Staatssekretär im Bundesministerium für Forschung und Technologie (24. 1. 1991 bis 17. 11. 1994) und ist seit 18. 11. 1994 im Bundesbildungsministerium. Er ist seit 1987 im Bundestag.

Bruttomonatseinkommen insgesamt: 32 710 DM
Übergangsgeld nach Ausscheiden aus dem Amt insgesamt: 377 688 DM
Pensionsanspruch aus dem Amt monatlich: rund 6500 DM ab vollendetem 55. Lebensjahr
Pensionsanspruch aus dem Mandat monatlich: etwa 5400 DM ab vollendetem 62. Lebensjahr

19. Johannes Nitsch (CDU), Parlamentarischer Staatssekretär im Bundesverkehrsministerium

Der 61jährige Diplomingenieur (geboren 24. 3. 1937) war 1990 Mitglied der Volkskammer. Seit 3. 10. 1990 ist er im Bundestag und seit 18. 11. 1994 im Amt.

Bruttomonatseinkommen insgesamt: 32 710 DM
Übergangsgeld nach Ausscheiden aus dem Amt insgesamt: 377 688 DM
Pensionsanspruch aus dem Amt monatlich: rund 5100 DM ab vollendetem 55. Lebensjahr
Pensionsanspruch aus dem Mandat monatlich: über 4000 DM ab vollendetem 65. Lebensjahr

20. *Anton Pfeifer (CDU), Parlamentarischer Staatssekretär im Bundeskanzleramt*

Der 61jährige frühere höhere Beamte (geboren 31. 3. 1937) ist seit 1969 im Bundestag. Er war in verschiedenen Ministerien Parlamentarischer Staatssekretär (4. 10. 1982 bis 18. 1. 1991). Seit 25. 1. 1991 ist er Staatsminister beim Bundeskanzler.

Bruttomonatseinkommen insgesamt: 32 710 DM
Übergangsgeld nach Ausscheiden aus dem Amt insgesamt: 377 688 DM
Pensionsanspruch aus dem Amt monatlich: rund 10 000 DM sofort mit dem Ausscheiden aus dem Amt
Pensionsanspruch aus dem Mandat monatlich: 8719 DM sofort mit Auslaufen des Mandats

21. *Dr. Klaus Rose (CSU), Parlamentarischer Staatssekretär im Bundesverteidigungsministerium*

Der 56jährige Studienrat a. D. (geboren 7. 12. 1941) war von 1974 bis 1977 Mitglied des Bayerischen Landtags, danach Kreisrat. Er ist seit 1977 im Bundestag und seit 23. 1. 1997 im Amt.

Bruttomonatseinkommen insgesamt: 32 710 DM
Übergangsgeld nach Ausscheiden aus dem Amt insgesamt: 254 560 DM
Pensionsanspruch aus dem Amt monatlich: rund 2700 DM ab vollendetem 60. Lebensjahr
Pensionsanspruch aus dem Mandat monatlich: 8719 DM

22. Helmut Schäfer (FDP), Parlamentarischer Staatssekretär im Bundesaußenministerium

Der 65jährige frühere Gymnasiallehrer und Ministerialbeamte (geboren 8. 1. 1933) ist seit 1977 im Bundestag und seit 12. 3. 1987 im Amt.

Bruttomonatseinkommen insgesamt: 32 710 DM
Übergangsgeld nach Ausscheiden aus dem Amt insgesamt: 377 688 DM
Pensionsanspruch aus dem Amt monatlich: rund 8200 DM mit Ausscheiden aus dem Amt
Pensionsanspruch aus dem Mandat monatlich: 8719 DM mit Auslaufen des Mandats

23. Bernd Schmidbauer (CDU), Parlamentarischer Staatssekretär im Bundeskanzleramt

Der 58jährige Studiendirektor und Geheimdienstkoordinator (geboren 29. 5. 1939) war von Januar bis Dezember 1991 Parlamentarischer Staatssekretär im Bundesumweltministerium und ist seitdem Staatsminister beim Bundeskanzler. Er ist seit 1983 im Bundestag.

Bruttomonatseinkommen insgesamt: 32 710 DM
Übergangsgeld nach Ausscheiden aus dem Amt insgesamt: 377 688 DM
Pensionsanspruch aus dem Amt monatlich: rund 6500 DM mit Ausscheiden aus dem Amt
Pensionsanspruch aus dem Mandat monatlich: rund 7300 DM mit Auslaufen des Mandats

24. *Bernd Wilz (CDU), Parlamentarischer Staatssekretär im Bundesverteidigungsministerium*

Der 55jährige Jurist, frühere Rechtsanwalt und Oberst (geboren 13. 12. 1942) war 1975–1983 Mitglied des Landtags von Nordrhein-Westfalen. Er ist seit 1983 im Bundestag und seit 8. 4. 1992 im Amt.

Bruttomonatseinkommen insgesamt: 32 710 DM

Übergangsgeld nach Ausscheiden aus dem Amt insgesamt: 377 688 DM

Pensionsanspruch aus dem Amt monatlich: über 6000 DM sofort mit Ausscheiden aus dem Amt

Pensionsanspruch aus dem Mandat monatlich: rund 7300 DM ab vollendetem 58. Lebensjahr

25. *Elke Wülfing (CDU), Parlamentarische Staatssekretärin im Bundesbildungsministerium*

Die 50jährige frühere Auslandskorrespondentin (geboren 7. 11. 1947) ist seit 1990 im Bundestag und seit 23. 1. 1997 im Amt.

Bruttomonatseinkommen insgesamt: 32 710 DM

Übergangsgeld nach Ausscheiden aus dem Amt insgesamt: 254 560 DM

Pensionsanspruch aus dem Amt monatlich: 2709 DM ab vollendetem 60. Lebensjahr

Pensionsanspruch aus dem Mandat monatlich: über 4000 DM ab vollendetem 65. Lebensjahr

4. KAPITEL

Politische Beamte

Der vergoldete (einstweilige) Ruhestand

Zu einem besonders schlimmen Privileg hat sich die Versorgung von politischen Beamten ausgewachsen. Schlagzeilen machte 1995 der Fall Schädler. Der 38jährige hessische Staatssekretär Johannes Schädler war nach vier Monaten Amtszeit von der 39jährigen Familienministerin Iris Blaul in den »einstweiligen« Ruhestand versetzt worden, weil er mit ihrem Küchenkabinettsystem nicht einverstanden war. Das kostet den Staat nach Berechnungen der CDU-Opposition insgesamt vier Millionen DM. Nach dieser Affäre konnte sich auch Frau Blaul nicht mehr lange halten und geht seitdem ebenfalls als hochbezahlte Frührentnerin auf Steuerzahlerkosten spazieren. Der Fall Schädler ist nur einer von Hunderten, die zumeist ohne öffentliches Aufsehen über die Bühne gehen, obwohl das zugrunde liegende System überall dasselbe ist.

Daß derartige Verrücktheiten »völlig legal« sind (wie die Begünstigten beteuern), liegt an einer Besonderheit des deutschen Beamtenrechts: der Einrichtung des »politischen Beamten«. Das sind zum Beispiel Staatssekretäre, Ministerialdirektoren, Pressesprecher, Leiter der Verfassungsschutzämter, Minister- und Pressereferenten, in Hessen bisher sogar Fraktionsassistenten. Wer genau zu dieser privilegierten Kaste gehört, legen der Bund und die Länder jeweils für ihren Bereich fest. Die entsprechenden Kataloge finden sich im Bundesbeamtengesetz und in den 16 Landesbeamtengesetzen.

Politische Beamte können von ihrem obersten politischen Chef jederzeit in den »einstweiligen Ruhestand« versetzt werden. Dann erhalten sie in den ersten drei Monaten die vollen Bezüge. Bei einem Staatssekretär der Besoldungsgruppe B11 sind das 18 817 DM. Ein Abteilungsleiter in der Besoldungsgruppe B9 erhält 14 755 DM. Weitere fünf Jahre bekommt der Ruheständler 75 Prozent seines Gehalts und danach, je nach Dienstjahren, 35 bis 75 Prozent auf Lebenszeit – und gehört so zu den inzwischen schon sprichwörtlichen »teuersten Spaziergängern Deutschlands«.

Daß politische Beamte jederzeit in den einstweiligen Ruhestand versetzt werden können, wird damit begründet, die Inhaber derartiger Ämter müßten »in fortdauernder Übereinstimmung mit den grundsätzlichen politischen Ansichten und Zielen der Regierung stehen« (§ 31 Beamtenrechtsrahmengesetz). Andernfalls bleibe nur die Entfernung aus dem aktiven Dienst.

Die Versorgung im einstweiligen Ruhestand ist extrem großzügig:

● Das Ruhegehalt beginnt – unabhängig vom Lebensalter – sofort nach Ablauf der dreimonatigen Übergangszeit zu laufen, wohingegen ein Beamter darauf normalerweise bis zum Ablauf seines 65. Lebensjahres warten muß.

● Das Ruhegehalt fällt an ohne Rücksicht darauf, wie lange der politische Beamte sein Amt innegehabt hat, also theoretisch sogar dann, wenn der Beamte nach einem einzigen Amtstag in den einstweiligen Ruhestand versetzt wird.

● Die Höhe des Ruhegehalts ist mit 75 Prozent in den ersten fünf Jahren extrem hoch. Bei Beamten der Besoldungsgruppe A mit je nach Dienstalter steigenden Gehältern – dazu

gehören Beamte bis zum Ministerialrat – bemessen sich diese
75 Prozent stets nach der höchsten Gehaltsstufe, selbst wenn
der Beamte aufgrund seines geringen Dienstalters noch weit
davon entfernt war. So beträgt das Gehalt eines Ministerial-
rats nach der Besoldungsgruppe A16 je nach Stufe derzeit
zwischen 7611 DM und 9625 DM (siehe Tabelle 14 im Anhang), und die Bemessungsgrundlage für das 75prozentige
Ruhegehalt des in den einstweiligen Ruhestand versetzten
politischen Beamten ist immer der höchste Betrag. Er kann
dann in der Praxis bis zu 100 Prozent seines letzten Gehalts
bekommen.

- Auch nach Ablauf der fünf Jahre bleibt die Regelung sehr
  großzügig, weil auch diese fünf Jahre voll als ruhegehaltsfähige Zeit zählen, obwohl der Betreffende keine Dienste mehr
  geleistet hat; in jedem Fall erhält er 35 Prozent des Aktivengehalts.

Die hohe, unabhängig vom Alter einsetzende lebenslange Pension wird unter anderem damit begründet, daß der Beamte
jederzeit damit rechnen müsse, wieder in den aktiven Dienst
berufen zu werden – deshalb auch die Bezeichnung »einstweili-
ger« Ruhestand –, und so daran gehindert sei, sich eine andere
berufliche Existenz aufzubauen.[1] In Wahrheit steht die rechtliche
Pflicht des Beamten, sich bis zur normalen Altersgrenze für eine
erneute Berufung zur Verfügung zu halten,[2] weitgehend auf dem
Papier. Reaktivierungen sind in der Praxis äußerst selten. Von
den fast 100 seit 1982 (Beginn der Regierung Kohl) in den
einstweiligen Ruhestand versetzten Bundesbeamten[3] wurden
nur zwei später wiederverwendet.[4] Die Begründung für die hohe
Sonderversorgung trägt also offensichtlich nicht mehr.
Die überzogene Versorgung von politischen Beamten wirkt überdies als schlechtes Beispiel, weil sie die Politiker »sinnlich« macht

und ihnen als »Vorbild« dient, wenn sie ihre eigenen Privilegien festlegen oder sich einem Abbau widersetzen.

Die Versorgungsregeln bedürfen dringend der Revision. Der Versorgungsanspruch sollte nicht schon nach einem Tag entstehen können, sondern erst nach einer Bewährungszeit im Amt von mindestens zwei Jahren. Selbst bei Ministern entsteht ein Versorgungsanspruch erst nach einer Amtszeit von zwei oder mehr Jahren. Die Höhe der Versorgung sollte in den ersten fünf Jahren von 75 Prozent wieder auf 50 Prozent reduziert werden, und diese fünf Jahre sollten nicht als ruhegehaltsfähige Dienstzeit angerechnet werden. So war es auch bis 1976 geregelt, bevor heimlich und mit absurder Begründung das Gesetz geändert wurde. Die damalige Erhöhung des Ruhegehalts war nach Auffassung eines bekannten Beamtenrechtlers »sachlich völlig unberechtigt«.[5] Entsprechend dunkel war die »Begründung« im Gesetzentwurf, aus der gar nicht zu entnehmen war, daß es um die Versorgung von politischen Beamten ging; vielmehr wurden ganz andere Fälle vorgeschützt:[6] Ausweislich der »Begründung« sollte die Gesetzesänderung bewirken, daß Beamte, die ihr Amt »durch Gebietsreform oder Umwandlung von Behörden verlieren«,[7] gut abgesichert seien.

Auch die Zahl der Positionen für politische Beamte ist viel zu hoch. Im Bund sind es 661,[8] in den Bundesländern 325.[9] Großbritannien kommt ganz ohne politische Beamte aus, in Bayern war es lange ebenso, heute gehören dort nur die Staatssekretäre, denen eine ministerähnliche Stellung gegeben ist, dazu. In jedem Fall müßte der Kreis stark eingeschränkt werden. Nach dem Fall Schädler waren sich zunächst alle einig, daß durchgreifende Einschnitte notwendig sind. Der innenpolitische Sprecher der CDU/CSU-Fraktion, Erwin Marschewski, wurde mit dem markigen Wort zitiert: »Da müssen wir ran.« Doch geschehen ist bisher zuwenig. Immerhin hat Hessen im Jahre 1997 eine Einschränkung des Kreises der politischen Beamten vorgenommen, und die Bundesregierung hat sich »eine Verringerung der Zahl der politischen Beamten zum Ziel gesetzt«.[10] Doch reicht das natürlich nicht aus.

Hintergrund
Der Kreis der politischen Beamten im Bund
Nach § 36 Bundesbeamtengesetz gehören zu den politischen Beamten im Bund:

»1. Staatssekretäre und Ministerialdirektoren,
2. sonstige Beamte des höheren Dienstes im auswärtigen Dienst von der Besoldungsgruppe A 16 an aufwärts,
3. Beamte des höheren Dienstes des Bundesamtes für Verfassungsschutz und des Bundesnachrichtendienstes von der Besoldungsgruppe A 16 an aufwärts,
4. der Chef des Presse- und Informationsamtes der Bundesregierung, dessen Stellvertreter und der Stellvertretende Sprecher der Bundesregierung,
5. der Generalbundesanwalt beim Bundesgerichtshof und der Oberbundesanwalt beim Bundesverwaltungsgericht,
6. der Bundesbeauftragte für den Zivildienst,
   soweit sie Beamte auf Lebenszeit sind.«

Nach § 176 Absatz 2 Bundesbeamtengesetz gehören zu den politischen Beamten ferner: der Direktor beim Deutschen Bundestag und der Direktor des Bundesrats, soweit sie Beamte auf Lebenszeit sind.
Darüber hinaus erweitern Spezialgesetze, zum Beispiel aus dem Bereich der Bundeswehr, den Kreis der politischen Beamten.

Immerhin, eine Regelung für politische Beamte ist vorbildlich und sollte sinngemäß auch für Abgeordnete, Minister und Parlamentarische Staatssekretäre erwogen werden: Wollen politische Beamte sich verändern, zum Beispiel eine einträgliche Position in der Wirtschaft übernehmen, dürfen sie – jedenfalls von Rechts wegen – nicht in den Ruhestand versetzt werden. In diesem Fall müssen sie vielmehr (auf ihren eigenen Antrag) aus dem Beamtenverhältnis *entlassen* werden – mit der Folge, daß sie dann kein Ruhegehalt bekommen, sondern lediglich in der allgemeinen Rentenversicherung nachversichert werden. So hatte 1997 der Staatssekretär im rheinland-pfälzischen Finanzministerium, Dr. Thilo Sarrazin, als er Vorstand der Treuhand Liegenschaftsgesellschaft in Berlin wurde, vorher ebenso korrekt seine Entlassung beantragt wie der Staatssekretär im Bundesministerium für Wirtschaft, Dr. Johannes Ludewig, als er in den Vorstand der Deutschen Bahn überwechselte.

Die klaren Bestimmungen werden allerdings häufig umgangen. Das ist auch gar nicht so schwer: Der politische Beamte braucht sich nur so unmöglich aufzuführen, daß er politisch nicht mehr tragbar erscheint, sei es, daß er disziplinarisch oder strafrechtlich auffällt, sei es, daß er seinen politischen Chef durch unpassende öffentliche Äußerungen provoziert, sei es, daß er mit seinem Chef gemeinsam kungelt, so daß dieser mangelndes politisches Vertrauen vorschützt und ihn in den einstweiligen Ruhestand versetzt.

Auch in einem zweiten Punkt könnten sich Minister, Parlamentarische Staatssekretäre und Abgeordnete politische Beamte zum Vorbild nehmen – jedenfalls dem Ansatz nach: Vor einigen Jahren wurde eine Regelung ins Beamtenversorgungsgesetz geschrieben, die im Wege einer Anrechnungsvorschrift die Möglichkeit für den einstweiligen Ruheständler begrenzt, aus privater Quelle hinzuzuverdienen. Diese Vorschrift – § 53a Beamtenversorgungsgesetz[11] – ist allerdings immer noch zu großzügig: Die Anrechnung beginnt erst oberhalb des früheren Aktiveneinkommens des politischen Beamten, und bestimmte Teile des Ruhegehalts sind – selbst bei höherem privaten Zusatzverdienst – von vornherein von der Anrechnung ausgenommen, weil sie als »erdient« gelten. Das aber ist ein Fehlschluß: »Erdient« kann die Zahlung des Ruhegehalts immer erst ab der normalen Altersgrenze sein. Daß hier ganz offensichtlich mit zweierlei Maß gemessen wird und die Beamten – sicher auch aufgrund ihrer überstarken innerparlamentarischen Lobby – einmal mehr durch die Gesetzgebung bevorzugt werden, ersieht man an einem Vergleich: Ein normaler Frührentner darf bis zum 65. Lebensjahr maximal 620 DM (in Ostdeutschland knapp 100 Mark weniger) hinzuverdienen.[12] Hat er mehr, wird die Rente entsprechend gekürzt. Bei politischen Beamten wäre eine Regelung richtig, wonach die Pension insoweit voll gekürzt wird, als der Zusatzverdienst und die Pension über 100 Prozent der Aktivenbesoldung eines Beamten der gleichen Besoldungsgruppe hinausgehen.

Roß und Reiter – 32 Beispiele

Im folgenden sind einige Beispiele von politischen Beamten (in alphabetischer Reihenfolge) aufgeführt, die in den einstweiligen Ruhestand versetzt wurden.

1. Detlef Affeld

Detlef Affeld (SPD) war seit 1990 Staatssekretär im brandenburgischen Ministerium für Arbeit, Soziales, Gesundheit und Frauen (Ministerin Regine Hildebrandt) und wurde zum 1. September 1996, wie es in den Pressemeldungen heißt, auf Drängen von Ministerpräsident Stolpe[13] in den einstweiligen Ruhestand versetzt.[14] Affeld trat darauf in die Dienste einer Krankenhausgesellschaft in Dresden.[15]

2. Dr. Kurt Bohr

Bohr war bis 1996 Staatssekretär in Oskar Lafontaines saarländischer Staatskanzlei, bevor er Toto-Direktor mit einem geschätzten Jahresgehalt von 300 000 DM im Saarland wurde. Die saubere Lösung wäre es gewesen, seine Entlassung zu beantragen. Doch wollte Bohr laut Presseberichten anscheinend nicht auf seine Versorgung verzichten, so daß er – angeblich entgegen dem Ergebnis einer rechtlichen Prüfung der Staatskanzlei und des Justizministeriums, die dringend davon abrieten – im März 1996 in den einstweiligen Ruhestand versetzt wurde.[16]

3. Norbert Burger

Burger war früher Ministerialdirektor im Bonner Entwicklungshilfeministerium, bevor er in den einstweiligen Ruhestand versetzt wurde (Pension von etwa 8000 DM). Er kassierte nach Presseberichten doppelt und dreifach: als Düsseldorfer SPD-Landtagsabgeordneter und als »ehrenamtlicher« Kölner Oberbürgermeister (zusätzlich 8447 DM).[17]

4. Wolfgang Burr und
5. Joachim Heyden

Beide Ministerialdirektoren waren Abteilungsleiter für Rüstungsprojekte und wurden von Bundesverteidigungsminister Volker Rühe zum 15. Januar 1993 ohne Angabe von Gründen in den einstweiligen Ruhestand versetzt. Die Entscheidung stieß auch in der eigenen Partei des Verteidigungsministers auf heftige Kritik.[18]

6. Gerd Dietrich

Dietrich war von 1991 bis 1993 Regierungssprecher des Minister-präsidenten von Sachsen-Anhalt Werner Münch und wurde, damals 48jährig, in den »einstweiligen Ruhestand« versetzt, nachdem Münch aufgrund der Gehaltsaffäre seinen Hut hatte nehmen müssen. Dietrich war allerdings kein Beamter, sondern Angestellter; ein außertariflicher Vertrag, den er laut Presse-berichten mit Münch abgeschlossen hatte, sicherte ihm aber nicht nur ein Gehalt der Besoldungsgruppe B6, sondern auch die Versorgungsleistungen politischer Beamter. Dietrich mußte ge-hen, obwohl auch der neue Ministerpräsident Christoph Bergner der CDU angehörte.[19]

7. Johann Eekhoff

Eekhoff war Staatssekretär im Bundeswirtschaftsministerium, bevor er in den einstweiligen Ruhestand versetzt wurde, um Jo-hannes Ludewig, dem Vertrauten von Bundeskanzler Kohl, Platz zu machen, »damit der bei Günter Rexrodt die Fäden zieht«.[20]

8. Stephan Götzl

Götzl diente dem früheren rheinland-pfälzischen Umweltmini-ster Alfred Beth (CDU) als Staatssekretär, bevor er im Sommer 1991 in den wohlversorgten einstweiligen Ruhestand versetzt wurde – im Alter von 31 Jahren und nach nur 11 Monaten Amtszeit.[21]

9. Dieter Grosklau

Grosklau war Präsident des Bundesgesundheitsamtes in Berlin und wurde aus ähnlichen Gründen wie Manfred Steinbach (siehe unten) in den einstweiligen Ruhestand versetzt. Auch er soll in den HIV-Skandal um Blutkonserven verwickelt gewesen sein, bei dem es um Hunderte von Menschenleben ging.[22]

10. Harald Hoffmann

Hoffmann war Ministerialdirigent im Leitungsstab des Auswärtigen Amtes, ehe er im Jahre 1973 schon nach kurzer Amtszeit vom damaligen Außenminister Walter Scheel in den einstweiligen Ruhestand versetzt wurde, nur um unmittelbar darauf zum Bundesgeschäftsführer der gemeinsamen Partei (FDP) berufen zu werden.[23]

11. Prof. Dr. Klaus Letzgus

Der Jurist Letzgus (CSU) war Cheflektor und Prokurist in einem Münchner Verlag, bevor er 1992 Staatssekretär in Mecklenburg-Vorpommern wurde, zunächst im Justizministerium, ab 1994 im Innenressort. Nach Presseberichten hatte der Schweriner Landesrechnungshof 1994 das Verfahren zur Abrechnung der Heimflüge von Letzgus moniert, worauf seine Bezüge gekürzt wurden. Im Zusammenhang mit den Übergriffen auf Touristen und Urlauber in Mecklenburg-Vorpommern im Sommer 1996 war die Informationspolitik des Staatssekretärs kritisiert worden. Anfang August war gegen Letzgus Strafbefehl wegen Fahrerflucht erlassen worden. Ende August 1996 versetzte ihn Mecklenburg-Vorpommerns Ministerpräsident Seite (CDU) in den einstweiligen Ruhestand.[24] Seit 1. Mai 1997 ist Letzgus Mitglied der Münchner Niederlassung einer Anwaltssozietät.

12. Richard Meier

Meier war Präsident des Bundesamtes für Verfassungsschutz, als er 1983 in den einstweiligen Ruhestand versetzt wurde. Vorausgegangen war ein Unfall, bei dem seine Beifahrerin ums Leben kam. Nach Zeitungsberichten bekam er 8000 DM Pension und verdiente als Berater eines Sicherheitsunternehmens noch einmal ca. 5000 DM monatlich hinzu.[25]

13. Rolf Müller

Müller (CDU) war Regierungssprecher unter Ministerpräsident Walter Wallmann. Nach dem Wechsel der Regierung wurde er abgelöst und kehrte freiwillig als Oberstudienrat in seinen angestammten Lehrerberuf zurück, allerdings nur mit dem Gehalt, das ihm als Ex-Staatssekretär zusteht – damals monatlich rund 13 000 DM, womit Müller wohl der höchstbezahlte Lehrer Deutschlands war.[26]

14. Wolfgang Nowak

Nowak war Staatssekretär im sächsischen Kultusministerium. Als sein Minister dort im Oktober 1994 ausgewechselt wurde, wurde er in den einstweiligen Ruhestand versetzt.[27]

15. Ludwig-Holger Pfahls und
16. Wolfgang Ruppelt

Pfahls war Staatssekretär im Verteidigungsministerium, Ruppelt Leiter der Rüstungsabteilung. Beide wurden im Februar 1992 nach illegalen Panzerlieferungen an Israel in den einstweiligen Ruhestand versetzt.[28]

17. Wolfgang Rumpf

Rumpf war Staatssekretär beim rheinland-pfälzischen Minister für Bundes- und Europaangelegenheiten. Als Rudolf Scharping 1994 als SPD-Oppositionsführer nach Bonn ging, sollte ihm sein Mainzer Staatssekretär Karl-Heinz Klär nach Bonn folgen. Um für Klär Platz zu machen, wurde der bisherige Staatssekretär Wolfgang Rumpf in den einstweiligen Ruhestand versetzt.[29]

18. Johannes Schädler

Der 38jährige hessische Staatssekretär Johannes Schädler war nach vier Monaten Amtszeit von Familienministerin Iris Blaul in den einstweiligen Ruhestand versetzt worden. Der Bund der Steuerzahler Hessen nahm diesen Fall zum Anlaß, einmal nachzurechnen, was ein verheirateter Staatssekretär mit zwei Kindern, auch wenn er nur einen einzigen Tag im Amt war, in den folgenden fünf Jahren monatlich erhält: im Jahre 1995 waren dies 11 099 DM, bei 13 Monatsgehältern also 144 292 DM pro Jahr (75 Prozent seiner Bezüge als Staatssekretär). In der Folgezeit erhält er bis an sein Lebensende mindestens 35 Prozent der Staatssekretärsbezüge, also mindestens 5180 DM im Monat oder 67 337 DM pro Jahr.

19. Heribert Scharrenbroich

Scharrenbroich wurde im Frühjahr 1994 Staatssekretär im Bundesfamilienministerium, unmittelbar nachdem seine erneute Kandidatur für den 13. Bundestag gescheitert war – »ein glatter Fall von Ämterpatronage, hat das kleine Ministerium doch gerade mal Arbeit für einen Staatssekretär, beileibe nicht für zwei«.[30] Nach nur 19monatiger Tätigkeit als Staatssekretär wurde Scharrenbroich in den einstweiligen Ruhestand versetzt. Darauf wurde er Leiter des europäischen Regionalamts der Internationalen Arbeitsorganisation.[31]

20. Carl Hermann Schleifer

Schleifer war Staatssekretär im Kieler Finanzministerium zur Zeit von Ministerpräsident Uwe Barschel. Er wurde in den einstweiligen Ruhestand versetzt, als Engholm die Regierung bildete. Schleifer soll zu seinen 9000 DM Pension ein zusätzliches geschätztes Einkommen von 12 000 DM als Hauptgeschäftsführer des Unternehmerverbandes Schleswig-Holstein erhalten haben.[32]

21. Hanns-Eberhard Schleyer

Schleyer wurde nach der Ermordung seines Vaters, des Arbeitgeberpräsidenten Hanns-Martin Schleyer, im Jahre 1977 vom damaligen rheinland-pfälzischen Ministerpräsidenten Bernhard Vogel zum Staatssekretär gemacht und zum Leiter der Staatskanzlei berufen. Mit Vogels Rücktritt im Jahre 1988 wurde Schleyer in den einstweiligen Ruhestand versetzt. Er ist seit 1990 Generalsekretär des Zentralverbandes des Deutschen Handwerks.

22. Elmar Schmähling

Elmar Schmähling war im Februar 1982 zum Flottillenadmiral befördert worden und Chef des Militärischen Abschirmdienstes geworden. Sein erster Karriereknick kam schon 19 Monate später, als die Illustrierte *Quick* über seine Affäre mit einer 29jährigen Bundeswehrsekretärin berichtete. Dadurch galt er als »Sicherheitsrisiko« und wurde 1984 ins Amt für Studien und Übungen der Bundeswehr umgesetzt. Fortan trat er immer häufiger in der Öffentlichkeit mit Kritik an der NATO-Strategie und der Bundeswehrstruktur hervor, so daß der damalige Bundesverteidigungsminister Gerhard Stoltenberg im Januar 1990 den damals 53jährigen Schmähling mit rund 10 000 DM monatlichen Ruhestandsbezügen in den einstweiligen Ruhestand schickte. Schmähling machte daraufhin ein Unternehmen auf, mit dem er aber scheiterte.[33]

23. Dr. Eberhard Schmiege

Schmiege war Staatssekretär im Finanzministerium des Landes Sachsen-Anhalt, bevor er Ende 1993 vom Ministerpräsidenten des Landes, Bergner, in den einstweiligen Ruhestand versetzt wurde. Der Grund war die Zahlung von angeblich bundesrechtswidrigen Amtszulagen an Staatssekretäre des Landes.[34]

24. Schreiber

Schreiber war Leiter der Bundesgrenzschutzabteilung im Bonner Innenministerium. Er wurde, mit 56 Jahren, im Jahre 1993 in den einstweiligen Ruhestand versetzt – wegen angeblicher Pannen in Bad Kleinen.[35]

25. Arved Semerak

Der Hamburger Polizeipräsident Arved Semerak wurde Mitte 1996 mit 57 Jahren in den einstweiligen Ruhestand versetzt. Der Hamburger Senat folgte damit einem Antrag von Innensenator Hartmuth Wrocklage (SPD). Vorangegangen war Kritik an Semeraks Führungsstil.[36]

26. Alexander von Stahl

Generalbundesanwalt von Stahl (FDP) wurde 1993 nach angeblichen Informationspannen im Fall Bad Kleinen von der damaligen Bundesjustizministerin Leutheusser-Schnarrenberger (FDP) in den einstweiligen Ruhestand versetzt. Die Begründung der Ministerin: Das Amt des Generalbundesanwalts habe »aus dem öffentlichen Gerede befreit werden müssen, in das es wegen der Vorgänge am Bahnhof des mecklenburgischen Städtchens Bad Kleinen geraten sei«.[37] Nachfolger wurde Kay Nehm, vorher Bundesrichter in Karlsruhe.[38]

27. Erich Stather

Stather war seit Amtsübernahme des hessischen Ministerpräsidenten Hans Eichel (SPD) im Jahre 1991 dessen Regierungssprecher, bevor Eichel ihn zum Jahresende 1993 ohne offizielle Angabe von Gründen in den einstweiligen Ruhestand versetzte. Stather war damals 45 Jahre alt. Der FDP-Landtagsabgeordnete Hielscher warf Eichel daraufhin vor, sich in »Schwächemomenten seiner Regierung« nun schon zum dritten Mal »an Staatssekretären schadlos zu halten«. Hielscher erinnerte damit an die früheren Staatssekretäre Brigitte Sellach (Die Grünen) und Kulenkampff (SPD), die sich nach Ansicht der Opposition für ihre jeweiligen Minister »opfern« mußten[39] und deshalb mit großzügiger Versorgung auf Staatskosten getröstet wurden.

28. Manfred Steinbach

Steinbach war Ministerialdirektor im Bundesgesundheitsministerium und wurde im Oktober 1993 in den einstweiligen Ruhestand versetzt, weil Hinweise auf HIV-infizierte Blutkonserven nicht weitergemeldet worden waren.[40]

29. Clemens Stroetmann

Stroetmann war Staatssekretär unter Umweltministerin Angela Merkel, bevor diese den 49jährigen in den einstweiligen Ruhestand versetzte.[41]

30. Manfred Timmermann

Timmermann war von April 1984 bis Januar 1989 Staatssekretär im Verteidigungsministerium, bevor er, damals 52 Jahre alt, vom seinerzeitigen Verteidigungsminister Rupert Scholz in den einstweiligen Ruhestand versetzt wurde. Dabei soll es, wie ein Magazin schrieb, in Bonn kein Geheimnis gewesen sein, daß Timmermann »in St. Gallen eine Professur für Unternehmensführung antreten wollte«.[42] Nach einem Zwischenspiel im Vorstand der Bremer Vulkanwerft wechselte Timmermann zur Deutschen Bank.[43]

31. Johannes Voecking

Voecking war nur neun Monate Staatssekretär im Bundesministerium des Innern, bevor er in den einstweiligen Ruhestand versetzt wurde.

32. Bernhard Worms

Worms war von 1970 bis 1990 Mitglied des nordrhein-westfälischen Landtags. Im Jahre 1980 wurde er zum Vorsitzenden der CDU Rheinland gewählt. 1985 trat Worms bei der NRW-Landtagswahl gegen Johannes Rau an, verlor spektakulär und erklärte den Verzicht auf alle Spitzenämter seiner Partei, die allerdings für ihn sorgte: 1990 rückte er über die NRW-Landesliste in den

Bundestag ein, stellte sein Mandat aber kurze Zeit später zur Verfügung, weil sein Nachfolger im CDU-Landesvorsitz in Nordrhein-Westfalen, Bundesarbeitsminister Norbert Blüm, ihn als beamteten Staatssekretär ins Arbeitsministerium holte. Worms übte dieses Amt jedoch nur kurz aus und wurde dann in den einstweiligen Ruhestand versetzt.[44]

5. KAPITEL

Die Versorgung
kommunaler Wahlbeamter

Die Stadt Osnabrück scheint wenig Glück mit ihren Oberstadtdirektoren zu haben: Raimund Wimmer (CDU) mußte 1982 mit 47 Jahren gehen, weil ihm sexuelle Belästigung von Abhängigen vorgeworfen wurde.[1] Sein Nachfolger Jörn Haverkämper (SPD) hatte nach einem Unfall mit 2,68 Promille Alkohol im Blut Fahrerflucht begangen und wurde im Februar 1997 mit 51 Jahren vom Rat der Stadt Osnabrück abgewählt. Doch beide liegen dem Steuerzahler nun kräftig auf der Tasche. So erhält Haverkämper bis zum regulären Ende seiner Wahlzeit im Jahre 2001 75 Prozent seines Gehalts – das sind etwa 9400 DM monatlich, die von Jahr zu Jahr steigen – und danach normale Pension.[2]

Ähnlich lag der Fall des früheren Krefelder Oberstadtdirektors. Er wurde 1988 abgewählt, weil, wie es in einem Magazin heißt, »eine Polizeistreife bei einer lauten Feier in seiner Wohnung nicht nur zwei angereiste Damen, sondern auch drei Gramm Haschisch vorfand«.[3] Der Mann kam als Hafenkoordinator bei einer Entwicklungsgesellschaft der Stadt Düsseldorf unter. Krefeld aber muß ihm nach Angaben des Magazins bis heute 7500 Mark monatlich überweisen.[4]

Bundesweit Schlagzeilen machte auch der Fall des Direktors des Kommunalverbandes Ruhrgebiet, Jürgen Gramke. Er wollte Minister in Sachsen-Anhalt werden. Der normale Weg wäre es gewesen, wenn Gramke seine Entlassung als Verbandsdirektor beantragt hätte (ähnlich den Staatssekretären Sarrazin und Ludewig, als sie andere wohldotierte Jobs anstrebten, siehe S. 102 f.), doch Gramke wollte das eine tun, ohne das andere zu lassen. Er wollte zwar Minister werden, sich gleichzeitig aber auch eine üppige Pension aus dem kommunalen Amt sichern. Eine vorzeitige Versorgung ist jedoch nur für den Fall der Abwahl durch die Verbandsversammlung vorgesehen, und diese kungelte tatsächlich mit und wählte ihn ab – zu Lasten der Steuerzahler.[5]

Der vierte Fall spielt in Hagen. Der Bundestagsabgeordnete Dietmar Thieser hatte im Jahr 1996 den Wunsch, neuer hauptberuflicher Oberbürgermeister der Stadt Hagen zu werden. Doch dort amtierte als Oberstadtdirektor Dietrich Freudenberger, und dessen Wahlzeit ging bis Ende 1997. Um ihn loszuwerden, bedurfte es eines diffizilen Dreiecksgeschäfts: Für Freudenberger wurde ein attraktiver Ersatzjob bei der Dortmunder Harpen AG gefunden, wo er ab 1. 1. 1997 die Geschäftsführung einer Tochtergesellschaft übernahm. Allerdings mußte diese Stelle erst für ihn freigeräumt werden, indem man den bisherigen Inhaber zum Vorstandsvorsitzenden des Hagener Energieversorgers Elektromark berief. Das wiederum fiel leicht, weil Thieser selbst Vorsitzender des von der SPD beherrschten Elektromark-Aufsichtsrats ist. Zusätzlich mußte man den Stadtrat von Hagen dazu kriegen, Freudenberger vorzeitig abzuwählen und statt dessen Thieser an die hauptberufliche Spitze der Stadt zu hieven, was – trotz heftiger Proteste der Grünen und des Bundes der Steuerzahler – ebenfalls geschah. Freudenberger kassiert nun doppelt. Neben dem weit höheren Gehalt in Dortmund bekam er bis Ende 1997 75 Prozent seines bisherigen Oberstadtdirektorengehalts und danach die normale Pension.

Burghard Lehmann (CDU) war zunächst Stadtdirektor der westfälischen Gemeinde Schloß Holte-Stukenbrock, bevor er Anfang 1994 Oberstadtdirektor von Remscheid wurde. Als dort SPD und Grüne die Mehrheit im Rat bekamen, wurde Lehmann nach nur einem Jahr abgewählt und fand eine Beschäftigung bei der Unternehmensberatung Roland Berger. Lehmann stehen nach Presseberichten Ruhestandsbezüge von 75 Prozent seines letzten Gehalts bei der Stadt Remscheid zu.[6] In seiner Besoldungsgruppe B 5 sind das rund 9000 Mark monatlich.

Haverkämper, Gramke, Freudenberger, Lehmann & Co. sind keine Einzelfälle. Tausende ehemalige kommunale Wahlbeamte belasten die öffentlichen Kassen. (Insgesamt gibt es rund 6700 Positionen für Wahlbeamte in deutschen Kommunen [siehe Tabelle 16 im Anhang].) Die Stadt Siegburg bei Bonn bezahlt gleich drei ehemalige Stadtdirektoren. In Hannover belasten sieben solche »Frührentner« den Etat der Stadt: vom Ex-Oberstadtdirektor über Ex-Dezernenten bis zum ehemaligen Krankenhausdirektor.[7] Daß für solche Renten häufig gar kein Bedürfnis besteht, hat Richard Klein, der ehemalige Oberstadtdirektor von Duisburg, demonstriert. Als er in die Spitze der Rheinisch-Westfälischen Elektrizitätswerke überwechselte, schienen ihm seine Ruhestandsbezüge von rund 10 000 Mark neben dem Mammutsalär beim Energiekonzern unanständig, und er spendete sie laut Presseberichten für die Laufzeit seiner dortigen Tätigkeit an den städtischen Betriebskindergarten – nach Steuer und gegen Spendenquittung.[8] Es gelten zwar auch für ehemalige kommunale Wahlbeamte dieselben Anrechnungsregelungen wie für ehemalige politische Beamte. Doch greifen diese eben nur sehr eingeschränkt (siehe oben S. 102 f.) und gelten für Altfälle ohnehin nicht.

Derartige Auswüchse haben auch hier System und hängen mit dem besonderen rechtlichen Status hauptberuflicher kommunaler Wahlbeamter zusammen. Zu dieser Sonderkategorie gehören die Verwaltungschefs von Städten, größeren Gemeinden, Landkreisen und sonstigen Gemeindeverbänden: die Oberbürgermeister, Bürgermeister und Landräte und – wie sie bisher in den Ländern der ehemals britisch besetzten Zone, also in Nordrhein-

Westfalen und Niedersachsen, hießen und zum Teil noch heißen – die Oberstadt-, Stadt-, Gemeinde-, Verbands- und Oberkreisdirektoren.

Die kommunalen Verwaltungschefs werden inzwischen fast überall vom Volk direkt gewählt, und zwar für eine bestimmte Amtszeit, die von Land zu Land unterschiedlich ist und fünf bis neun Jahre beträgt (siehe Schaubild im Anhang). Hinzu kommen die hauptberuflichen Dezernenten und Beigeordneten, die sämtlich von den Gemeinderäten – ebenfalls für eine begrenzte Zahl von Jahren – gewählt werden.

Kommunale Wahlbeamte müssen im Normalfall wie andere Beamte auch eine bestimmte ruhegehaltsfähige Dienstzeit aufweisen, um Anspruch auf Versorgung zu erhalten. Diese Mindestzeit beträgt fünf Jahre[9] (also nicht mehr als die kürzeste Wahlperiode) und ist im allgemeinen (da regelmäßig auch bestimmte Vorzeiten angerechnet werden) noch rascher erfüllt.

Die *Höhe* des Ruhegehalts richtet sich grundsätzlich nach allgemeinem Beamtenversorgungsrecht. Es beträgt für Beamte auf Zeit aber, wenn es für sie günstiger ist, 35 Prozent des Aktivengehalts, wenn sie

- eine ruhegehaltsfähige Dienstzeit von zehn Jahren und
- eine Amtszeit von acht Jahren als Beamter auf Zeit

aufzuweisen haben, und steigt mit jedem weiteren vollen Amtsjahr um zwei Prozent bis zum Höchstsatz von 75 Prozent.[10]

Eine weitere Frage mit großer finanzieller Auswirkung geht dahin, *wann* der frühere Beamte die Versorgung erhält: erst mit Eintritt der normalen Altersgrenze von 65 Jahren oder schon dann, wenn er in jüngeren Jahren aus dem Amt ausscheidet? Hier gilt, daß die Versorgung oft lange vor der Altersgrenze zu laufen beginnt, wobei die Landesgesetze die Voraussetzungen dafür im einzelnen festlegen.[11]

So tritt zum Beispiel in *Bayern* der kommunale Wahlbeamte in den (dauernden) Ruhestand und erhält damit sogleich die Pension, wenn seine Amtszeit abgelaufen ist und er eine Amtszeit von mindestens zehn Jahren aufzuweisen, also in der Regel zwei Wahlperioden gedient hat.[12] Ob der Beamte nicht wiedergewählt wird oder von sich aus nicht wieder kandidiert, ist für die Frage des Ruhegehalts grundsätzlich unerheblich. Lehnt der Beamte jedoch eine Wiederwahl ohne wichtigen Grund ab, so kann angeordnet werden, daß der Pensionsanspruch bis längstens zur Vollendung des 62. Lebensjahres ruht. Anders ist es bei sogenannten berufsmäßigen Gemeinderatsmitgliedern, die in Bayern eine ähnliche Funktion wahrnehmen wie in anderen Ländern die Beigeordneten. Sie sind, solange sie nicht das 62. Lebensjahr vollendet haben, verpflichtet, nach dem Ende der Amtszeit das Amt erneut zu übernehmen, und werden ohne Ruhegehaltsanspruch entlassen, wenn sie dieser Pflicht nicht nachkommen.[13] Deshalb mußte der 50jährige Münchner Kommunalreferent Georg Welsch – obwohl seine Partei (Bündnis 90/Die Grünen) zusammen mit der SPD beschlossen hatte, ihn nicht wieder zu wählen, sondern statt dessen die frühere Fraktionschefin der Grünen, Gabi Friedrich – dennoch kandidieren, wenn er seine Pensionsansprüche nicht verlieren wollte.[14]

In *Baden-Württemberg*[15] und in *Sachsen*[16] tritt der Beamte auf Zeit nach Ablauf seiner Amtszeit in den Ruhestand und erhält lebenslange Pension, wenn er

- entweder eine ruhegehaltsfähige Dienstzeit von achtzehn Jahren erreicht und das 45. Lebensjahr vollendet hat
- oder als Beamter auf Zeit eine Gesamtdienstzeit von zwölf Jahren erreicht hat
- oder das 62. Lebensjahr überschritten und als Beamter auf Zeit eine Gesamtdienstzeit von sechs Jahren erreicht hat.

In *Nordrhein-Westfalen* ist für Beamte auf Zeit im Normalfall eine mindestens zehnjährige ruhegehaltsfähige Dienstzeit erforderlich, damit sie nach Ablauf ihrer Amtszeit in den Ruhestand versetzt werden.[17] Für kommunale Wahlbeamte wurden mit der Kommunalverfassungsreform von 1994[18] auf Vorschlag des Landtagsausschusses für Kommunalpolitik neue Regelungen eingeführt,[19] die von den Regelungen für sonstige Beamte auf Zeit abweichen. Danach sind hauptamtliche Bürgermeister und Landräte[20] nicht verpflichtet, sich einer Wiederwahl zu stellen.[21] Sie treten bereits mit Ablauf ihrer (fünfjährigen) Amtszeit (und vor Erreichen der Altersgrenze, die für sie bei 68 Jahren liegt) in den Ruhestand, wenn sie

- insgesamt mindestens eine achtjährige ruhegehaltsfähige Dienstzeit im Sinne des Beamtenversorgungsgesetzes abgeleistet und das 45. Lebensjahr vollendet haben oder
- eine ruhegehaltsfähige Dienstzeit von achtzehn Jahren erreicht haben oder
- als Beamter auf Zeit eine Gesamtdienstzeit von acht Jahren erreicht haben.[22]

Anders als die Bürgermeister und Landräte sind die übrigen kommunalen Wahlbeamten in Nordrhein-Westfalen, insbesondere also Beigeordnete, die für die Dauer von acht Jahren in das Beamtenverhältnis auf Zeit berufen werden, verpflichtet, das Amt nach einer (ersten oder zweiten) Wiederwahl weiterzuführen. In den Ruhestand treten sie nur, wenn sie die Altersgrenze erreichen oder wenn sie nach Ablauf der Amtszeit eine insgesamt mindestens zehnjährige ruhegehaltsfähige Dienstzeit abgeleistet haben.[23]

Bei der Bewertung der Regelungen fällt unter anderem auf, daß für hauptberufliche Bürgermeister und Landräte in Nordrhein-Westfalen schon eine »ruhegehaltsfähige Dienstzeit im Sinne des Beamtenversorgungsgesetzes« von achtzehn Jahren reicht – ohne die in Baden-Württemberg zusätzlich bestehende Altersgrenze von 45 Jahren –, so daß schon ein 35jähriger versorgungsberechtigt sein kann. Dies ist möglich, wenn das Beamtenverhältnis bereits mit Vollendung des 17. Lebensjahres begründet wird, wie das zum Beispiel bei Verwaltungsbeamten des gehobenen Dienstes der Fall sein kann. Gerade um zu verhindern, daß bereits 35jährige versorgungsberechtigt werden können, wurde in Baden-Württemberg die zusätzliche Alterserfordernis von 45 Jahren geschaffen.[24]

Hat der Beamte bei Ablauf seiner Amtszeit die gesetzlichen Voraussetzungen für den Eintritt in den Ruhestand nicht erreicht,[25] ist er entlassen[26] mit der Folge, daß er in der allgemeinen Rentenversicherung nachversichert wird und lediglich ein *Übergangsgeld* erhält.[27] Das Übergangsgeld beträgt bei einjähriger Amtszeit ein Monatsgehalt. Für jedes weitere Amtsjahr gibt es ein halbes weiteres Monatsgehalt, insgesamt höchstens sechs Monatsgehälter.[28]

Ähnlich wie bei politischen Beamten gibt das Kommunalrecht der meisten Bundesländer den Kommunen die Möglichkeit, sich auch schon *vor Ablauf der Wahlzeit* von einem Wahlbeamten zu trennen. Hierfür bestehen allerdings bestimmte Voraussetzungen: Je nachdem, wer den Beamten auf Zeit gewählt hat, kann er nur durch einen Beschluß der Volksvertretung – zumeist sind qualifizierte Mehrheiten im Rat erforderlich – oder im Wege einer Abwahl seitens der Bürger vorzeitig seines Amtes enthoben werden.

In einem solchen Fall wird er versorgungsrechtlich ähnlich wie ein in den einstweiligen Ruhestand versetzter politischer Beamter behandelt: Es gilt zunächst die Drei-Monats-Fortzahlungsregelung. Der Abgewählte erhält also im Monat der Abwahl und in den drei folgenden Monaten seine volle Bezahlung weiter. Nach Ablauf der drei Monate bekommt er ein erhöhtes Ruhegehalt von 75 Prozent aus der Endstufe seiner Besoldungsgruppe bis zum Ablauf seiner regulären Amtszeit, längstens für fünf Jahre. Danach bezieht er »normale« Versorgung von mindestens 35 Prozent.

Erleichterte Voraussetzungen, jemanden vorzeitig in den Ruhestand zu schicken, bestehen teilweise da, wo die Wahl des Bürgermeisters direkt durch das Volk neu eingeführt worden ist. Ein besonders krasses Beispiel ist *Nordrhein-Westfalen*. Dort werden hauptamtliche Bürgermeister und Landräte aufgrund der Reform der Kommunalverfassung von 1994 erstmals 1999 direkt gewählt:[29] Bei der nächsten Kommunalwahl im Herbst 1999 müssen in allen 396 nordrhein-westfälischen Gemeinden und Städten die hauptberuflichen Bürgermeister und in allen 31 Kreisen die hauptberuflichen Landräte direkt vom Volk gewählt werden.

In der Übergangszeit, also bis 1999, gelten spezielle Übergangsregelungen.[30] Die (seinerzeitige) SPD-Mehrheit im Düsseldorfer Landtag hat die ungeliebte (und ihr erst durch Androhung eines Volksbegehrens seitens der CDU-Opposition abgerungene) Reform dazu benutzt, durch übermäßig großzügige Regelungen die Möglichkeit zu schaffen, noch eine Vielzahl von Personen zu versorgen und die Weichen bei der später anstehenden Direktwahl zu ihren Gunsten zu stellen.

Alle Gemeindedirektoren und Oberkreisdirektoren, die vor den Kommunalwahlen von 1994 gewählt wurden und bei den Kommunalwahlen 1999 noch im Amt sind, gelten zu diesem Zeitpunkt als abberufen.[31] Das bedeutet versorgungsmäßig: Sie werden wie politische Beamte gestellt, die in den einstweiligen Ruhestand versetzt worden sind, und erhalten bis zum Ablauf ihrer regulären Amtszeit ein Ruhegehalt von 75 Prozent der ruhegehaltsfähigen Dienstbezüge. Nach Ablauf dieser Zeit haben sie

einen Anspruch auf Ruhegehalt auf der Grundlage ihrer ruhegehaltsfähigen Dienstzeit.

Gemeindedirektoren und Oberkreisdirektoren, deren Amtszeit
nach der Kommunalwahl 1994 abläuft, sind nicht verpflichtet,
sich einer Wiederwahl zu stellen, selbst dann nicht, wenn es um
eine Wiederwahl in ihr bisheriges Amt als Gemeinde- oder
Kreisdirektor geht. Ebenso entfällt für sie die Voraussetzung
einer mindestens zehnjährigen ruhegehaltsfähigen Dienstzeit.[32]
Das bedeutet, daß sie, auch ohne die sonst geltenden Mindestvoraussetzungen zu erfüllen, in den (dauernden) Ruhestand
eintreten und Ruhegehalt bekommen. Dadurch wird ein Anreiz
für Gemeindedirektoren und Oberkreisdirektoren geschaffen,
ihre Stellen freizumachen. Doch wird dies nicht zur Direktwahl
des hauptberuflichen Bürgermeisters oder Landrats genutzt.
Vielmehr sind kostentreibende »Zwischenlösungen« vorgesehen, die aber alle nur bis 1999, also bis zur Einführung der
Direktwahlen, gelten.

Der Hintergrund: Die SPD-Mehrheit im nordrhein-westfälischen Landtag wollte sicherstellen, daß die Wahl der hauptberuflichen Bürgermeister jeweils zeitgleich mit der Wahl der Ge-
meinderäte stattfindet, um die bisherige Herrschaft der politischen Parteien möglichst wenig durch die Volkswahlen der Bürgermeister beeinträchtigen zu lassen und den parteipolitischen
Spitzenfiguren in den jeweiligen Kommunen das erste Zugriffs-
recht zu reservieren. Für die Führung einer Kommunalverwal-
tung werden aber noch andere Fähigkeiten verlangt, als sie das
parteiinterne Vorwärtskommen voraussetzt. Sachverständige
Beobachter warnen deshalb vor der Gefahr schwerwiegender
Mißgriffe bei der Auswahl der hauptberuflichen Bürgermeister
und Landräte in Nordrhein-Westfalen.[33]

Die in der Zwischenzeit frei werdenden Stellen können dadurch
wieder besetzt werden,

- daß der Rat (bzw. der Kreistag) wiederum einen Gemeinde-direktor (bzw. Oberkreisdirektor) wählt, oder dadurch,
- daß der Rat (bzw. der Kreistag) die Ämter des Bürgermei-sters und Gemeindedirektors (bzw. des Landrats bzw. Ober-kreisdirektors) vereinigt und einen hauptberuflichen Bürger-meister (bzw. Landrat) wählt.

Dabei kann der Rat (bzw. der Kreistag) auch den bisherigen Gemeindedirektor – mit dessen Zustimmung – zum hauptberuf-lichen Bürgermeister (bzw. Landrat) wählen.

Für die so bestellten Übergangsbürgermeister und -landräte gilt, daß ihre Amtszeit jedenfalls 1999 mit Ablauf der Wahlzeit der 1994 gewählten Volksvertretungen endet.[34] Sie treten dann in den Ruhestand und beziehen Ruhegehalt, wenn sie die dafür geltenden Mindestvoraussetzungen erfüllen. Sie benötigen also, wenn sie das 45. Lebensjahr vollendet haben, nur acht ruhe-gehaltsfähige Dienstjahre, sonst achtzehn ruhegehaltsfähige Dienstjahre oder acht Amtsjahre als Beamter auf Zeit (siehe oben S. 120 f.). Diese Vorschriften begünstigen Beamte, die die nötigen ruhegehaltsfähigen Zeiten schon vorher im öffentlichen Dienst erworben haben. Sie können ihre Pensionsansprüche durch die Wahl zum Oberbürgermeister einer Großstadt mit einem Schlag verdoppeln oder verdreifachen und die Luxuspen-sionen dann ab dem Herbst 1999 in Anspruch nehmen, weil sie ja nicht verpflichtet sind, erneut zu kandidieren. Das erklärt wohl auch, warum jeder vierte neue Stadtchef in Nordrhein-Westfalen Lehrer ist und die Pädagogen nach den Juristen die zweitstärkste Gruppe unter den kommunalen Spitzenbeamten bilden.[35]

- *Beispiel Bonn:* Die frühere Pädagogin Barbara Dieckmann (SPD) schaffte 1995 durch die Wahl zur hauptamtlichen

Oberbürgermeisterin den Gehaltssprung von A15 (rund 8000 DM) auf B10 (monatlich rund 17 500 DM).[36] Gleichzeitig mußte der bisherige Oberstadtdirektor von Bonn, Dieter Dieckmann (CDU), weichen und nahm als Ruhestandsgehalt laut Presseberichten 74 Prozent seiner B9-Bezüge mit. Die Pension beträgt damit rund 11 000 Mark monatlich. Dieter Dieckmann übernahm darauf eine Position im Vorstand der Deutschen Bau- und Grundstücksgesellschaft, einer Veba-Tochter.[37]

- *Beispiel Duisburg:* Die neue hauptamtliche Oberbürgermeisterin, Bärbel Zieling (SPD), ebenfalls Lehrerin von Beruf, rutschte sogar in die höchste Besoldungsgruppe B11 (rund 19 000 DM).[38] Auf dieser Basis errechnen sich dann die Pensionsansprüche, wobei die früheren Dienstzeiten, als die jetzigen Oberbürgermeister noch Referendar und Lehrer waren, so gezählt werden, als wären sie damals bereits Oberbürgermeister gewesen.

- *Beispiel Hamm:* Dort wurde Jürgen Wieland, ein früherer Schulrektor, der »aus gesundheitlichen Gründen vorzeitig pensioniert« worden war,[39] zum Oberbürgermeister gewählt. Mit der Wahl hat er seinen bisherigen Pensionsanspruch von knapp 8000 DM auf über 11 000 DM gesteigert.

Eine Kungelvorschrift besonderer Art ist die Übergangsregelung in Art. VII Abs. 5 Satz 5 des (nordrhein-westfälischen) Gesetzes zur Änderung der Kommunalverfassung vom 17. Mai 1994. Danach kann der Rat (bzw. der Kreistag) den bisherigen Gemeindedirektor oder Oberkreisdirektor mit dessen Einverständnis dadurch abberufen, daß der Rat oder Kreistag (mit einfacher Mehrheit) einen hauptamtlichen Bürgermeister oder Landrat wählt. Der bisherige Amtsinhaber erhält dann Versorgung wie ein in den einstweiligen Ruhestand versetzter politischer Beamter (also bis zum Ablauf seiner Amtszeit 75 Prozent der ruhegehaltsfähigen Dienstbezüge). Normalerweise ist die vorzeitige Versorgung nur für den Fall vorgesehen, daß der Beamte gegen seinen Willen aus dem Amt entfernt wird. Hier ist es anders.

6. KAPITEL

Die Überversorgung
von Politikern

Politikerpensionen:
zu schnell, zu früh, zu viel

Am Anfang dieses Buches haben wir die Bezüge von Politikern mit denen eines Normalverdieners verglichen und festgestellt, daß ein Bundesminister gut das Fünffache, ein Landesminister das Vier- bis Fünffache und ein Bundestagsabgeordneter knapp das Dreifache eines durchschnittlichen deutschen Arbeitnehmers verdienen. Gegen diese Relationen war nichts einzuwenden. Völlig anders und im Ergebnis grob unangemessen sind dagegen die Relationen bei den Altersrenten. Nachdenkliche Politiker geben selbst offen zu, daß sie überversorgt sind.[1] Da viele Berufspolitiker schon nach wenigen Jahren eine hohe Versorgung erwerben, die meist lange vor der üblichen Altersgrenze fällig wird, ist es ihnen ein leichtes, im vorzeitigen Ruhestand noch einen Zweit- oder Drittberuf zu ergreifen und daraus weitere Einkommen zu erzielen.

Um sich das Ausmaß der Überversorgung rechnerisch exakt vor Augen zu führen, liegt es nahe, auch hinsichtlich der Altersversorgung einen Vergleich mit Normalverdienern vorzunehmen. Zu diesem Zweck wollen wir uns die gesetzliche Rentenversicherung, die für die große Mehrheit der Deutschen das Alter sichern muß, einmal näher ansehen.

Die Sozialversicherungsrente eines Durchschnittsverdieners beträgt im Jahre 1998 2144 DM monatlich (12mal im Jahr).[2] Dividiert man diesen Betrag durch die dafür erforderlichen 45 Beitragsjahre, so erhält man den Versorgungswert pro Aktivenjahr: 48 DM. Das bedeutet: Je Jahr der aktiven Tätigkeit erwirbt der versicherungspflichtige Durchschnittsverdiener einen Anspruch auf 48 DM monatliche Rente, fällig ab dem 65. Lebensjahr.[3]

Um die Altersversorgung von Politikern damit vergleichen zu können, ist auch für Politiker der Versorgungswert pro Amtsjahr zu ermitteln, indem die Versorgungsansprüche durch die Zahl der dafür erforderlichen Amtsjahre dividiert werden. So erwirbt ein Bundesminister nach vier Amtsjahren einen Anspruch auf Altersversorgung in Höhe von 6676 DM monatlich (= 29 Prozent der aktiven Bezüge von 23 020 DM, pro Jahr also mehr als 7 Prozent) und nach insgesamt 23 Amtsjahren einen Altersversorgungsanspruch von 17 265 DM (= 75 Prozent, pro Jahr also 3,26 Prozent). Der Versorgungswert pro Aktivenjahr beträgt in den ersten vier Jahren 1665 DM, über die mögliche Gesamterwerbszeit von 23 Jahren 750 DM. Damit ist der Versicherungswert pro Aktivenjahr bei vierjähriger Ministerzeit 35mal so hoch, bei 23jähriger Ministerzeit 16mal so hoch wie der von Sozialversicherten.[4]

Bei Landesministern ist die Relation zum Teil noch krasser. So erwirbt ein nordrhein-westfälischer Minister schon nach vier Jahren einen Versorgungsanspruch von 9709 DM (= 43 Prozent), unter bestimmten Umständen sogar von 14 225 DM (= 63 Prozent). Für die Höchstversorgung von 16 935 DM (= 75 Prozent) benötigt er, je nach den Gegebenheiten, zwischen 10 und 20 Jahre. Sein Versorgungswert pro Jahr beträgt bis zum 75fachen eines Arbeitnehmers. Das ist völlig außerhalb jeder vernünftigen Relation.

Ein Bundestagsabgeordneter benötigt acht Jahre für eine Versorgung von 4069 DM (= 35 Prozent).[5] Nach 18 Jahren im Bundestag kann er 8719 DM beanspruchen. Hier ist der Versorgungswert zehn- bis elfmal so hoch wie beim normalversicherten Arbeitnehmer. Auch das ist viel zuviel, wenn man berücksichtigt, daß sein Einkommen nur dreimal so hoch ist (siehe Tabelle 17 im Anhang). Nichts zeigt also die Überversorgung von Politikern so deutlich wie die – im Verhältnis zu den Aktivenbezügen – ganz unverhältnismäßig hohen Versorgungswerte: Während Bundesminister gut das fünffache Einkommen eines Normalverdieners haben, ist ihr Versorgungswert 16- bis 35mal so hoch. Während nordrhein-westfälische Landesminister ebenfalls gut das Fünffache eines normalen Arbeitnehmers verdienen, ist ihr Versorgungswert 21- bis 75mal so hoch. Während ein Bundestagsabgeordneter dreimal soviel wie ein normaler Arbeitnehmer verdient, ist sein Versorgungswert zehn- bis elfmal so hoch.

Hintergrund
Politiker und Normalverbraucher: Vergleich der
Einkommen und der Versorgungswerte

Vielfaches des Arbeitnehmereinkommens	Vielfaches des durchschnittlichen Versorgungswertes eines Sozialversicherten
Bundesminister beziehen 5faches Arbeitnehmereinkommen	und pro Jahr den 16- bis 35fachen Versorgungswert von Arbeitnehmern
Minister in Nordrhein-Westfalen beziehen 5faches Arbeitnehmereinkommen	und pro Jahr den 21- bis 75fachen Versorgungswert von Arbeitnehmern
Bundestagsabgeordnete beziehen 3faches Arbeitnehmereinkommen	und pro Jahr den 10- bis 11fachen Versorgungswert von Arbeitnehmern

Bei diesen Relationen ist noch nicht einmal berücksichtigt, daß die Begünstigten meist beides gleichzeitig waren: Minister *und* Abgeordnete, und daraus zwei, oft nicht oder nur teilweise verrechnete Pensionen bekommen, so daß der Versorgungsabstand zum Normalbürger noch weiter zunimmt.

Daß Politiker überversorgt sind, bestätigt auch ein Blick auf die Wirtschaft, mit deren Einkommen Politiker sich sonst gern vergleichen: Dort erhalten Führungskräfte regelmäßig nur einen sehr viel geringeren Teil als 75 Prozent ihrer Aktivenbezüge, die auch aus der Sicht der Privatwirtschaft als Überversorgung erscheinen. Die Altersversorgung pflegt in der Wirtschaft nur auf einen *Teil* der Aktivenbezüge, nämlich die festen, nicht auch die erfolgsabhängigen Einkommensbestandteile, bezogen zu sein und macht nach 20- bis 25jähriger Vorstandstätigkeit zudem im Durchschnitt nur 50 bis 60 Prozent des festen Grundgehalts aus.[6] Nach Angaben von Heinz Evers, leitender Mitarbeiter einer Unternehmensberatungsfirma, Verfasser der Kienbaum-Vergütungsstudie und Mitglied der Kissel-Kommission, die 1993 die Bezahlung von Bundestagsabgeordneten untersuchte, beträgt der Versorgungssatz, bezogen auf die gesamten Aktivenbezüge, regelmäßig nur etwa 35 bis 40 Prozent; im Vergleich dazu erscheint die staatliche Versorgung von Politikern als »Überversorgung«.[7]

Als *Der Spiegel* im März 1997 die Überversorgung von früheren Ministern kritisierte, ließ Andreas Fritzenkötter, der Medienbeauftragte von Bundeskanzler Kohl, ihm einen rasch getroffenen Beschluß der Bundesregierung zukommen, wonach »die Versorgung für ehemalige Regierungsmitglieder für eine im Dienste des Gemeinwohls erbrachte berufliche Lebensleistung« stehe.[8] Diese Formel ist als argumentative Verteidigungsposition der politischen Klasse wohl ernst zu nehmen; sie taucht in ähnlicher Weise auch in der schon erwähnten Ehlers-Studie über die Versorgung Hamburger Senatoren auf.[9] Die Formel vermag vielleicht die

Versorgung langjähriger Minister, Ministerpräsidenten und Bundeskanzler wie Hans-Dietrich Genscher, Johannes Rau oder Helmut Kohl zu rechtfertigen. Was aber ist mit der Versorgung des mit 38 Jahren in den einstweiligen Ruhestand versetzten hessischen Staatssekretärs Johannes Schädler (oben S. 97), der mit 39 Jahren zurückgetretenen hessischen Ministerin Iris Blaul, der früheren parlamentarischen Staatssekretärin Cornelia Yzer (S. 39 ff.), des nordrhein-westfälischen Ministers Dr. Axel Horstmann (oben S. 59 ff.) oder der bayerischen Staatssekretärin Monika Hohlmeier (170), denen schon in jungen Jahren eine Mammutpension sicher ist, und den anderen in diesem Buch behandelten Auswüchsen? Die genannte Formel soll die einzelnen Privilegien pauschal rechtfertigen und damit die wirklichen Probleme verschleiern.

Eine besondere Problematik betrifft die Anrechnung von privaten Erwerbseinkommen auf Politikerpensionen. Eine Anrechnung von Erwerbseinkommen auf *Abgeordneten*pensionen findet sich nur in Sachsen-Anhalt, und auch dort erfolgt eine Anrechnung nur oberhalb einer bestimmten Schwelle der Gesamteinkünfte (Abgeordnetenentschädigung) und nur zu 30 Prozent. Eine Anrechnung von Erwerbseinkommen auf Pensionen von *Ministern* und *Parlamentarischen Staatssekretären* findet sich nur in den Ländern Bremen und Rheinland-Pfalz, erfolgt auch dort aber nur, wenn die Gesamtbezüge das Ministergehalt übersteigen und in Bremen überdies nur zur Hälfte davon.[10]

Angesichts der hohen und weit vor der allgemeinen Altersgrenze beginnenden Versorgung von Politikern erscheint es um so dringender, befriedigende Anrechnungsvorschriften einzuführen, die Erwerbseinkünfte vor Erreichen der allgemeinen Altersgrenze erfassen.

Übergangsgelder:
Relikte aus vergangener Zeit

Die Aussage, daß Politiker überversorgt sind, gilt auch und erst
recht für Übergangsgelder. Wer nach einer Erklärung sucht,
warum dies so ist, findet sie in der Geschichte. Übergangsgelder
dienten früher, als es noch keine staatliche Pension für Minister
und Abgeordnete gab, als eine Art Pensions*ersatz* und wurden
deshalb weit über das Maß hinaus ausgebaut, welches für einen
bloßen Übergang in einen neuen Beruf nach Ende des Minister-
amts oder des Abgeordnetenmandats erforderlich ist.

Das Übergangsgeld für Minister in der heutigen Form wurde
durch das Reichsministergesetz von 1930[11] eingeführt. Es sollte
einen gewissen *Ersatz* für das Ruhegehalt geben und wurde
deshalb früher auch als »zeitliches Ruhegehalt« bezeichnet.[12]
Seine Funktion bestand nicht nur darin, die Wiedereingliederung
des ehemaligen Ministers in den Beruf zu erleichtern – dafür
erschien es im Regelfall viel zu umfangreich bemessen –, sondern
auch darin, daß der ehemalige Minister sich mittels des Übergangsgeldes in eine eigene Altersversorgung »einkaufen« konnte; das Übergangsgeld sollte also einen Beitrag zur Eigenvorsor-
ge des ausgeschiedenen Ministers leisten. Es gab deshalb auch
später, als ein Ruhegehalt eingeführt worden war, dieses aber an
ein bestimmtes Lebensalter beim Ausscheiden des Ministers
geknüpft war, nur entweder Übergangsgeld *oder* Ruhegehalt.
Dieses Alternativverhältnis bestand auch noch nach dem Bundesministergesetz von 1953: Wer jünger ausschied, erhielt endgültig kein Ruhegehalt und kam deshalb in den Genuß des
Übergangsgeldes. Wer dagegen einen Ruhegehaltsanspruch hatte, bekam kein Übergangsgeld.[13] Das Übergangsgeld blieb Ruhegehalts*ersatz*. Die ursprüngliche Berechtigung des Übergangsgel-

des ist – jedenfalls in der überkommenen Struktur – entfallen, seitdem ein allgemeines, ausschließlich staatsfinanziertes Ruhegehalt für Minister eingeführt worden ist. Nunmehr benötigt der ehemalige Minister das Übergangsgeld nicht mehr zur Vorsorge für sein Alter. Wenn das Übergangsgeld – trotz des Wegfalls seines ursprünglichen Sinnes – in der überdimensionierten Form gleichwohl im Bund und in vielen Ländern noch fortbesteht, erklärt sich dies aus der Schwierigkeit, welche die politische Klasse damit hat, sich von ihren Privilegien zu trennen – so überholt sie inzwischen auch sein mögen.

Eine ähnliche Entwicklung nahm das Übergangsgeld für Abgeordnete. Solange es noch keine Altersversorgung für Abgeordnete gab, fungierte das Übergangsgeld teilweise als Ersatz dafür. So wurde das Übergangsgeld für Bundestagsabgeordnete im Jahre 1961 massiv ausgeweitet,[14] als die Einführung der im gleichen Gesetzentwurf zunächst vorgesehenen Altersversorgung[15] scheiterte. Diese Funktion kann das Übergangsgeld nach Einführung der Altersversorgung für Abgeordnete ab Ende der sechziger Jahre nicht mehr erfüllen. Trotzdem wurde das Übergangsgeld nicht abgesenkt[16] und 1977 sogar noch weiter aufgestockt,[17] und zwar auf bis zu sechs Jahresentschädigungen, die nach 21 Jahren Mitgliedschaft im Bundestag beansprucht werden können.[18]

Das Übergangsgeld von Ministern und Abgeordneten unterscheidet sich durch zweierlei: Bei Ministern ist das Übergangsgeld schon nach kurzen Amtszeiten sehr hoch: nach ein-, zwei- oder dreijähriger Amtszeit erhalten Minister zwei oder drei Jahre lang Übergangsgeld, die überwiegende Zeit allerdings nur in Höhe der Altersbezüge. Bei Abgeordneten dauert der Erwerb des Höchstanspruchs sehr viel länger, meist wird das Übergangsgeld aber in voller Höhe gezahlt (siehe im einzelnen Tabellen 7 und 12 im Anhang).

Geht man von dem – heute allein noch zeitgemäßen – Sinn des

Übergangsgeldes als Start- und Anpassungshilfe beim Übergang zu einer neuen Erwerbstätigkeit aus, so ergeben sich drei Eckpunkte für eine angemessene Gestaltung:

- Die Zahlung eines Übergangsgeldes kommt wirklich nur für eine Übergangszeit in Betracht. Auch Willi Geiger, der als Verfassungsrichter das Diätenurteil entworfen hatte, war davon ausgegangen, die Fortzahlung der Bezüge von Abgeordneten sei allenfalls für eine kurze Zeitspanne – er sprach von drei Monaten – zulässig.[19] Ein Jahr erscheint jedenfalls als äußerste zeitliche Grenze, und es sollte nur drei Monate lang voll, die restlichen neun Monate dagegen nur zur Hälfte gezahlt werden.[20] Ein – nicht auf eigenen Antrag – entlassener Beamter hat maximal einen Anspruch auf das Sechsfache der monatlichen Dienstbezüge.[21] Auch für Minister sollte das Übergangsgeld nicht länger als ein Jahr laufen.
- Wer ausreichend Erwerbseinkommen bezieht, bedarf keiner Anpassungshilfe. Anderweitiges Erwerbseinkommen, auch aus privater und erst recht aus halbstaatlicher Quelle, muß deshalb auf das Übergangsgeld angerechnet und dieses entsprechend gekürzt werden.
- Wer schon im Pensionsalter ist, kann keine berufliche Anpassungshilfe mehr beanspruchen. Nach Eintritt des Versorgungsfalles macht ein Übergangsgeld keinen Sinn mehr.

Diese Mindestanforderungen an eine angemessene Gestaltung des Übergangsgeldes haben sich inzwischen als maßgebliche Kriterien weitgehend durchgesetzt und entsprechen dem Stand fast aller der inzwischen so zahlreich ergangenen Kommissionsempfehlungen.[22] Sie haben auch verfassungsrechtliches Gewicht, weil das Gebot der Angemessenheit (vergleiche Art. 48 III 1 GG und die entsprechenden landesverfassungsrechtlichen Bestim-

mungen) für alle Teile der Abgeordnetenentschädigung und der
Ministerbezahlung, auch für das Übergangsgeld, gilt.

Dementsprechend haben fünf Länder die *Höchstdauer* des Übergangsgeldes für Abgeordnete auf ein Jahr abgesenkt (Bremen,
Hessen, Niedersachsen, Rheinland-Pfalz und Thüringen). In
Hamburg wird ausgeschiedenen Abgeordneten das Übergangsgeld nur für drei Monate gezahlt. Hier wurde die Anregung von
Willi Geiger also, jedenfalls der Form nach, aufgegriffen. Darüber hinaus wird in Hamburg allerdings auf Antrag für neun
weitere Monate eine »Übergangshilfe« gezahlt, allerdings nur in
Höhe der Hälfte der Entschädigung. Bei den anderen Ländern
besteht nach wie vor Reformbedarf. Für Bundestagsabgeordnete
wurde die Höchstdauer im Jahre 1995 von 36 auf 18 Monate
herabgesetzt, allerdings nur für künftige Abgeordnete, die nach
Inkrafttreten des Gesetzes in den Bundestag einziehen (Näheres
siehe Tabelle 7 im Anhang). Die Kissel-Kommission hatte auch
für den Bund eine Höchstdauer von nur zwölf Monaten und
einen monatlichen Betrag von nur 75 Prozent der Entschädigung
empfohlen.[23]

Für Minister sieht Thüringen vorbildlich ein Übergangsgeld von
maximal einem Jahr vor. In den anderen Ländern und im Bund
besteht nach wie vor Reformbedarf. Im Bund, in Rheinland-
Pfalz, Brandenburg, Sachsen und Sachsen-Anhalt wird (nach
drei Amtsjahren) sogar drei Jahre lang ein Übergangsgeld gezahlt (siehe Tabelle 12 im Anhang).

In den meisten Ländern ist für *Abgeordnete* inzwischen für alle
beruflichen Einkommen, auch solche aus privater Quelle, die
volle Anrechnung auf das Übergangsgeld vorgesehen. Eine Anrechnung von privaten Erwerbseinkommen fehlt noch in Baden-
Württemberg, Berlin, Bremen, Nordrhein-Westfalen und Sachsen. Auch hier besteht dringender Reformbedarf – angesichts
der hohen und vor der allgemeinen Altersgrenze beginnenden

Versorgungszahlungen. Im Bund wurde die Anrechnung von Berufseinkommen auf das Übergangsgeld von Abgeordneten im Jahre 1995 eingeführt, obligatorisch allerdings erst für künftige Abgeordnete, also für solche, die nach Inkrafttreten der Neuregelung in den Bundestag kommen. Auch in Bayern ist eine Anrechnung zwar eingeführt, gilt aber erst für Abgeordnete, die nach Beginn der nächsten Wahlperiode (die im Herbst 1998 beginnt) ausscheiden.

Für *Minister* sind die Regelungen über die Anrechnung privaten Erwerbseinkommens auf das Übergangsgeld höchst unterschiedlich ausgestaltet: Nur im Bund, in Baden-Württemberg, Niedersachsen und Schleswig-Holstein wird konsequent jedes private Erwerbseinkommen angerechnet. In anderen Ländern erfolgt die Anrechnung erst oberhalb einer sehr hohen Schwelle (Ministerbezüge) und dürfte deshalb häufig leerlaufen (so die Regelung in Bayern, Bremen, Hamburg, Hessen, Nordrhein-Westfalen, Rheinland-Pfalz und im Saarland). In einer dritten Gruppe von Ländern (Berlin, Brandenburg, Mecklenburg-Vorpommern, Sachsen und Thüringen) wird nur der Anschein einer Anrechnung erweckt. Dort verweist der Gesetzgeber entweder ausdrücklich auf § 53a Beamtenversorgungsgesetz, der unter gewissen Umständen eine Anrechnung vorsieht, oder allgemein auf die beamtenrechtlichen Versorgungsbestimmungen (und damit auch auf § 53a). Die in § 53a genannten besonderen Umstände treten beim Übergangsgeld normalerweise aber gar nicht auf, so daß im Ergebnis keine Anrechnung erfolgt. Dazu ein hypothetisches Beispiel: Angenommen, der heute 37jährige brandenburgische Minister für Wissenschaft, Forschung und Kultur, Steffen Reiche, würde 1999 nach fünf Amtsjahren ausscheiden und träte dann einer Beratungsfirma bei, so könnte er dort verdienen, was er wollte, sein Verdienst würde ihm nicht auf sein Übergangsgeld von insgesamt über 310 000 DM angerechnet. In Sachsen-Anhalt fehlt ohnehin jede Regelung.

Auch dort, wo es Anrechnungsvorschriften gibt, entsteht allerdings die Schwierigkeit, wie die für die Anrechnung zuständige Stelle von den privaten Einkünften erfährt. Spezielle Mitwirkungs- und Mitteilungspflichten, wie sie dem Steuerzahler gegenüber dem Finanzamt und den Empfängern staatlicher Leistungen gegenüber der leistenden Behörde im allgemeinen auferlegt sind, bestehen hier nicht.[24] Zwar werden die Politiker im Ruhestand vor Beginn der Versorgung aufgefordert, Privateinkommen anzugeben. Ob dies aber wirklich immer geschieht, ist zweifelhaft. Strafrechtliche Sanktionen ziehen nur nachweisbar vorsätzliche Nicht- oder Falschangaben nach sich.

Der Grundsatz, daß ein Übergangsgeld bei direktem Eintritt in den *Ruhestand* sinnwidrig ist und deshalb nicht gewährt werden darf, wurde bisher nur vereinzelt ins Werk gesetzt, etwa in Hessen und Thüringen, wo Abgeordnete nur dann ein Übergangsgeld erhalten, wenn kein Anspruch auf Altersrente besteht. Die anderen Länder und der Bund sollten nachziehen. Ebenso sollten der Bund und alle Bundesländer das Übergangsgeld von Ministern beim Übergang in den Ruhestand beseitigen.

7. KAPITEL

Das System der Mehrfachbezüge

Wie staatliche Einkommen kumuliert werden

> *»Kein Gesäß ist so breit, daß jemand gleich-*
> *zeitig auf der Regierungsbank und auf einem*
> *Abgeordnetenstuhl sitzen kann.«*
> Ingo von Münch

Regierungschefs als bezahlte Abgeordnete

Einkommen aus unvereinbaren Quellen

Im Bund und in fast allen Ländern gehören Mitglieder der Regierung gleichzeitig dem Parlament an. Ein solches Zugehören zu zwei verschiedenen Institutionen, die sich gegenseitig kontrollieren sollen, ist allerdings kaum mit dem Grundsatz der Gewaltenteilung vereinbar.[1] Deshalb sehen die Verfassungen von Hamburg und Bremen ausdrücklich vor, daß Senatsmitglieder nicht gleichzeitig der Volksvertretung angehören und damit zwei Herren dienen können – eine vorbildliche Regelung. In den anderen Ländern und im Bund fehlt eine entsprechende Vorschrift in der Verfassung. Aber auch dort bleiben Zweifel, ob derartiges eigentlich mit den Grundsätzen der Verfassung vereinbar ist.

Diese Zweifel werden auch dadurch vertieft, daß im Bund und in den Ländern Beamte aus Gründen der Gewaltenteilung nicht gleichzeitig Mitglied des Parlaments sein können. Es bestehen Unvereinbarkeitsvorschriften, nach denen öffentliche Bedienstete, die ins Parlament gewählt werden, aus dem aktiven öffentlichen Dienst ausscheiden müssen. Im Bund und in den meisten Ländern gilt dies für alle Beamten und öffentlichen Angestellten, in den restlichen Ländern zumindest für hohe, einflußreiche Beamte, insbesondere für Ministerialbeamte. Welchen Sinn macht es dann aber, die obersten Chefs der Ministerien, die Minister, von diesem Grundsatz auszunehmen und ihnen die gleichzeitige Ausübung eines Mandats zu gestatten?

Die Zweifel werden dadurch noch weiter verstärkt, daß das Grundgesetz und alle Landesverfassungen Regierungsmitgliedern die Ausübung eines anderen besoldeten Amtes, eines Gewerbes oder eines Berufes untersagen.[2] Mit der Einführung der sogenannten Vollalimentation der Abgeordneten des Bundes und der meisten Länder ist das Abgeordnetenmandat aber zu einem besoldeten Amt geworden.[3]

Damit bröckeln die Grundlagen der nach wie vor herrschenden staatsrechtlichen Auffassung ab, die von der Vereinbarkeit von Ministeramt und Abgeordnetenmandat ausgeht und auf die die Praxis sich stützt.

Selbst wenn man diese Auffassung auch hier zugrunde legt, ist damit noch keineswegs gerechtfertigt, daß Regierungsmitglieder aus dem Abgeordnetenmandat auch ein *zusätzliches Gehalt* beziehen, zumal der Minister durch sein Amt derart in Anspruch genommen zu sein pflegt, daß die Wahrnehmung des Mandats, das nach eigenen Angaben der Parlamente normalerweise einen Fulltimejob[4] darstellt, auf ein Minimum reduziert ist.[5] Im Gegenteil: Im deutschen öffentlichen Besoldungsrecht gilt der Grundsatz, daß niemand zweifach aus öffentlichen Kassen bezahlt werden darf. Wenn ein Beamter zwei Hauptämter wahrnimmt, erhält er regelmäßig nur *eine* – nämlich die höhere – Besoldung. Das Beamtenrecht sieht beim Zusammentreffen zweier Aktivenbezüge also grundsätzlich eine vollständige Anrechnung vor.[6] Dabei handelt es sich um die Ausprägung eines allgemeinen Grundsatzes, der besagt, »daß aus öffentlichen Mitteln eine Vollalimentation nur einmal gewährt werden kann«.[7] Dieser Grundsatz, der auch für das Zusammentreffen der beiden Ämter des Regierungsmitglieds und des Mitglieds der Volksvertretung gilt, spricht dagegen, daß neben der Alimentation als Minister noch zusätzlich Teile der Abgeordnetenentschädigung bezahlt werden. Wirklich angemessen erscheint allein die Vollanrechnung der Abgeordnetenbezüge. Die Abgeordnetenentschädigung sollte also neben Ministerbezügen auf null reduziert werden.

Diesem Prinzip ist Niedersachsen in vorbildlicher Weise gefolgt, auch wenn es für die Betroffenen sicher schmerzlich war. In Niedersachsen wird neben einem Ministergehalt überhaupt keine Abgeordnetenentschädigung mehr gewährt. Gerhard Schröder erhält als Ministerpräsident ein Gehalt von 22 805 DM – und keine weiteren steuerpflichtigen Bezüge aus seinem Abgeordnetenmandat. Diese anerkennenswerte Regelung gilt ab der 13. Wahlperiode des Niedersächsischen Landtags, also seit dem 21. 6. 1994, vorher war Regierungsmitgliedern noch ein Drittel der Abgeordnetenentschädigung belassen worden. Die Neuregelung folgt einer Empfehlung der niedersächsischen Diätenkommission[8] und entspricht im finanziellen Ergebnis auch der Regelung in Hamburg und Bremen, wo die Mitglieder des Senats aufgrund der Unvereinbarkeit von Amt und Mandat ohnehin keine Bezüge aus dem Abgeordnetenmandat erhalten (siehe

Tabelle 10 im Anhang). Die Enquetekommission Hamburg hat sich konsequenterweise für eine vollständige Anrechnung auch aller anderen zeitgleichen Einkünfte aus öffentlichen Kassen ausgesprochen.[9]

Die Vollanrechnung ist zweifellos die politisch sauberste Lösung. Ob sie auch verfassungsrechtlich geboten ist, ist nicht ganz so sicher. Das Bundesverfassungsgericht hat im Diätenurteil von 1975 immerhin geschrieben, es fehle »an jedem sachlich zureichenden Grund«, das Zusammentreffen von Minister- und Abgeordnetenbezügen anders als nach den beamtenrechtlichen Anrechnungsgrundsätzen zu behandeln »und die Abgeordneten zu privilegieren ... Das wäre unvereinbar mit dem Gleichheitssatz.«[10] In einer zwölf Jahre später ergangenen Entscheidung betonte das Gericht zwar einerseits die Unterschiede zwischen Abgeordneten- und Beamtenstatus, hob andererseits aber auch hervor: Wenn der Gesetzgeber die Abgeordnetenentschädigung und -versorgung *tatsächlich* nach dem Alimentationsprinzip bemessen habe, wie dies im Bund und jedenfalls in allen Flächenländern der Fall ist, sei »es wenig folgerichtig, bei einem Zusammentreffen von Abgeordnetenentschädigung und -versorgung mit Bezügen aus anderen öffentlichen Kassen von deren Anrechnung abzusehen«.[11]

Zu beachten ist allerdings, daß es auch im Beamtenbesoldungsrecht gewisse Ausnahmen von dem grundsätzlichen Verbot zweier Besoldungen gibt. Danach erhalten Professoren mit einem Richteramt eine Zulage, um einen materiellen Anreiz für die Übernahme eines solchen Amtes zu geben.[12] Die Zulage von Professoren beträgt bei einem Amt mit der Besoldungsgruppe R1 402 DM, bei der Besoldungsgruppe R2 450 DM.[13] Professoren, die Richter am Bundesverfassungsgericht sind, erhalten trotz Ruhens der Pflichten aus dem Hochschulamt zusätzlich zu ihren Richterbezügen noch ein Drittel der Professorenbezüge.[14]

Hintergrund dieser Ausnahmeregelung ist, daß die Verbindung von Wissenschaft und Praxis für die Rechtspflege bzw. Forschung als besonders nützlich empfunden wird und durch finanzielle Anreize gefördert werden soll. Professoren, Richter und andere öffentliche Bedienstete, die ein Amt als Mitglied eines Landesverfassungsgerichtes innehaben, erhalten ebenfalls eine Zulage, die von Land zu Land unterschiedlich geregelt ist. In Brandenburg beispielsweise beträgt sie ein Sechstel der Abgeordnetenentschädigung.[15]

Geht man von diesen Ausnahmen aus und überträgt sie auf unsere Fälle, so könnte eventuell auch eine Zusatzbezahlung für Minister in Höhe von maximal einem Drittel des Abgeordnetengehalts verfassungsrechtlich gerade noch zulässig sein. Auch dann aber bleiben die Regelungen im Bund,[16] in Bayern,[17] in Berlin,[18] in Nordrhein-Westfalen[19] und Sachsen,[20] die Regierungsmitgliedern (und sogar den Regierungschefs) 50 Prozent der Abgeordnetenentschädigung sichern, verfassungswidrig, ebenso in Baden-Württemberg, wo Regierungsmitglieder 70 Prozent der Abgeordnetenentschädigung erhalten, und in Thüringen, wo Regierungsmitgliedern 35 Prozent der Abgeordnetenentschädigung verbleiben[21] (siehe im einzelnen Tabelle 9 für Minister und Tabelle 10 für Regierungschefs im Anhang).

Einige Beispiele:

- *Erwin Teufel* erhält als Ministerpräsident des Landes Baden-Württemberg ein steuerpflichtiges Gehalt von 22 544 DM. Gleichzeitig bekommt er als Abgeordneter des Stuttgarter Landtags noch einmal 70 Prozent des Abgeordnetengehalts. Das sind 5530 DM, zusammen erhält er also steuerpflichtige Bezüge von 28 074 DM. (Hinzu kommen noch zwei steuerfreie Pauschalen, siehe S. 146 f.)
- *Helmut Kohl* bekommt als Bundeskanzler 28 370 DM und als

Bundestagsabgeordneter noch einmal 5913 DM (50 Prozent der Entschädigung), zusammen also steuerpflichtige Bezüge von 34 283 DM (plus steuerfreie Pauschalen).

● *Johannes Rau* erhält neben seinem Gehalt als nordrhein-westfälischer Ministerpräsident von 25 065 DM noch einmal 4303 DM (50 Prozent der Abgeordnetenentschädigung), zusammen steuerpflichtige Bezüge von 29 367 DM. Beim sächsischen Ministerpräsidenten Kurt Biedenkopf ist die Struktur ähnlich. Er erhält steuerpflichtige Bezüge von insgesamt 22 443 DM (plus steuerfreie Pauschalen).

In anderen Ländern bekommen Regierungsmitglieder einen viel geringeren Teil der steuerpflichtigen Abgeordnetenbezahlung: In Brandenburg, Hessen, Mecklenburg-Vorpommern, im Saarland, in Sachsen-Anhalt und Schleswig-Holstein 25 Prozent, in Rheinland-Pfalz 30 Prozent. Dies ist wegen der geringeren Prozentsätze zwar verfassungsrechtlich weniger anfechtbar. Aber es ist doch daran zu erinnern, daß die Ausnahmeregelungen des Beamtenbesoldungsrechts, auf die man sich zur Rechtfertigung jener Regelungen allenfalls berufen kann, von besonderen Gründen getragen werden. Es müßten also auch dafür, daß Regierungsmitglieder noch zusätzliche Bezüge als Abgeordnete erhalten, besondere Gründe, ja – da es sich um Politikerbezüge handelt, die von diesen selbst festgelegt werden – zwingende Gründe vorliegen, die dies rechtfertigen könnten. Solche Gründe sind aber nicht ersichtlich, im Gegenteil: alles spricht dagegen und für Regelungen, wie sie Niedersachsen oder Bremen und Hamburg getroffen haben. Auch der verfassungsrechtliche Grundsatz der Wirtschaftlichkeit und Sparsamkeit,[22] wonach unnötige Ausgaben unterbleiben müssen, verlangt die Vollanrechnung.
Daß in den Doppelbezügen von Ministern, die gleichzeitig Abgeordnete sind, tatsächlich ein zentraler Sündenfall liegt, zeigt

sich auch darin, daß die Doppelbezüge sich im Ruhestand fort-setzen:

- Bei zwei Pensionen erfolgt eine Anrechnung meist nur zur Hälfte – und dies meist nur oberhalb großzügig bemessener Anrechnungsschwellen (siehe unten S. 166 ff.).
- Trifft eine Abgeordnetenentschädigung mit Versorgungs-bezügen aus einem früheren Amt zusammen, so werden diese meist nur zur Hälfte angerechnet (siehe S. 163 ff.).
- Treffen Versorgungsansprüche aus dem Abgeordnetengesetz mit einem Aktiveneinkommen aus einem Amt zusammen, so erfolgt ebenfalls nur eine 50prozentige Anrechnung des die Entschädigung überschreitenden Betrages (siehe Tabelle 21 im Anhang).

Problematisch kann auch das Zusammentreffen von Zahlungen aus zwei Regierungsämtern sein. Wie dargelegt, hat Gerhard Schröder aus acht Amtsjahren als niedersächsischer Ministerprä-sident einen Versorgungsanspruch von monatlich 12 543 DM, der im Falle eines Ausscheidens im Herbst 1998 sofort fällig würde (siehe S. 68). Sollte Schröder Bundeskanzler werden – mit Amtsbezügen von 28 370 DM –, fehlt es an einer eindeutigen Verrechnungsvorschrift. Zwar sieht das Bundesministergesetz vor, daß die Landesministerversorgung neben dem Kanzler-gehalt ruht.[23] Doch für eine solche Bestimmung fehlt dem Bund die Gesetzgebungskompetenz. Die Bestimmung ist deshalb ver-fassungswidrig und nichtig. Zuständig für die Kürzung der Ver-sorgung niedersächsischer Regierungsmitglieder ist allein das Land Niedersachsen. Dort fehlt aber eine entsprechende Bestim-mung (wie sie sich zum Beispiel für die Versorgung von Bundes-kanzler Kohl aus seiner Zeit als Ministerpräsident von Rhein-land-Pfalz im dortigen Landesministergesetz findet).[24] Im niedersächsischen Ministergesetz gibt es lediglich eine Bestimmung, die die Verrechnung von Bezügen aus einem Beamtenverhältnis mit der Versorgung eines ehemaligen Landesministers betrifft.[25] Nach Auskunft der niedersächsischen Staatskanzlei wird diese Vorschrift dort allerdings weit ausgelegt und – entgegen ihrem Wortlaut – auch auf die Bezüge von Mitgliedern der Bundesregierung erstreckt. Gleichwohl erscheint eine gesetzgeberische Klarstellung dringend angeraten. Ähnlicher Klarstellungsbedarf besteht in Baden-Württemberg,[26] im Saarland[27] und in Sachsen-Anhalt.[28]

Anhäufen von steuerfreien Zweiteinkommen

Zusätzlich zu den vorstehend behandelten steuerpflichtigen Einkommen erhalten Regierungsmitglieder auch noch steuerfreie Bezüge, und sie bekommen darüber hinaus, wenn sie gleichzeitig Abgeordnete sind, was meist der Fall ist, auch in dieser Eigenschaft noch weitere steuerfreie Pauschalen, die sich insgesamt zu erheblichen Beträgen summieren können. Wir haben bereits darauf hingewiesen, daß die steuerfreien Beträge für Minister, die gleichzeitig Abgeordnete sind, in Nordrhein-Westfalen 4104 DM und in Bayern 6248 DM betragen. Für Ministerpräsidenten sind die Beträge noch höher: Johannes Rau erhält 5429 DM, Edmund Stoiber sogar 8188 DM an steuerfreien monatlichen Pauschalen, mehr sogar als der Bundeskanzler mit 6758 DM – und das, wie gesagt, noch zusätzlich zu den steuerpflichtigen Bezügen, die sie als Regierungschefs und als Abgeordnete erhalten (vgl. Tabelle 11 im Anhang).

Die verfassungsrechtliche Beurteilung solcher steuerfreien Bezüge ist an sich klar: Aufwandsentschädigungen müssen sich von Verfassungs wegen am wirklich auftretenden, angemessenen amts- bzw. mandatsbedingten Aufwand orientieren und dürfen nicht auf ein verschleiertes steuerfreies Zusatzeinkommen hinauslaufen.[29] Für

Abgeordnete hat das Bundesverfassungsgericht den verfassungsrechtlichen Maßstab wie folgt zusammengefaßt: »Nur der *sachlich begründete* und nur der *besondere*, mit dem Mandat verbundene finanzielle Aufwand, nicht auch der allgemeine Aufwand, wie er auch sonst in jedem Beruf anfällt und von dem besonderen, berufseigenen Aufwand zu unterscheiden ist, kann mit einer steuerfreien Aufwandsentschädigung ausgeglichen werden.«[30] Diese »doppelte Beschränkung verfassungsrechtlicher Art« wird vom Gericht nachdrücklich betont: »Nur wirklich entstandener Aufwand – nur soweit dieser wirklich entstandene Aufwand auch sachlich angemessen ist und nur soweit er ein mit dem Mandat verbundener besonderer Aufwand ist – kann mit der steuerfreien Aufwandsentschädigung ausgeglichen werden.« Dies gilt entsprechend auch für die steuerfreie Dienstaufwandsentschädigung von Regierungsmitgliedern. Darlegungs- und Beweislast tragen die in eigener Sache entscheidenden Begünstigten selbst.[31]

Diesen verfassungsrechtlichen Anforderungen genügen im Bund und in den meisten Ländern weder die Dienstaufwandsentschädigungen der Minister noch die Kostenpauschalen der Abgeordneten – bereits jeweils für sich genommen.[32] Für Regierungsmitglieder, die gleichzeitig Abgeordnete sind, vertiefen sich die verfassungsrechtlichen Bedenken noch, weil die Abgeordnetenpauschalen in den meisten Ländern nur unzureichend gekürzt werden, obwohl die Abgeordneten bereits in ihrer Eigenschaft als Bundeskanzler, Ministerpräsident, Minister oder Parlamentarischer Staatssekretär am Ort des Parlaments ihren Dienstsitz haben müssen und insofern für sie in ihrer Eigenschaft als Abgeordnete kein zusätzlicher Aufwand anfällt (siehe Tabelle 9 für Minister und Tabelle 11 für Regierungschefs, jeweils im Anhang).

Besonders kraß in Erscheinung treten die als Kostenpauschalen etikettierten steuerfreien Zusatzbezüge bei Parlamentarischen

Staatssekretären im Bund. Diese unterscheiden sich von beamteten Staatssekretären häufig dadurch, daß die beamteten Staatssekretäre die Hauptarbeit im Ministerium tun. Umgekehrt erhalten aber die Parlamentarischen Staatssekretäre nicht nur deren Gehalt (grundsätzlich Besoldungsgruppe B 11), sondern zusätzlich auch das um 50 Prozent gekürzte Abgeordnetengehalt und zwei steuerfreie Kostenpauschalen, eine als Parlamentarischer Staatssekretär und eine (nur um 25 Prozent gekürzte) als Abgeordneter. Im Bund ergibt das, wenn man die steuerfreien Pauschalen in steuerpflichtiges Einkommen umrechnet, ein monatliches Gesamteinkommen von brutto fast 33 000 DM – fast 14 000 DM mehr, als beamtete Staatssekretäre erhalten (siehe Tabelle 18 im Anhang).[33]

Ähnlich begünstigt sind Staatssekretäre in Bayern – wie zum Beispiel Monika Hohlmeier. Sie erhält neben ihrem Gehalt von 20 572 DM 50 Prozent der Abgeordnetenentschädigung (= 5058 DM) und eine steuerfreie Kostenpauschale als Parlamentarische Staatssekretärin (= 1568 DM) und eine zweite (nur um 25 Prozent gekürzte) als Abgeordnete (= 3644 DM). Staatssekretäre in Baden-Württemberg sind ebenfalls besonders begünstigt, wenn auch ein erhebliches Gefälle zu ihren bayerischen Kollegen besteht. Nehmen wir als Beispiel Rudolf Köberle. Er bezieht neben seinem Amtsgehalt von 15 840 DM 70 Prozent der Abgeordnetenentschädigung (= 5530 DM), eine steuerfreie Dienstaufwandspauschale als Staatssekretär (= 500 DM) und eine zweite als Abgeordneter (= 2204 DM).

Der Präsident des Bayerischen Landtags Johann Böhm bekommt als Präsidentenpauschale weitere 2110 DM monatlich und der Präsident des Landtags von Nordrhein-Westfalen Ulrich Schmidt weitere 2465 DM.

Hintergrund
Steuerfreie Zusatzpauschalen für Parlaments-präsidenten

	Name des Präsidenten	Höhe der steuerfreien Pauschale
Bund	Prof. Dr. Rita Süssmuth (CDU)	2000 DM
Baden-Württemberg	Peter Straub (CDU)	1534 DM
Bayern	Johann Böhm (CSU)	2110 DM
Berlin	Prof. Dr. Herwig E. Haase (CDU)	1460 DM
Brandenburg	Dr. Herbert Knoblich (SPD)	1110 DM
Bremen	Reinhard Metz (CDU)	–
Hamburg	Ute Pape (SPD)	–
Hessen	Klaus Peter Möller (CDU)	–
Mecklenburg-Vorpommern	Rainer Prachtl (CDU)	–
Niedersachsen	Horst Milde (SPD)	515 DM
Nordrhein-Westfalen	Ulrich Schmidt (SPD)	2465 DM
Rheinland-Pfalz	Christoph Grimm (SPD)	800 DM
Saarland	Hans Kasper (SPD)	751 DM
Sachsen	Erich Iltgen (CDU)	900 DM
Sachsen-Anhalt	Dr. Klaus Keitel (CDU)	–
Schleswig-Holstein	Heinz-Werner Arens (SPD)	–
Thüringen	Frank-Michael Pietzsch (CDU)	–

Derartige steuerfreie Zusatzpauschalen für Parlamentspräsidenten sind verfassungsrechtlich unzulässig. Das Präsidentenamt bringt zwar zusätzliche Arbeit und Verantwortung mit sich und verlangt mehr Zeit. Doch die Parlamentspräsidenten erhalten ja auch doppelte steuerpflichtige Bezüge. Darüber hinaus eine steuerfreie Kostenpauschale zu gewähren wäre nur zulässig, wenn die Wahrnehmung des Amtes dem Amtsinhaber zusätzliche Kosten verursachen würde. Allein solche zusätzlichen Kosten dürften durch Kostenpauschalen ausgeglichen werden. Daß solche Kosten allerdings in nennenswertem Umfang überhaupt entstehen, ist – angesichts der besonderen sonstigen Ausstattungen der Präsidenten – aber nicht anzunehmen.[34] Der hessische Diätenbeirat[35] und die schleswig-holsteinische Diätenkommission[36] traten deshalb konsequenterweise für die Streichung derartiger Kostenpauschalen ein.[37]

Dem verfassungsrechtlichen Gebot, die Pauschalen für Parlamentspräsidenten zu streichen, sind Hessen im Jahre 1989, Schleswig-Holstein im Jahre 1990 und bald darauf auch Bremen gefolgt. Auch Mecklenburg-Vorpommern, Sachsen-Anhalt und Thüringen kennen keine besonderen Kostenpauschalen für ihre Parlamentspräsidenten.

Die steuerfreien Präsidentenpauschalen in den anderen Ländern und im Bund sind verfassungswidrig und müssen möglichst rasch beseitigt werden. (Entsprechendes gilt für die steuerfreien Pauschalen für andere parlamentarische Funktionsträger [siehe Tabelle 4 im Anhang].)

Bürgermeister als bezahlte Abgeordnete

Friedrich Wilhelm Kiel (FDP/DVP) wurde vor 22 Jahren das erste Mal zum Oberbürgermeister der Stadt Fellbach (heute

43 000 Einwohner) gewählt. Das war im Jahre 1976. Vorher hatte
der gelernte Studienrat mehrere Jahre Verwaltungserfahrung als
Erster Bürgermeister von Ettlingen (1966–1970) und als Bürgermeister von Pforzheim (1970–1976) gesammelt. Heute hat Kiel
neben seinem Oberbürgermeisteramt auch ein Mandat im Landtag von Baden-Württemberg inne, in den er 1992 zum ersten Mal
gewählt wurde. Gleichzeitig gehört er dem Kreistag des Rems-
Murr-Kreises an, wo er seit 1984 Vorsitzender der Fraktion
FDP/Freie Wähler ist.

Als Oberbürgermeister von Fellbach erhält Kiel ein B6-Gehalt.
Das sind rund 12 600 DM, die allerdings wegen des Abgeordnetenmandats um 40 Prozent auf rund 7600 DM gekürzt werden.
Hinzu kommt eine steuerfreie Dienstaufwandsentschädigung
von 1890 DM. Daneben erhält er als Landtagsabgeordneter:
7900 DM steuerpflichtige Entschädigung und steuerfreie 2550
DM als Kostenpauschalen.

Frappierend ist bereits, daß die beiden Ämter überhaupt miteinander vereinbar sind. Doch in Baden-Württemberg ist dies rechtlich zulässig und auch übliche Praxis. Kiel ist nur einer von sieben
Oberbürgermeistern und hauptberuflichen Bürgermeistern, die
gleichzeitig im Stuttgarter Landtag sitzen (siehe Tabelle 19 im
Anhang), was im übrigen ja auch beweist, daß das Landtagsmandat kein Fulltimejob zu sein braucht. Die dagegen von anderen
Landtagen zur Verteidigung ihrer Fulltimejob-Konzeption vor-
gebrachte Behauptung, die Bürgermeister im Landtag Baden-
Württemberg würden dort praktisch keine Arbeit tun, sondern
allenfalls kommunales Lobbying[38] betreiben, trifft nach den Fest-
stellungen unabhängiger Beobachter nicht zu. Die Bürgermeister
seien im Gegenteil in der Arbeit des Landtags sehr aktiv.

Auch sonst spielen die direkt gewählten Bürgermeister eine
große Rolle in der baden-württembergischen Landespolitik. Die
Direktwahl der gemeindlichen Verwaltungschefs ist ein wichtiges

Rekrutierungsinstrument für die politische Klasse dieses Landes.
Ministerpräsident Teufel (CDU) begann seine politische Laufbahn als 25jähriger Bürgermeister der Stadt Spaichingen, Innen-
minister Thomas Schäuble (CDU) war sieben Jahre Oberbürgermeister der Großen Kreisstadt Gaggenau, und Sozialminister
Erwin Vetter war 15 Jahre Bürgermeister und Oberbürgermeister im badischen Ettlingen.

Daß aktive Beamte gleichzeitig einem Parlament angehören können, ist in Deutschland allerdings eher die Ausnahme. Im Bund
und in den meisten Ländern besteht kraft Gesetzes Unvereinbarkeit (Inkompatibilität) zwischen beiden Funktionen: Die Rechte
und Pflichten eines zum Abgeordneten gewählten Beamten ruhen grundsätzlich während der Mandatszeit.[39]

In einigen Ländern besteht für bestimmte Kategorien von Beamten jedoch die Möglichkeit, neben ihrem Amt ein Abgeordnetenmandat innezuhaben. Solche Vereinbarkeit von Amt und
Mandat gibt es in Baden-Württemberg, Berlin, Hamburg, Mecklenburg-Vorpommern, Sachsen und Schleswig-Holstein. Ausgenommen sind regelmäßig Richter und hohe Beamte.[40] *Alle anderen* Beamten und Angestellten und alle *Arbeiter* dürfen dagegen
ihren Beruf im öffentlichen Dienst auch neben dem Mandat
zumindest teilweise fortführen. In Baden-Württemberg und
Sachsen ist außerdem eine Tätigkeit als kommunaler Wahlbeamter, also zum Beispiel als hauptberuflicher Bürgermeister oder
Landrat, mit dem Abgeordnetenmandat vereinbar.[41]

Die Arbeitszeit und Besoldung der »Beamten-Abgeordneten« ist
unterschiedlich geregelt:

- In Baden-Württemberg[42] ist dem in den Landtag gewählten
  öffentlichen Bediensteten die Arbeitszeit *auf Antrag* bis auf 25
  Prozent der regelmäßigen Arbeitszeit zu ermäßigen. Der Beamte erhält höchstens 60 Prozent seiner Bezüge.

- In Berlin[43] ist die Arbeitszeit des Beamten *auf Antrag* bis auf 50 Prozent der regelmäßigen Arbeitszeit zu ermäßigen. Die Bezüge werden dann entsprechend gekürzt.

- In Sachsen[44] ist einem in den Landtag gewählten Beamten die regelmäßige Arbeitszeit im öffentlichen Dienst *auf Antrag* bis auf 30 Prozent zu ermäßigen; der Beamte erhält dann Dienstbezüge entsprechend seiner Arbeitszeit, höchstens jedoch 50 Prozent der regelmäßigen Dienstbezüge.

- In Mecklenburg-Vorpommern[45] und Schleswig-Holstein[46] wird die Arbeitszeit von in den Landtag gewählten Beamten *kraft Gesetzes* auf 40 Prozent der regelmäßigen Arbeitszeit reduziert. Sie erhalten dann neben der Abgeordnetenentschädigung 40 Prozent der von ihnen bei regelmäßiger Arbeitszeit zu beanspruchenden Dienstbezüge.

In allen diesen Ländern kann alternativ *auf Antrag* auch Urlaub ohne Besoldung gewährt werden. In Hamburg, wo nach wie vor das »Feierabendparlament« praktiziert wird, wird das Gehalt von öffentlichen Bediensteten, die in der Bürgerschaft sind, nicht gekürzt.

Die vorstehenden Regelungen betreffen *Landes*beamte. Das Bundesbeamtengesetz enthält eine entsprechende Regelung auch für *Bundes*beamte:[47] Werden sie in ein Landesparlament gewählt, in dem Ausnahmen von der Inkompatibilität bestehen, so ist ihre Arbeitszeit *auf Antrag* bis auf 30 Prozent der regelmäßigen Arbeitszeit zu ermäßigen oder ein Urlaub ohne Besoldung zu gewähren.[48]

Das bedeutet, daß kompatible öffentliche Bedienstete ihren Beruf ganz (Baden-Württemberg, Berlin und Sachsen) oder teilweise (Mecklenburg-Vorpommern und Schleswig-Holstein) aufrechterhalten können, wenn sie in das Parlament ihres Landes gewählt werden, und dann neben den Diäten weiterhin einen Teil ihres Diensteinkommens (meist 40 Prozent, in Berlin und Sachsen bis zu 50 Prozent, in Baden-Württemberg bis zu 60 Prozent) beziehen.

Will man diese Regelungen *bewerten*, stellen sich mehrere Fragen. Zunächst einmal: Ist es überhaupt sinnvoll, daß öffentliche Bedienstete, die ins Parlament gewählt werden, weiterhin im öffentlichen Dienst aktiv bleiben dürfen? Immerhin haben der Bund und die meisten Länder diese Frage verneint. Sie stellt sich auch für Bürgermeister und Landräte, deren Tätigkeit in Baden-Württemberg und Sachsen-Anhalt rechtlich mit dem Mandat vereinbar ist. Beläßt man es dennoch bei der Kompatibilität in den genannten Ländern, fragt sich, wie die Arbeitszeit im öffentlichen Dienst und die daraus fließende Besoldung bemessen werden sollen. Stellt die Abgeordnetenentschädigung eine Vollalimentation dar, ist für eine weitere Alimentation aus dem Mandat eigentlich kein rechter Platz mehr. Tatsächlich gehen die Abgeordnetengesetze in Bund und Ländern – außer in Baden-Württemberg, Berlin, Bremen und Hamburg – von einer Vollalimentation aus, so daß Doppelbezüge sinnwidrig erscheinen.

Zulagen für Abgeordnete mit besonderen Parlamentsämtern

Ulrich Schmidt (SPD) ist seit 1995 Präsident des Landtags Nordrhein-Westfalen und bezieht ein steuerpflichtiges Monatsgehalt von 17 210 DM, doppelt soviel wie ein normaler Abgeordneter (siehe Tabelle 3 im Anhang). Zusätzlich erhält er in seiner Eigenschaft als Abgeordneter steuerfreie Pauschalen in Höhe von insgesamt 2778 DM (siehe Tabelle 2 im Anhang), außerdem in seiner Eigenschaft als Präsident noch einmal 2465 DM steuerfrei (siehe Tabelle 4 im Anhang). Daß die steuerfreien Zulagen von insgesamt 5243 DM ein verschleiertes Zusatzeinkommen darstellen und verfassungswidrig sind, wurde an anderer Stelle bereits ausgeführt (siehe S. 147 f.). Hier kommt es uns auf etwas anderes an, nämlich auf die Versorgung von Abgeordneten mit besonderen Parlamentsämtern: Wenn Schmidt aus dem Landtag ausscheidet, zum Beispiel am Ende der laufenden Wahlperiode im Jahre 2000 oder irgendwann später, erhält der heute 56jährige (geboren 31. 3. 1942) für seine Zeit als Landtagsabgeordneter (seit 1975) die Höchstrente: 75 Prozent der Entschädigung, das heißt derzeit monatlich 6454 DM. Damit könnte es eigentlich genug sein. Doch die Rente erhöht sich noch aufgrund der Zeiten, die Schmidt Zweiter Vizepräsident des Landtags (1990 bis 1995) und Präsident war. Das ergäbe, würde Schmidt im Jahre 2000 ausscheiden, eine Zusatzrente von rund 2600 DM, zusammen also rund 9050 DM (nach derzeitigem Stand).

HINTERGRUND
Erhöhte Altersversorgung für Inhaber besonderer parlamentarischer Ämter

Land	Präsident	Vizepräsident(en)	Fraktions-vorsitzende
Bund	Dr. Rita Süssmuth, CDU	Hans-Ulrich Klose, SPD Michaela Geiger, CDU/CSU Dr. Antje Vollmer, B90/GR Dr. Burkhard Hirsch, FDP.	
Baden-Württemberg	Peter Straub, CDU	Frieder Birzele (1. stellv. Präsident), SPD Dr. h. c. Gerhard Weiser (2. stellv. Präsident), CDU	

Land	Präsident	Vizepräsident(en)	Fraktions-vorsitzende
Bayern	Johann Böhm, CDU	Karl-Heinz Hiersemann (1. Vizepräsident), SPD Anneliese Fischer (2. Vi-zepräsidentin), CSU	
Berlin	Prof. Dr. Her-wig E. Haase, CDU	Marianne Brinckmeier, SPD Reinhard Führer, CDU Martina Michels, PDS	
Branden-burg	Dr. Herbert Knoblich, SPD	Martin Habermann, CDU	
Bremen	Reinhard Metz, CDU		
Hamburg	Ute Pape, SPD	Berndt Röder (1. Vize-präsident), CDU Sonja Deuter (2. Vize-präsidentin), GAL	Dr. Holger Christier, SPD Ole von Beust, CDU Antje Möller, GAL
Nieder-sachsen	Horst Milde, SPD	Jürgen Gansäuer, CDU Edda Goede, SPD Ernst-Henning Jahn, CDU Brigitte Litfin, B90/GR	
Nord-rhein-West-falen	Ulrich Schmidt, SPD	Dr. Hans-Ulrich Klose (1. Vizepräsident), CDU Dr. Katrin Grüber (2. Vizepräsidentin), B90/GR	
Rhein-land-Pfalz	Christoph Grimm, SPD	Peter Schuler, CDU Hans-Günther Heinz, FDP.	Joachim Mertes, SPD Christoph Böhr, CDU Hans-Artur Bauckhage, FDP Ilse Thomas, B90/GR

Land	Präsident	Vizepräsident(en)	Fraktions-vorsitzende
Saarland	Hans Kasper, SPD	Gerd Meyer (1. Vize-präsident), CDU Roswitha Hollinger (2. Vizepräsidentin), SPD	Reinhard Klimmt, SPD Peter Aloysius Mül-ler, CDU Hubert Ul-rich, B90/GR
Sachsen	Erich Iltgen, CDU	Heiner Sandig (1. Vize-präsident), CDU Andrea Hubrig (2. Vize-präsidentin), CDU	

Hier sind diejenigen Inhaber von besonderen Parlamentsämtern genannt, die neben ihrer Altersversorgung als Abgeordnete noch eine *zusätzliche* Altersversorgung aufgrund ihres Parlamentsamtes erwerben.

In fünf Ländern (Hessen, Mecklenburg-Vorpommern, Sachsen-Anhalt, Schleswig-Holstein und Thüringen) gibt es keine erhöhte Altersversorgung für Inhaber parlamentarischer Ämter, auch nicht für die Präsidenten und deren Stellvertreter.

Umgekehrt erhalten in drei Ländern (Hamburg, Rheinland-Pfalz und Saarland) sogar Fraktionsvorsitzende eine zusätzliche Altersversorgung.

Bei mehreren Amtsinhabern wurde die Reihenfolge der Nennung aus den Parlamentshandbüchern übernommen.

In diesem und in dem folgenden »Hintergrund« sind die Angaben für Niedersachsen auf das Ende der 13. Wahlperiode bezogen. Eventuelle Änderungen in der 14. Wahlperiode (ab Frühjahr 1998) konnten nicht mehr berücksichtigt werden.

Ob es gerechtfertigt ist, Inhabern von Parlamentsämtern eine solche Zusatzrente zu gewähren, wie dies im Bund und in den meisten Ländern geschieht (siehe »Hintergrund« S. 155 ff.), erscheint in hohem Maße zweifelhaft. Der hessische Diätenbeirat hat die Frage verneint.[49] Das ist nur folgerichtig: Auch die aus der *Fraktions*kasse (also indirekt aus öffentlichen Mitteln) gewährten Zulagen sind in aller Regel nicht »ruhegehaltsfähig«. In Hessen, Schleswig-Holstein, Mecklenburg-Vorpommern, Sachsen-Anhalt und Thüringen führen auch die in den Abgeordnetengesetzen vorgesehenen Zulagen konsequenterweise nicht zu erhöhten Versorgungen. Zulagen für Fraktionsvorsitzende sind, soweit sie – wie im Bund und in den meisten Ländern – aus den Mitteln der Fraktionen gezahlt werden, ohnehin nicht »ruhegehaltsfähig«. Nur in Hamburg, in Rheinland-Pfalz und im Saarland führt die Zulage von Fraktionsvorsitzenden zu einer erhöhten Versorgung.

Völlig verrückt aber ist das Übergangsgeld. Scheidet Schmidt aus dem Landtag aus, erhält er für seine dann mehr als 22jährige Abgeordnetenzeit 24 Monate lang Übergangsgeld, und zwar nicht nur in Höhe der einfachen Entschädigung von 8605 DM, sondern in Höhe der doppelten Entschädigung von 17 210 DM, obwohl er das Präsidentenamt nur wenige Jahre ausgeübt hat und obwohl er mit seinem Ausscheiden in den Ruhestand tritt und Ruhegehalt aus der Parlamentskasse bezieht, womit der erklärte Zweck des »Übergangsgeldes«, den Übergang in ein anderes Berufsleben zu erleichtern, von vornherein leerläuft. Das Ruhegehalt wird noch nicht einmal vollständig auf das Übergangsgeld angerechnet, zu den 17 210 DM gibt es von der Altersversorgung noch ein Taschengeld von rund 230 DM dazu, insgesamt also rund 17 440 DM pro Monat.

Das doppelte Übergangsgeld für Präsidenten läßt sich unter keinem Aspekt rechtfertigen. Die Regelung hat schon deshalb

keinen Sinn, weil die Zeit, für die Übergangsgeld gezahlt wird,
nach der Dauer der Parlamentszugehörigkeit (nicht nach der
Dauer des besonderen parlamentarischen Amtes) gestaffelt ist.
Daß ein Übergangsgeld auf die Amtszulage keinen Sinn macht,
sieht man auch daran, daß Amtsträger auch dann kein Übergangsgeld in Höhe ihrer Zulage erhalten, wenn sie ihr Amt und
damit ihre Zulage verlieren, ohne aus dem Parlament auszu-
scheiden – und das mit vollem Recht. Im Bund und in den
meisten Ländern wird deshalb an ausgeschiedene Amtsträger
kein erhöhtes Übergangsgeld gezahlt. Um so problematischer
sind die Regelungen in den Ländern, wo eben dies dennoch
geschieht: in Baden-Württemberg, Bayern, Berlin, Hamburg,
Niedersachsen, Nordrhein-Westfalen, im Saarland und in Sachsen.[50] (Siehe »Hintergrund« S. 161.)
Im Landtag von Baden-Württemberg präsidiert seit Juni 1996
Peter Straub, Mitglied des Landtags seit 1984 und im Hauptberuf
Rechtsanwalt in Waldshut-Tiengen. Auch er erhält das doppelte
Abgeordnetengehalt von 15 800 DM, daneben steuerfreie Zuschläge von insgesamt 2540 DM. Auch der 1939 geborene Straub
erhält sofort mit seinem Ausscheiden aus dem Landtag eine
Altersrente, die entsprechend der Dauer seines Präsidentenamts
und seines vorherigen Vizepräsidentenamts (1992 bis 1996) erhöht ist. Auch er erhält außerdem ein Übergangsgeld in Höhe
des Präsidentengehalts, dessen Bezugsdauer sich nicht danach
richtet, wie lange er Präsident war, sondern systemwidrig allein
danach, wie lange er Abgeordneter war. Würde Straub zum
Beispiel am Ende der laufenden 12. Wahlperiode des Stuttgarter
Landtags im Jahre 2001 ausscheiden, könnte er 19 Monate lang
ein Übergangsgeld von 15 800 DM verlangen, auf das seine
gleichzeitig zu beanspruchende Altersrente nur teilweise angerechnet würde.
In Bayern erhält der Landtagspräsident ebenfalls eine erhöhte

Altersrente und – unabhängig von der Amtsdauer als Präsident –
ein doppeltes Übergangsgeld, dessen Dauer sich allein nach der
Mandatszeit als Landtagsabgeordneter richtet. Der derzeitige
Amtsinhaber Johann Böhm ist seit 1974 Mitglied und seit 1994
Präsident des Bayerischen Landtags, so daß er bei seinem Ausscheiden 18 Monate lang ein Übergangsgeld von monatlich
20 230 DM beanspruchen kann. Böhm ist auch sonst – unter dem
Gesichtspunkt von Doppel- und Dreifachbezahlungen aus öffentlichen Kassen – ein interessanter Fall. Er war von Oktober
1990 bis Oktober 1994 Staatssekretär in der Regierung des Freistaats Bayern. Aus dieser vierjährigen Amtszeit erhält er seit
1994 nicht weniger als 57 Prozent seines Amtsgehalts als Pension.
Das sind 11 726 DM.[51]
Die Staatssekretärs-Versorgung Böhms und sein Salär als Landtagspräsident verrechnen sich wie folgt: Da maximal 50 Prozent der
einfachen Entschädigung gekürzt werden, also nur 5058 DM, erhält
er zusammen mit der Pension 26 898 DM monatlich, und zu Weihnachten kommt eine (ungekürzte) »Sonderzuwendung« hinzu, insgesamt dann also fast 38 000 DM.
Im Saarland erhalten nicht nur die Präsidenten eine erhöhte Pension und ein doppeltes Übergangsgeld, dessen Laufzeit sich allein
nach der Dauer der Abgeordnetenzeit richtet, sondern auch die
drei Fraktionsvorsitzenden der SPD (Reinhard Klimmt), der CDU
(Peter Müller) und von Bündnis 90/Die Grünen (Hubert Ulrich).
Hinsichtlich der Fraktionsvorsitzenden ist das Saarland fast ein
Unikat. In keinem anderen deutschen Parlament – außer in Hamburg, wo das Übergangsgeld aber sehr viel kürzer läuft – haben
Fraktionsvorsitzende Anspruch auf ein erhöhtes – und auch noch
verdoppeltes – Übergangsgeld. Anspruch auf erhöhte Versorgung
haben Fraktionsvorsitzende – außer im Saarland – nur noch in
Hamburg und Rheinland-Pfalz.

HINTERGRUND
Erhöhtes Übergangsgeld für Inhaber besonderer
parlamentarischer Ämter

Land	Präsident	Vizepräsident(en)	Fraktionsvorsitzende
Baden-Württem-berg	Peter Straub	Frieder Birzele Dr. h. c. Gerhard Weiser	
Bayern	Johann Böhm	Karl-Heinz Hiersemann Anneliese Fischer	
Berlin	Prof. Dr. Her-wig E. Haase	Marianne Brinckmeier Reinhard Führer Martina Michels	
Hamburg	Ute Pape	Berndt Röder Sonja Deuter	Dr. Holger Christier, SPD Ole von Beust, CDU Antje Möller, GAL
Nieder-sachsen	Horst Milde	Jürgen Gansäuer Edda Goede Ernst-Henning Jahn Brigitte Litfin	
Nordrhein-Westfalen	Ulrich Schmidt	Dr. Hans-Ulrich Klose Dr. Katrin Grüber	
Saarland	Hans Kasper	Gerd Meyer Roswitha Hollinger	Reinhard Klimmt, SPD Peter A. Müller, CDU Hubert Ulrich, B90/GR
Sachsen	Erich Iltgen	Heiner Sandig Andrea Hubrig	

Die genannten Amtsträger haben bei ihrem Ausscheiden aus dem Landtag Anspruch auf ein um die Amtszulage erhöhtes Übergangsgeld – unabhängig davon,
wie lange sie das Amt ausgeübt haben.

Über die Zulagen für parlamentarische Amtsträger ist viel diskutiert worden. Inzwischen werden sie überall gezahlt. Dafür gibt es
zwei Wege: Entweder sind die Zahlungen im Abgeordnetengesetz ausdrücklich vorgesehen. In welchen Parlamenten dies
der Fall ist und wie hoch die Zulagen sind, ergibt sich aus
Tabelle 3 im Anhang. So sieht das schleswig-holsteinische Abgeordnetengesetz von 1990 Zusatzentschädigungen für ein ganzes Bündel von Amtsträgern vor: Neben dem Parlamentspräsidenten, seinen zwei Stellvertretern und den vier Vorsitzenden
der Fraktionen erhalten auch ihre sieben Stellvertreter, ferner
die vier Parlamentarischen Geschäftsführer und die Vorsitzenden der 22 Fraktionsarbeitskreise eine Zulage sowie die Vorsitzenden der neun Landtagsausschüsse und ein Abgeordneter der
dänischen Minderheit (jeweils mit unterschiedlichen Sätzen).
Obwohl die Zahl der zulagenberechtigten Ämter gesetzlich begrenzt worden ist, um einer zulagenbedingten weiteren Inflation
der Fraktionsämter vorzubeugen, summieren diese sich doch auf
50. Damit erhalten zwei Drittel der 75 Mitglieder des Schleswig-
Holsteinischen Landtags eine Zulage. Drei neue Länder (Mecklenburg-Vorpommern, Sachsen-Anhalt und Thüringen) haben
die schleswig-holsteinische Vielfalt der Zulagen in ihre Abgeordnetengesetze übernommen (siehe im einzelnen Tabelle 3 im
Anhang). In Thüringen erhalten – da dort nur drei Fraktionen im
Landtag sind (und die Vorsitzenden von Fraktionsarbeitskreisen

nicht zulagenberechtigt sind) – 26 von insgesamt 88 Abgeordneten Zulagen, in Sachsen-Anhalt mit vier Fraktionen 58 von 99 Abgeordneten.

Doch auch dort, wo die Abgeordnetengesetze keinen Anspruch auf Zulagen geben, werden die Zulagen regelmäßig aus den Fraktionskassen – und damit indirekt ebenfalls aus öffentlichen Mitteln – gezahlt. Darüber besteht Gewißheit, seitdem die Fraktionen Rechenschaftsberichte veröffentlichen müssen. Einen besonders detaillierten – und im Sinne der Transparenz vorbildlichen – Überblick geben die Berichte der niedersächsischen Landtagsfraktionen. Im Jahre 1996 erhielten dort folgende Amtsträger der SPD-Fraktion Zuschläge:

Der Fraktionsvorsitzende	114 000 DM
4 stellv. Fraktionsvorsitzende	228 000 DM
14 Arbeitskreisvorsitzende	126 000 DM
7 (ab Dezember 6) Arbeitsgruppenvorsitzende	31 125 DM
ein Parlamentarischer Geschäftsführer	85 200 DM
Zusammen also 27 (26) Personen insgesamt	584 325 DM

Für die CDU-Fraktion des Niedersächsischen Landtags war die Struktur ähnlich, bloß wurde keine Zulage an einen Parlamentarischen Geschäftsführer gezahlt.

Die Fraktionen von Bündnis 90/Die Grünen zahlen – im Gegensatz zu den anderen etablierten Parteien – im Bund und in den Ländern keine oder nur sehr geringe Zuschläge aus der Fraktionskasse.

Inwieweit solche Zulagen verfassungsrechtlich zulässig sind, ist nach wie vor umstritten. Das Bundesverfassungsgericht ging im Diätenurteil von 1975 davon aus, alle Abgeordneten hätten aufgrund des strengen Gleichheitssatzes Anspruch auf eine gleich hohe steuerpflichtige Entschädigung – unabhängig davon, ob die Inanspruchnahme durch die parlamentarische Tätigkeit größer oder geringer sei oder ob der individuelle finanzielle Aufwand verschieden hoch sei.[52] Ausnahmen wurden nur für den Parlamentspräsidenten und seine Stellvertreter anerkannt, deren Entschädigung dadurch mitbestimmt werde, »daß sie an der Spitze eines obersten Verfassungsorgans stehen«.[53] An diese Grundsätze, die das Bundesverfassungsgericht seinerzeit auch in die Leitsätze aufgenommen hatte, hatten sich zunächst alle Parlamente gehalten.

Das Bundesverfassungsgericht hat in der Literatur Widerspruch gefunden: Fraktionsvorsitzende und andere Träger besonderer parlamentarischer Funktionen hätten viel mehr zu tun als »normale« Abgeordnete, so daß es ihnen – im Unterschied zu diesen – unmöglich oder jedenfalls sehr viel schwerer möglich sei, ihren Beruf auch nur teilweise aufrechtzuerhalten und aus dieser Quelle etwas zu ihren Diäten hinzuzuverdienen.[54] Angesichts der flächendeckenden Verbreitung der Zulagen muß man vorderhand jedenfalls von diesem Faktum ausgehen.

Es bleibt das Problem der *Höhe* der Zulagen. Ob zum Beispiel die Zulage für Parlamentspräsidenten in Deutschland wirklich regelmäßig 100 Prozent des Abgeordnetengehalts betragen muß, erscheint fraglich. In Hessen beträgt die Zulage denn auch nur 50 Prozent. Eine Absenkung der Zulage auf 50 Prozent wird auch dadurch nahegelegt, daß der Bundestag die Bezahlung seiner Mitglieder an die Regelung für Richter von obersten Bundesgerichten anlehnen möchte, die Präsidenten dort aber nur ein 50 Prozent höheres Gehalt als die einfachen Bundesrichter erhalten. Auch der Vergleich mit amerikanischen Parlamenten bestätigt, daß ein Zuschlag von 100 Prozent überzogen ist.

Wenn Abgeordnete zugleich Ruheständler sind

Wie wir bereits wissen, erhält Bundestagspräsidentin Rita Süssmuth neben ihren steuerpflichtigen und steuerfreien Bezügen zusätzlich aus ihren drei Jahren und zwei Monaten als Bundesministerin für Jugend, Familie, Frauen und Gesundheit eine Pension von 25 Prozent des Ministergehalts, die allerdings um die Hälfte gekürzt wird, so daß noch 2878 DM verbleiben. Das macht zusammen monatlich 34 326 DM, an Weihnachten, wo die ungekürzte »Sonderzuwendung« für die ehemalige Ministerin hinzu kommt, sogar rund 40 000 DM.[55]

Hans-Ulrich Klose ist seit 1994 einer der vier Vizepräsidenten des Deutschen Bundestags und bekommt als solcher die eineinhalbfache Entschädigung von Bundestagsabgeordneten, das sind seit 1. April 1998 18 525 DM. Da Klose acht Jahre lang Mitglied des Hamburger Senats war, die meiste Zeit als Erster Bürgermeister, erhält er außerdem als Pension 59 Prozent der Senatsbezüge, das sind 13 942 DM. Eine Verrechnung erfolgt nur in Höhe von 6175 DM, so daß Klose insgesamt 26 292 DM monatlich, allein an *steuerpflichtigen* Bezügen, verbleiben. Im Weihnachtsmonat Dezember bekommt er sogar die ungekürzte »Sonderzuwendung« als ehemaliger Senator von rund 13 000 DM hinzu, insgesamt also über 39 000 DM, wozu noch die steuerfreien Pauschalen von 5358 DM kommen.

Burkhard Hirsch ist ebenfalls seit 1994 Vizepräsident des Bundestags. Früher war er fünf Jahre lang Minister in Nordrhein-Westfalen und erhält daraus (mindestens) eine monatliche Pension von 10 161 DM (= 45 Prozent des Ministergehalts). Insgesamt erhält er – nach Abzug des Verrechnungsbetrages von 6175 DM – monatlich 22 511 DM und im Weihnachtsmonat rund 32 000 DM, wozu noch die steuerfreien Pauschalen hinzukommen.

Auch das sind keine Einzelfälle. Das Nachrichtenmagazin *Der Spiegel* listete im Frühjahr 1997 mehr als 80 Bundestagsabgeordnete auf, die aus ihrer früheren Tätigkeit als Minister, Senator oder politischer Beamter lange vor der allgemeinen Altersgrenze eine – nur unzureichend gekürzte – Pension neben ihren Abgeordnetenbezügen erhalten.[56]

In den Bundesländern sind die Auswüchse nicht minder groß, zum Teil sogar noch ausgeprägter. Das gilt auch rein quantitativ, ist doch die Zahl der Landesparlamentarier mit 1971 fast dreimal so hoch wie die Zahl der Bundestagsabgeordneten (672) und die Zahl der Regierungsmitglieder in den Ländern mit 186 mehr als zehnmal so hoch wie die des Bundeskabinetts (17).[57]

Zu solchen Doppelbezahlungen kommt es deshalb,

- weil Minister, Parlamentarische Staatssekretäre und bestimmte Kategorien von Beamten schon nach kurzen Amtszeiten hohe Versorgungsansprüche erwerben und
- weil die Zahlungen daraus lange vor der normalen Altersgrenze und oft ganz unabhängig vom Lebensalter sogleich mit dem Ausscheiden aus dem Amt einsetzen und
- weil die Anrechnungsbestimmungen beim Zusammentreffen einer solchen Versorgung mit der Entschädigung aus einem Abgeordnetenmandat ausgesprochen großzügig sind, so daß es in den meisten Fällen zu gar keiner oder einer nur unzureichenden Anrechnung kommt.

Die einschneidendste Regelung findet sich in Niedersachsen.[58] Dort ruht die Abgeordnetenentschädigung in voller Höhe der Versorgungsbezüge aus dem Amts- oder Beamtenverhältnis. Es erfolgt also eine 100prozentige Anrechnung, so daß der Abgeordnete nur die höhere der beiden Zahlungen erhält: Entweder die Abgeordnetenentschädigung oder die Versorgungsbezüge.

Inzwischen wurde die Vorschrift in Niedersachsen allerdings etwas gelockert: Es werden in Zukunft nur 75 Prozent der Versorgungsbezüge angerechnet, und dem Abgeordneten verbleiben mindestens 25 Prozent der Entschädigung. Dieses Änderungsgesetz ist erstmals für Abgeordnete der 14. Wahlperiode (ab Frühjahr 1998) anzuwenden.[59] Auch nach dieser Änderung bleibt die niedersächsische Regelung die schärfste und ist Vorbild für die anderen Länder und den Bund. Zwar sehen Hessen und Thüringen eine 100prozentige Anrechnung vor, dies aber nur oberhalb einer sehr hohen Schwelle (in Höhe des Ministergehalts). Alle anderen Länder und der Bund sehen nur eine 50prozentige Anrechnung der Versorgungsbezüge vor und begrenzen diese gleichzeitig auf meist 50 Prozent der Entschädigung. In Schleswig-Holstein und Mecklenburg-Vorpommern wird die Anrechnung sogar auf 30 Prozent der Entschädigung begrenzt, also einen sehr niedrigen Betrag. In Bremen und Hamburg gibt es beim Zusammentreffen von Senatorenpension und Abgeordnetenentschädigung keinerlei Anrechnungsregelung. (Zu den Einzelheiten siehe Tabelle 20 im Anhang.)

Von der Anrechnung unberührt bleiben in der Regel diejenigen Zuschläge, die die Träger besonderer parlamentarischer Ämter erhalten. Das bedeutet, daß die Obergrenzen für die Anrechnung, die in Baden-Württemberg und im Saarland bei 75 Prozent der Entschädigung liegen, in Rheinland-Pfalz und im Saarland bei 70 Prozent, im Bund, in Bayern und Nordrhein-Westfalen bei 50 Prozent und in Schleswig-Holstein und Mecklenburg-Vorpommern bei 30 Prozent der Entschädigung, sich auch bei Funktionsträgern nur auf die einfache Entschädigung beziehen. Die Ausnahme ist wieder Niedersachsen, wo auch die Funktionszuschläge in die Anrechnung einbezogen werden. In Berlin, Brandenburg und Sachsen-Anhalt beziehen sich die Obergrenzen für die Anrechnung auf die Versorgungsbezüge, die in Berlin

und Brandenburg höchstens um 50 Prozent, in Sachsen-Anhalt
höchstens um 30 Prozent gekürzt werden dürfen. In Brandenburg und Sachsen-Anhalt bleiben die Funktionszulagen in jedem
Fall ungekürzt, in Berlin werden die Funktionszulagen für den
Präsidenten und die Vizepräsidenten dagegen in die Kürzung
einbezogen. In Hessen und Thüringen wird die ohnehin hohe
Anrechnungsschwelle noch erhöht, wenn der Abgeordnete ein
parlamentarisches Amt mit Zulage innehat. Dann erhöht sich die
Anrechnungsschwelle auf »die niedrigsten ruhegehaltsfähigen
Amtsbezüge eines Mitglieds der Landesregierung zuzüglich ei-
nes Viertels der einfachen Grundentschädigung«. Dafür ist die
Anrechnung dann nicht auf die einfache Entschädigung be-
grenzt, sondern erfaßt auch die Zulage.

Mehrere Pensionen gleichzeitig

Anfang 1998 mußte Margarethe Nimsch als hessische Ministerin
für Umwelt, Energie, Jugend, Familie und Gesundheit zurücktreten, nachdem bekanntgeworden war, daß aus ihrem Ministerium
Aufträge an ihre Parteifreunde von den Grünen vergeben worden waren. Die zwei Ministerjahre bringen der 58jährigen Politikerin eine monatliche Pension von 2863 DM. Sechs vorangehen-
de Amtsjahre als hauptamtliche Stadträtin und Dezernentin für
Frauen und Gesundheit der Stadt Frankfurt verschaffen ihr eine
weitere Pension von 4870 DM, zusammen also über 7700 DM.
Der Fall zeigt: Wenn jemand nacheinander zwei Ämter innehat,
aus beiden Pensionsansprüche erwirbt und keine strengen Anrechnungsbestimmungen bestehen, kumulieren sich die ohnehin
schon bestehenden Versorgungsprivilegien noch weiter.
Ähnlich gut dran sind in Hessen (und Bremen) nicht nur Beamte
auf Zeit, sondern auch ganz normale Beamte, die in die Landes-

regierung berufen werden. Sie treten als Beamte in den Ruhestand und beziehen nach Ende ihrer Ministerzeit – unabhängig
vom Alter – Beamtenpension, und diese wird auf die Minister-
pension erst angerechnet, wenn beide Pensionen 75 Prozent der
Ministerbezüge überschreiten.

Geradezu dramatisch kann die Kumulation werden, wenn beide
Ämter gleichzeitig ausgeübt werden. Wie wir am Fall Yzer gesehen haben, erwächst ihr aus dem Amt als Parlamentarische
Staatssekretärin, das sie 1997 aufgab, um Hauptgeschäftsführe-
rin eines Lobbyverbandes der Chemieindustrie zu werden, ein
Pensionsanspruch von rund 5400 DM (ab vollendetem 55. Lebensjahr). Wenn im Herbst 1998 auch ihr Mandat als Bundestagsabgeordnete nach acht Mandatsjahren ausläuft, erwirbt sie
daraus einen weiteren Pensionsanspruch von über 4000 DM (ab
vollendetem 65. Lebensjahr), zusammen hat sie also, noch weit
unter 40 Jahre alt, schon eine monatliche Pension von 9400 DM
sicher. Eine Verrechnung beider Renten findet auch hier nicht
statt (siehe auch oben S. 40 f.).

Die Fälle Nimsch und Yzer sind keine Einzelfälle. Die Auswüchse
haben auch hier System. Sie beruhen auf bestimmten Gesetzen, die
den Betroffenen ganz legal eine groteske Überversorgung verschaffen: dem Gesetz über Parlamentarische Staatssekretäre, das
seinerseits auf das Bundesministergesetz verweist, und dem Abgeordnetengesetz. Da Parlamentarische Staatssekretäre immer
und Minister meistens auch Abgeordnete sind, erwerben sie beide
Versorgungsansprüche gleichzeitig. Das Abgeordnetengesetz enthält zwar eine sogenannte Anrechnungsvorschrift, die in vielen Fällen aber auf eine *Nicht*anrechnung hinausläuft. Danach werden
nämlich Pensionen aus einem Amt als Minister oder Parlamentarischer Staatssekretär und aus einem Abgeordnetenmandat in bezug
auf eine eventuelle Anrechnung sehr großzügig behandelt, selbst
dann, wenn beide Ämter gleichzeitig ausgeübt worden sind:

● Eine Verrechnung findet überhaupt nicht statt, solange die Renten zusammen nicht höher als die Entschädigung von Bundestagsabgeordneten sind. Davon profitierte Frau Yzer.

● Sind die Renten höher als die Entschädigung, wird der überschießende Betrag nicht etwa gestrichen, sondern nur zur Hälfte gekürzt.

In den Bundesländern finden sich im Prinzip ähnliche Regelungen. Auch dort werden zwei Versorgungen nur gekürzt, wenn sie oberhalb einer – meist sehr großzügig bemessenen – Anrechnungsschwelle liegen, und der überschießende Betrag wird in den meisten Ländern nur zu 50 Prozent, in Berlin zu 40 Prozent, in Mecklenburg-Vorpommern, Sachsen-Anhalt und Schleswig-Holstein nur zu 30 Prozent gekürzt. In Hessen, Niedersachsen und Thüringen ist zwar bei Überschreiten der Schwelle eine Anrechnung von 100 Prozent vorgesehen, die Schwelle ist aber besonders hoch angesetzt. Die Anrechnungsschwellen und die Anrechnungssätze für überschießende Rentenbeträge sind in Tabelle 22 im Anhang aufgelistet.

Ein Beispiel unter vielen ist wieder Monika Hohlmeier, die seit 1990 Mitglied des Bayerischen Landtags und seit Juni 1993 Staatssekretärin im Kabinett Stoiber ist. Bei Ablauf der Legislaturperiode im Herbst 1998 ist der dann 36jährigen (geboren 2. 7. 1962) schon eine hohe Pension sicher: aus den acht Jahren als Landtagsabgeordnete monatlich 3540 DM und aus den zeitgleichen fünf Jahren als Staatssekretärin 6029 DM (ab dem 55. Lebensjahr), zusammen 9569 DM monatlich. Eine Verrechnung erfolgt unterhalb der Schwelle von 10 115 DM nicht, nicht einmal zur Hälfte. Zusätzlich hat Frau Hohlmeier, wenn sie ausscheidet, Anspruch auf hohe Übergangsgelder.

Ein anderes Beispiel für den gleichzeitigen Erwerb zweier Pensionen in kurzer Zeit und in jungen Jahren ist Rudolf Köberle aus

Fronreute, Kreis Ravensburg. Er ist »Politischer Staatssekretär« – so die dortige Bezeichnung – in Baden-Württemberg. Der 44jährige (geboren 29. 11. 1953) hat schon heute, nach acht Jahren im Landtag und sechs zeitgleichen Jahren als Staatssekretär, eine Pension von 2370 DM plus 7998 DM, zusammen also von beiden öffentlichen Dienstherren, denen er gleichzeitig dient, 10 368 DM monatlich, sicher. Wenn er noch zwei weitere Jahre als Staatssekretär dient, kann er die Pension aus diesem Amt sogar unmittelbar nach dem Ausscheiden beanspruchen und braucht nicht bis zum vollendeten 55. Lebensjahr zu warten.

Als weiteres Beispiel sei noch der frühere brandenburgische Minister Hinrich Enderlein erwähnt. Er erhält, wie wir wissen, nach vier Amtsjahren eine monatliche Pension von rund 6800 DM. Hinzu kommt nun aber noch aus 16 Abgeordnetenjahren im Landtag von Baden-Württemberg eine weitere Pension von rund 5900 DM, von der ihm nur 425 DM weggekürzt werden, so daß ihm eine Gesamtpension von rund 12 500 DM verbleibt – und das alles neben den Einkünften, die Enderlein aus seiner privatwirtschaftlichen Tätigkeit erzielt.

Für Bundestagspräsidenten und -vizepräsidenten ist die Regelung besonders günstig, weil bei ihnen die Anrechnungsschwelle, ab der die hälftige Anrechnung erfolgt, nach oben gedrückt wird. So erhält Präsidentin Rita Süssmuth (deren aktuelle Bezüge schon auf S. 165 dargestellt wurden), falls sie Ende 1998 aus dem Bundestag ausscheiden sollte, drei Pensionen: eine aus dem dann knapp zwölf Jahre ausgeübten Bundestagsmandat, eine zweite aus dem dann rund zehn Jahre (gleichzeitig) wahrgenommenen Amt der Bundestagspräsidentin und eine dritte aus dem gut drei Jahre innegehabten Amt als Bundesministerin. Alles in allem rund 16 500 DM monatlich. (Ihre eventuellen weiteren Versorgungsansprüche als frühere Professorin sind dabei noch nicht berücksichtigt.) Wegen der erhöhten Anrechnungsschwelle erhält sie alle Pensionen nebeneinander – ohne jede Kürzung.

Ähnlich hochgedrückte Anrechnungsschwellen für parlamentarische Amtsträger mit erhöhter Entschädigung gibt es in Bayern, Nordrhein-Westfalen und Sachsen, in anderen Ländern wie zum Beispiel Baden-Württemberg, Hessen, Saarland und Thüringen dagegen nicht. Dort sind die Schwellen allerdings auch höher als die einfache Entschädigung (siehe Tabelle 22 im Anhang).

Die Beurteilung dieser Regelungen muß von den entsprechenden Regelungen für die Versorgung von *Beamten* ausgehen. Nach § 54 Beamtenversorgungsgesetz wird, wenn zwei Beamtenpensionen zusammentreffen, grundsätzlich nur *eine* Versorgung gezahlt, und zwar im Ergebnis die höhere, während die andere in vollem Umfang gekürzt wird.

Ebenso wie die Beamtenversorgung ermöglicht auch die Versorgung von Ministern und Parlamentarischen Staatssekretären schon für sich allein regelmäßig eine angemessene Lebensführung. Kommt eine zweite Versorgung hinzu, so ergibt sich leicht eine Überversorgung.[60] Doppelalimentationen müssen auch hier vermieden werden. Unerträglich ist es in jedem Fall, wenn »in ein und demselben Lebensabschnitt für eine weitgehend identische Tätigkeit eine doppelte Versorgung« erlangt wird.[61] Von zwei (oder auch mehr) Ruhegehaltsansprüchen sollte grundsätzlich nur der höhere gezahlt werden, wenn beide zeitgleich erworben sind.

Wir hatten bei Behandlung der Aktivenbezüge von Ministern oder Parlamentarischen Staatssekretären, die gleichzeitig Abgeordnete sind, festgestellt, wie problematisch es bereits ist, wenn neben den Ministerbezügen noch große Teile der Abgeordnetenentschädigung gezahlt werden (vgl. S. 139 ff.). Hier nun, bei den Altersbezügen, verschärft sich das Problem noch weiter. Die zweite Altersrente, also die aus dem Abgeordnetenmandat, wird

nämlich nicht aus der gekürzten, sondern aus der vollen Abgeordnetenentschädigung berechnet. Die 50prozentige Kürzung
der Abgeordnetenversorgung greift erst oberhalb eines Betrages
(in Höhe der Entschädigung), der hier noch nicht erreicht ist.
Beide Renten werden also nicht nur nach den ungekürzten Aus-
gangsbeträgen berechnet, sondern auch ungekürzt ausgezahlt.
Das ist um so problematischer, als beide Ansprüche gleichzeitig
erworben worden sind, das heißt aus zeitgleich wahrgenommenen Ämtern fließen. Wenn die Regelungen über die Aktivenbezüge verfassungswidrig sind (siehe oben S. 142 ff.), so sind es
die über Doppelrenten erst recht.
Sind beide Altersrenten in verschiedenen Zeiten erworben, so
sollte der höhere Rentenanspruch bestehenbleiben und vom
niedrigeren allenfalls derjenige Betrag hinzukommen, der sich
ohne Berücksichtigung des Sockels errechnen würde, also lediglich der mit der Anzahl der Abgeordnetenjahre multiplizierte
normale Prozentsatz der Aktivenbezüge.
Diesen Anforderungen genügen weder die Regelungen im Bund
noch in irgendeinem Land. Damit sind die genannten Regelungen sämtlich verfassungsrechtlich problematisch. Zu diesem Ergebnis kommt auch eine *Gutachtliche Äußerung* zum hessischen
Abgeordnetengesetz:[62]

> »Eine Abgeordnetenversorgung, die zusätzlich ... zu Versor-
> gungsleistungen aus öffentlichen Kassen gewährt wird, läßt
> sich jedenfalls kaum noch als für die Sicherung der Unabhän-
> gigkeit des Abgeordneten notwendig erklären, sondern ten-
> diert zu einer unangemessenen Überversorgung. Deshalb er-
> scheinen die Regelungen des HessAbgG, die sich mit der
> Anrechnung bzw. der Nichtanrechnung von sonstigen Ver-
> wendungs- und Versorgungsbezügen auf die Abgeordneten-
> versorgung befassen, mehr als problematisch.«

Das Besondere von Sonderzuwendungen

Minister und Beamte (einschließlich der politischen Beamten und der kommunalen Wahlbeamten) erhalten – anders als Abgeordnete – ein 13. Gehalt, die sogenannte Sonderzuwendung, und zwar nicht nur während der Aktivenzeit, sondern auch im Ruhestand.[63] Auch die Pensionen werden also 13mal im Jahr gezahlt. Dies erscheint – angesichts der ohnehin überzogenen Pensionsregelungen – besonders problematisch, insbesondere vor dem Hintergrund, daß Sozialversicherungsrentner keine 13. Zahlung erhalten. Die Problematik wird nun noch dadurch verschärft, daß die Sonderzuwendungen regelmäßig durch gesetzliche Ausnahmevorschriften von den Anrechnungsbestimmungen ausgenommen sind, so daß die Berechtigten sie – auch beim Zusammentreffen mit anderen Zahlungen aus öffentlichen Kassen – ungekürzt erhalten. Einige Beispiele dafür wurden bereits genannt. Diese Ausnahmebestimmungen sind nicht zu rechtfertigen und müssen bei einer allgemeinen Reform der Anrechnungsregeln ebenfalls beseitigt werden.

Dienen privat bezahlte Volksvertreter noch dem Gemeinwohl?

Für Beamte, Minister und Parlamentarische Staatssekretäre ist die Rechtslage eigentlich klar. Beamte haben sich ihrem Amt »mit voller Hingabe« zu widmen[64] und dürfen nebenher keinen anderen Beruf oder ein Gewerbe ausüben. Eine Nebentätigkeit ist grundsätzlich nur nach vorheriger Genehmigung zulässig[65] und muß wirklich Nebentätigkeit bleiben. Ähnlich streng sind die

Vorschriften beim Bundespräsidenten, den Ministern und Parlamentarischen Staatssekretären. Sie »dürfen kein anderes besoldetes Amt, kein Gewerbe und keinen Beruf ausüben und weder der Leitung noch dem Aufsichtsrat eines auf Erwerb gerichteten Unternehmens angehören«.[66] (Um so weniger ist es nachzuvollziehen, daß Parlamentarische Staatssekretäre immer und Minister meistens gleichzeitig auch Abgeordnete sind.) Selbst ein öffentliches Ehrenamt sollen Minister und Parlamentarische Staatssekretäre grundsätzlich nicht wahrnehmen. Es ist deshalb problematisch, wenn beispielsweise der baden-württembergische Finanzminister Mayer-Vorfelder zugleich Präsident des VfB Stuttgart und Vizepräsident des Deutschen Fußballbundes ist. Zwar läßt das Gesetz die Wahrnehmung eines öffentlichen Ehrenamtes ausnahmsweise zu, wenn die Regierung dem zustimmt.[67] Das grundsätzliche Verbot hat aber gute Gründe, weil es Interessenkollisionen vorbeugen soll, die auch im Falle Mayer-Vorfelder nicht ausbleiben, etwa wenn er im Streit um Fernsehberichte über Fußballspiele vor dem Bundesverfassungsgericht für den DFB und gegen die auch vom Lande Baden-Württemberg festgelegte kostenlose Fernseh-Kurzberichterstattung streitet.[68]

Für Abgeordnete ist die Verfassungs- und Gesetzeslage eine völlig andere. Sie werden durch die Wahrnehmung des Mandats in ihrer Berufsausübung rechtlich überhaupt nicht beeinträchtigt. Das leuchtet für Mitglieder von Gemeinde- und Stadtvertretungen oder von Kreistagen ja auch unmittelbar ein: In den kommunalen Volksvertretungen werden die Mandate ehrenamtlich wahrgenommen. Die dafür gezahlten Aufwandsentschädigungen sind nicht zur Finanzierung des Lebensunterhalts gedacht und reichen dafür auch nicht aus, so daß kommunale Volksvertreter neben dem Mandat selbstverständlich einen Erwerbsberuf ausüben müssen, von dem sie leben können.

Dies war ursprünglich auch die Konzeption bei Landtagsabgeordneten und selbst bei Bundestagsabgeordneten. Ihr Mandat galt bis in die siebziger Jahre hinein als Ehrenamt. Die Entschädigung brauchte deshalb nicht versteuert und auch nicht mit anderem Einkommen verrechnet zu werden, selbst wenn dieses aus öffentlichen Kassen kam. Im Laufe der Zeit entwickelten sich die ursprünglichen »Diäten« der Abgeordneten aber immer mehr zu einem Berufseinkommen. Dies zeigte sich nicht nur an der zunehmenden Höhe, sondern auch am Festsetzungsverfahren: Von 1958 bis 1977 war die Entschädigung von Bundestagsabgeordneten an die Bezüge von Bundesministern geknüpft (und betrug zunächst ein Viertel, später ein Drittel des Amtsgehalts von Ministern). Die Entschädigung der Landtagsabgeordneten war in vielen Ländern wiederum an die von Bundestagsabgeordneten geknüpft. Nachdem dann in der zweiten Hälfte der sechziger Jahre auch noch eine Altersversorgung für die Abgeordneten des Bundes und fast aller Länder eingeführt worden war, war nicht mehr zu übersehen, daß die früheren Tagegelder (»Diäten«) zu einem für den Lebensunterhalt der Abgeordneten und ihrer Familien bestimmten Einkommen geworden waren. Das Bundesverfassungsgericht hat diese Entwicklung im Diäten-Urteil von 1975 einerseits abgesegnet und – jedenfalls für Bundestagsabgeordnete – einen Anspruch auf »Vollalimentation« angenommen.[69] Andererseits hat das Gericht aber auch die Konsequenz daraus gezogen und eine Versteuerung und eine Verrechnung mit anderen Einkommen aus öffentlichen Kassen vorgeschrieben und Einkommen von Lobbyisten, an welche Abgeordnete ihren Einfluß verkaufen, untersagt.[70] (Gleichzeitig hat das Gericht die Koppelung der Abgeordnetenbezahlung an die der Beamten unterbunden und die Volksvertreter verpflichtet, selbständig, offen und für die Öffentlichkeit kontrollierbar über ihre Bezahlung zu entscheiden.) Die Parlamente haben dieses

Urteil zum Vorwand genommen, die Entschädigung der Abgeordneten massiv zu erhöhen, angeblich auch um deren Unabhängigkeit gegenüber finanzkräftigen Interessenten zu stärken. Im Bund wurde die Entschädigung 1977 fast verdoppelt, und in den Ländern fielen die Erhöhungsraten zum Teil noch größer aus, obwohl das Urteil es durchaus zugelassen hätte, die Entschädigungen auf dem bisherigen Niveau zu belassen.[71] Dagegen wurden die Auflagen des Gerichts nur zögerlich oder überhaupt nicht erfüllt: Der verfassungsgerichtlich vorgeschriebenen Besteuerung wurde nur ein Teil der Einnahmen unterworfen, überzogene Kostenpauschalen, Spenden von Lobbyisten und das Ansparen der üppigen Altersversorgung blieben von der Besteuerung ausgenommen. Das Lobbygeldverbot blieb sogar gänzlich außen vor, und die verfassungsrechtlich gebotene Verrechnung der Abgeordnetenbezüge mit Einkommen aus anderen öffentlichen Kassen wurde von den Parlamenten so großzügig interpretiert, daß die einschlägigen Gesetze teilweise geradezu auf eine Nichtanrechnung hinauslaufen.

Trotz der Entwicklung der Entschädigung zur »Vollalimentation« reserviert das Bundesverfassungsgericht den Abgeordneten nach wie vor das Recht, daneben einen Erwerbsberuf auszuüben und daraus Einkommen in rechtlich unbegrenzter Höhe zu beziehen.[72] Daß dies für fähige Leute auch durchaus möglich ist, belegen Hunderte von Fällen. Den hessischen Landtagspräsidenten Möller, der neben seinem Parlamentsamt noch als Rechtsanwalt seine Kanzlei führt, haben wir bereits erwähnt, ebenso Bodo Hombach, der sein Mandat im Landtag von Nordrhein-Westfalen nach Presseberichten als Nebenamt (neben der Preussag-Geschäftsführung) betreiben soll. Blättert man das Handbuch des Nordrhein-Westfälischen Landtags (oder eines beliebigen anderen deutschen Parlaments) durch, stößt man schnell auf eine Vielzahl weiterer Beispielsfälle: MdL Norbert Giltjes (CDU) ist Vorsitzender des Verwaltungsrats der Stadtsparkasse Emmerich-Rees und Vorstandsmitglied des Rheinischen Sparkassen- und Giroverbandes, MdL Werner Jost-meier (CDU) ist Personalleiter des Dienstleistungszentrums Personal der Telekom AG in Münster, MdL Johannes Pflug (SPD) ist Handlungsbevollmächtigter und Abteilungsleiter für Sonderaufgaben des Vorstandes der Stadtwerke Duisburg.

Für die Fortführung des Berufs neben dem Mandat spricht immerhin insofern einiges, als Abgeordnete mit Beruf nicht völlig abhängig werden von den Parteigremien, die über ihre Wiedernominierung entscheiden, weil sie keine (oder weniger) Schwierigkeiten haben, gegebenenfalls in den offengehaltenen Beruf (wieder voll) zurückzukehren. Außerdem lassen sich so leichter beruflich erfolgreiche Seiteneinsteiger für das Parlament gewinnen, weil diese meist nicht bereit sein werden, ihren Beruf aufzugeben. Die beruflich-gesellschaftliche Erfahrung solcher Abgeordneter kann sich positiv auf die Praxisnähe ihrer Parlamentsarbeit auswirken. Ist dagegen die Fortführung des Berufs neben dem Mandat nicht möglich, kann der Abgeordnete, falls er aus dem Parlament ausscheidet, große Schwierigkeiten haben, wieder eine adäquate Beschäftigung zu finden, so daß er partei-intern alles daransetzen wird, die Wiedernominierung zu erlangen.

Einige Volksvertreter scheuen sich allerdings nicht, den Gedanken vom Abgeordneten mit Beruf zu Tode zu reiten, und beanspruchen sogar Arbeitslosengeld, wenn sie ihren Job verlieren, obwohl sie aus ihrem Mandat weiterhin bezahlt werden. So wurde bekannt, daß der nordrhein-westfälische Landtagsabgeordnete Manfred Bruckschen, früher Arbeiter und Betriebsratsvorsitzender des Krupp-Stahlwerks und dort über den Sozialplan ausgeschieden, rund 3000 DM Arbeitslosengeld monatlich kassierte – neben seiner vollen Bezahlung als Abgeordneter.[73] Bruckschen verteidigte sich damit, sein Mandat sei »kein Fulltimejob«, andere Abgeordnete gingen »nebenbei arbeiten« und unterhielten zum Beispiel »eine Rechtsanwaltskanzlei«.[74] Dies trifft alles zu[75] (und bestätigt im übrigen unsere eigenen Ausführungen), aber es bleibt die Tatsache, daß nordrhein-westfälische Abgeordnete voll bezahlt und überversorgt sind und daß das Arbeitslosengeld mit einem solchen finanziellen Status – jenseits aller juristischen Spitzfindigkeiten – nun einmal unvereinbar ist. Manfred Bruckschen ist kein Einzelfall. Auch sein nordrhein-westfälischer Kollege Bodo Champignon, ehemals Gruppenleiter und stellvertretender Abteilungsleiter bei den Hoesch Hüttenwerken, soll neben seinen Diäten Arbeitslosengeld bezogen haben (und behauptete, als es rauskam, das Geld für humanitäre Zwecke gespendet zu haben).[76] Die Abgeordneten begründen ihren Anspruch auf Arbeitslosengeld damit, sie seien als Volksvertreter weder Arbeitnehmer noch Selbständige – beides würde dem gesetzlichen Begriff der »Arbeitslosigkeit« (und damit dem Anspruch auf Arbeitslosengeld) entgegenstehen.[77] Zwei in Hamburg bekanntgewordene Fälle sind besonders pikant. Dort haben die Bürgerschaftsabgeordneten Gerhard Taschenberger und Peter Kämmerer bei Beantragung des Arbeitslosengeldes gegenüber dem Arbeitsamt angegeben, daß sie weniger als 10 Stunden wöchentlich für die Abgeordnetentätigkeit aufwenden müßten.[78]

Bei den Skandalen um Arbeitslosengeld handelt es sich keineswegs nur um einzelne unbelehrbare Abgeordnete, sondern um einen grundlegenden Fehler im System. Der von den Abgeordneten selbst geschaffene privilegierte Status, der ihnen zwar die finanziellen Rechte eines Berufes sichert, nicht aber die dazugehörigen Pflichten auferlegt, verführt die Parlamente in allen möglichen Einzelfällen immer wieder dazu, ungeniert einen Sonderstatus zu reklamieren. Ein weiteres Beispiel ist die Nichtanwendung der sogenannten Mitteilungsverordnung. Danach

sind Behörden und öffentlich-rechtliche Rundfunkanstalten seit
1994 unter bestimmten Voraussetzungen verpflichtet, entgeltli-
che Zahlungen, die sie geleistet haben, den Finanzämtern mitzu-
teilen. Gegenstand dieser Verpflichtung, die zur Kontrolle der
ordnungsgemäßen Steuerzahlung dient, sind grundsätzlich alle,
die Zahlungen von der öffentlichen Hand bekommen. Der Bundestag und die Landesparlamente wollen die Mitteilungsverordnung aber nicht auf Abgeordnete anwenden. Begründung: Zahlungen an Abgeordnete seien keine Gegenleistung für die Wahrnehmung des Mandats. Für diese Auslegung haben die Finanzminister mit Recht kein Verständnis – angesichts der Wandlung
der Diäten von einer Aufwandsentschädigung hin zur steuerpflichtigen Bezahlung für geleistete Dienste.[79] Eine Freistellung
ausgerechnet der Parlamente von der Mitteilungspflicht muß bei
Bürgern und Behörden einmal mehr auf absolutes Unverständnis stoßen. Die Parlamente sollten Vorbild sein – und nicht das
Gegenteil.

Unter keinem Aspekt zu rechtfertigen ist es auch, wenn Abgeordnete sich für ihren politischen Einfluß bezahlen lassen und
auf diese Weise ihre Unabhängigkeit verkaufen und selbst zu
Lobbyisten werden. Solche finanziellen Einflußversuche können
auf unterschiedliche Weise geschehen: durch Gewährung von
»Spenden«, durch lukrative »Beraterverträge« oder »Anstel-
lungsverträge«.

In Deutschland können Abgeordnete direkt an sie gerichtete
Zahlungen[80] nach wie vor in völlig unbegrenzter Höhe entgegen-
nehmen – und das auch noch einkommensteuerfrei. Seit dem
Flick-Skandal und den Aktionen bestimmter Wirtschaftszweige
wissen wir, daß es solche Spenden »zur Pflege der Bonner Land-
schaft« in beträchtlichem Maße gibt.[81]

Der vor wenigen Jahren eingeführte strafrechtliche Tatbestand
der Abgeordnetenkorruption (§ 108e StGB) ist nur symbolische

Gesetzgebung und wird aufgrund seiner extrem engen Fassung wohl nie zur Anwendung kommen (siehe oben, S. 44 ff.).[82] Der strafgesetzliche Rahmen ist so weit gesteckt, daß ein Lobbyist einem Bundestagsabgeordneten ein Vermögen für geneigtes politisches Verhalten anbieten kann, ohne andere Sanktionen befürchten zu müssen, als vom Abgeordneten hinausgeworfen zu werden. Und falls der Abgeordnete das Geld dennoch annimmt, tut er dies ungestraft und braucht darauf nicht einmal Einkommensteuer zu bezahlen. Vor diesem Hintergrund kann der Erlaß der Strafrechtsvorschrift nur als Täuschung der Öffentlichkeit bezeichnet werden. Zu diesem Ergebnis kommt auch eine soeben veröffentlichte umfassende wissenschaftliche Studie.[83]

Auch was die Publizität anlangt, besteht eine große Lücke. Die Interessentenzahlung eines Scheinarbeitgebers oder eines nur zum Schein Beratenen braucht überhaupt nicht publiziert zu werden. Spenden an Bundestagsabgeordnete sind, wenn sie 10 000 DM jährlich überschreiten, lediglich dem Bundestagspräsidenten anzuzeigen und nur, wenn sie 20 000 DM jährlich überschreiten, von diesem mit dem Namen des Spenders zu veröffentlichen. Damit gilt für Spenden an einzelne Abgeordnete eine gleich hohe Veröffentlichungsgrenze wie für Spenden an Parteien, obwohl Abgeordnete natürlich sehr viel leichter beeinflußbar sind als Parteien als Ganze. Gewiß gibt es gelegentlich Skandale, wenn doch einmal etwas an die Öffentlichkeit kommt. Doch reicht das nicht aus, um ein so wichtiges Gut wie die Integrität von Abgeordneten wirksam zu schützen.

Die Ungeschütztheit vor massiven finanziellen Einflüssen durch Lobbyisten illustrieren auch Fälle, in denen amtierende und vollbezahlte Bundestagsabgeordnete sich gleichzeitig als hauptberufliche Geschäftsführer von Interessenverbänden anstellen und mit den dort üblichen hohen Gehältern bezahlen lassen, wobei der jeweilige Verband seinen Einfluß unmittelbar auf den

Bereich zu richten pflegt, in dem der Abgeordnete parlamenta-
risch tätig bleibt (siehe oben, S. 39 ff.). Damit tritt die zentrale
staatspolitische Problematik hervor: die ungenierte Entgegen-
nahme einer hohen Bezahlung für Lobbytätigkeit trotz des Status
als Abgeordneter. Dieser Status verpflichtet die Abgeordneten,
»Vertreter des ganzen Volkes« (Art. 38 I 2 GG) zu sein und ihr
Mandat in Unabhängigkeit wahrzunehmen (Art. 48 III 1 GG).
Damit sind derartige Doppelbezüge eigentlich nicht vereinbar.
Sie sind im übrigen auch eine gleichheitswidrige Bevorzugung
gegenüber anderen Abgeordneten, die ihre Unabhängigkeit
nicht verkaufen und nur *ein* Gehalt beziehen, nämlich die Abgeordnetenbezahlung. Doch hat der Bundestag gegen derartige
Fälle bisher nichts Wirksames unternommen, obwohl das Bundesverfassungsgericht schon im Diäten-Urteil von 1975 ein derartiges Ausschlachten des Mandats untersagt und gesetzliche
Vorkehrungen gegen Scheinarbeitsverträge und Scheinberater-
verträge angemahnt hatte.[84] Statt dessen dienen die hohen Zusatzverdienste solcher »eingebauten« Lobbyisten als Argument,
die Diäten aus der Staatskasse im Interesse der »Nur-Abgeord-
neten« noch weiter anzuheben, was dann aber den Verbandsver-
tretern ebenfalls zugute kommt, den alten Abstand also nicht
verringert und damit wieder ein Argument für eine weitere Er-
höhungsrunde liefert.

Die Laxheit des Bundestags gegenüber Interessentenzahlungen
hängt natürlich damit zusammen, daß viele Abgeordnete sich andernfalls den Ast absägen würden, auf dem sie so komfortabel sitzen. Gelegentliche halbherzige Anläufe ihrer Kollegen, wirksame
Barrieren zu errichten, werden von den (aktuell oder potentiell)
Betroffenen aus ganzem Herzen abgeblockt. Die Initiative der
Bundestagsabgeordneten Norbert Gansel und Peter Conradi, die
im Herbst 1995 versuchten, die Abgeordneteneinkommen transpa-
rent zu machen, scheiterte. Zwar gibt es vorbildliche Abgeordnete,

die ihre Finanzen gegenüber den Wählern freiwillig offenlegen. Doch tun das nur diejenigen, die ohnehin nichts zu verbergen haben. Auf rein freiwilliger Basis kommt man deshalb nicht weiter. Es bedarf der gesetzlichen Verpflichtung zur Transparenz. Der jüngste dementsprechende Gesetzentwurf der Grünen wurde vom Bundestagsabgeordneten Gerald Häfner ausgearbeitet und würde an sich die volle Unterstützung des Hohen Hauses verdienen,[85] stößt aber auf den Widerstand der Verbandsvertreter. Frau Yzer ist ja keineswegs ein Einzelfall. Gewiß, es gibt auch Abgeordnete, die in ähnlicher Lage Interessenkollisionen vermeiden wollen und ihr Mandat aufgeben, wie der frühere Staatssekretär im Bundeswirtschaftsministerium Rudolf von Wartenberg. Doch machen die vom Parlament selbst gestalteten Gesetze dies vom Stilgefühl und dem guten Willen des Abgeordneten abhängig – und darauf kann man sich eben nicht immer verlassen. Selbst die weniger weit gehenden Vorschläge der Bonner SPD-Fraktion wurden Anfang 1998 mehrheitlich niedergestimmt. Es kam nicht einmal zu der früher angekündigten Erweiterung der Verhaltensregeln für Bundestagsabgeordnete.[86]

Hier bestätigt sich die oben getroffene Feststellung, daß (jedenfalls der derzeitigen Mehrheit) der politischen Klasse schlicht das Verständnis für den Wert der Unabhängigkeit von Abgeordneten fehlt. Wie sollte sie dieses Verständnis auch besitzen? Haben doch hohe und höchste Politiker die angebliche Vereinbarkeit von Parlamentsmandat und Lobbyamt vorgelebt. So wurde Helmut Kohl auch dann noch als »Referent« beim Verband der Chemischen Industrie in Ludwigshafen geführt (1959–1969), als er längst Vorsitzender der CDU-Fraktion im Landtag Rheinland-Pfalz (1963–1969) und Vorsitzender des CDU-Landesverbandes (seit 1966) geworden war. Die praktisch totale gesetzliche Schutzlosigkeit deutscher Abgeordneter selbst vor massiven finanziellen Einflußversuchen interessierter Kreise ist für die dar-

an Beteiligten zwar lukrativ, für das Gemeinwesen aber unge-
mein schädlich, und die dadurch ermöglichten »ganz legalen«
Auswüchse sind für das Ansehen der politischen Klasse vernich-
tend.

Anders ist die Gesetzeslage in den Vereinigten Staaten. Dort
hatte der Watergate-Skandal enthüllt, auf welch skrupellose
Weise im Wahlkampf getrickst worden war, damit Nixon als
amerikanischer Präsident wiedergewählt würde. Dabei hatten
auch hohe verdeckte Barzuwendungen eine wichtige Rolle ge-
spielt. Die Enthüllungen führten in den siebziger Jahren zu
durchgreifenden Gesetzesänderungen. Die derzeit für Mitglieder des Kongresses geltenden Regelungen sind außerordentlich
streng und haben folgenden Inhalt:

- Mitglieder des Kongresses dürfen keine Geschenke anneh-
  men, nicht einmal eine Einladung zum Essen, zum Golf-
  spielen oder zu einer Übernachtung im Hotel.[87] Unter das
  Verbot fallen auch »Spenden« für die persönliche Verwendung durch den Abgeordneten. (Für Wahlkampfspenden gelten enge Grenzen. Zugleich unterliegen sie strengen Publika-
  tionsvorschriften, deren Einhaltung – wie auch die der gesetzlichen Begrenzung – durch eine eigens dafür bestellte Kommission, die Federal Election Commission, überwacht wird.)
- Kongreß-Mitglieder dürfen neben ihrem Mandat keinen Beruf ausüben und keine Bezahlung als Vorstandsmitglied, Angestellter eines Wirtschaftsunternehmens oder Aufsichtsrats-
  mitglied erhalten. Sie dürfen von keiner Seite Honorare für
  Vorträge, sonstige öffentliche Auftritte oder für Artikel an-
  nehmen. Dahinter stand die Beobachtung, daß Honorare sich
  immer mehr zu einem Instrument entwickelt hatten, mit dem
  spezielle Interessen versuchten, sich Einfluß auf und Zugang
  zu Kongreß-Mitgliedern, besonders zu einflußreichen Mit-

gliedern bestimmter parlamentarischer Ausschüsse, zu verschaffen und deren Unabhängigkeit zu beeinträchtigen.[88] Honorare aus Buchveröffentlichungen sind zulässig.

- Selbst in den sehr schmalen Bereichen, in denen Kongreß-
Mitglieder überhaupt noch Erwerbseinkommen (»earned in-
come«)[89] hinzuverdienen dürfen, ist dieses auf maximal 15
Prozent ihrer Abgeordnetenbezahlung beschränkt.[90] Diese
Obergrenze betrug im Jahre 1997 20 040 Dollar.[91]

- Kongreß-Mitgliedern ist auch ausdrücklich verboten, den
Einfluß, den ihnen ihr Amt verschafft, für eigene finanzielle
Interessen einzusetzen. Um die Kontrolle zu erleichtern,
müssen Kongreß-Mitglieder jedes Jahr ihre Vermögensver-
hältnisse (und die ihrer Ehegatten und ihrer abhängigen Kinder) veröffentlichen, insbesondere Art, Umfang und Wert
ihres Grundvermögens, ihrer Wertpapiere, ihrer Inhaber-
schaften und ihrer sonstigen renditebringenden Objekte und
finanziellen Interessen einschließlich der Transaktionen in
bezug auf derartige Objekte. Dadurch sollen mögliche Interessenkonflikte erkennbar werden.

- Kongreß-Mitglieder dürfen auch nach dem Ausscheiden aus
dem Kongreß ein Jahr lang keine bezahlte Lobbytätigkeit für
Interessenverbande etc. ausüben.[92]

Diese Begrenzungen wurden eingeführt:

- um das Potential für Interessenkonflikte möglichst gering zu
halten,

- wegen der Unvereinbarkeit mit dem Konzept eines Fulltimejobs und

- weil auswärtiges Einkommen zumindest den Anschein von
Unkorrektheit mit sich bringt und »dadurch das Vertrauen
der Öffentlichkeit in die Integrität von Amtsinhabern unter-
gräbt«.[93]

Amerikakenner haben teilweise vorgeschlagen, daraus auch für Deutschland Lehren zu ziehen und bei uns entsprechende Reformen durchzuführen.[94] Doch ist es dazu selbst hinsichtlich der Beschränkung von Geschenken, persönlichen Spenden und Lobbygeldern bisher nicht gekommen. Der Flick-Skandal blieb – anders als der Watergate-Skandal in den USA – bisher ohne gesetzgeberische Konsequenzen. Zu sehr absorbierte das Strafverfahren gegen die früheren Bundesminister Friedrichs und Graf Lambsdorff und den Flick-Generalbevollmächtigten von Brauchitsch, die schließlich aber nur wegen Steuerhinterziehung verurteilt werden konnten, die öffentliche Aufmerksamkeit, obwohl damit das kouvertweise an Abgeordnete übergebene Geld gar nicht erfaßt wurde.[95]

8. KAPITEL

Wie die Bezahlung von Politikern sinnvollerweise geregelt werden sollte

Ziel dieses Schlußkapitels kann es nicht sein, alle Reformvorschläge erschöpfend darzustellen. Dazu sei auf die einschlägigen Einzeldarstellungen verwiesen.[1] Es geht vielmehr darum, die Grundsätze aufzuzeigen, denen die Reformen folgen müssen, und daraus Konsequenzen für einzelne Teilbereiche der Bezahlung und Versorgung von Politikern zu ziehen.

Überblick

Die Neuregelung der Politikerbezüge muß folgenden Grundsätzen genügen:

- *Einfachheit, Klarheit und Transparenz:* Nur dann kann die öffentliche Kontrolle über die in eigener Sache entscheidenden Politiker ermöglicht und das nötige Vertrauen der Bürger geschaffen werden, auf dem die Demokratie beruht.[2]
- *Angemessenheit und Ausgewogenheit:* Die Bezahlung von Politikern darf der Höhe und der Zusammensetzung nach nicht unangemessen und unausgewogen sein. Überzogene Versorgungen widersprechen auch dem Grundsatz der Wirtschaft-

lichkeit und Sparsamkeit bei der Verwendung öffentlicher Mittel.

- *Unabhängigkeit:* Die Bezahlung muß so ausgestaltet sein, daß Amtsträger nicht der Gefahr ausgesetzt sind, durch finanzielle Erwägungen von der unparteilichen Wahrnehmung ihres Amtes abgehalten zu werden.[3]
- *Gleichheit:* Kennzeichen der Demokratie ist ihre Privilegienfeindlichkeit.[4]

Daraus lassen sich folgende Leitlinien für die Reform ableiten:

- *Keine Zahlungen von Lobbyisten* an einzelne Politiker. Sie verstoßen gegen das Unabhängigkeitsgebot und den Gleichheitssatz.
- *Keine sonstigen verborgenen Zweit- und Dritteinkommen,* schon gar keine steuerfreien. Sie verstoßen gegen das Transparenzgebot, das Gebot der Wirtschaftlichkeit und Sparsamkeit und den Gleichheitssatz.
- *Keine überzogenen Übergangsgelder und unmäßigen Altersversorgungen.* Sie verstoßen gegen das Angemessenheits-, das Wirtschaftlichkeits- und das Transparenzgebot sowie gegen den Gleichheitssatz.
- *Erlaß vernünftiger Verrechnungsregelungen,* die Doppel- und Dreifachversorgungen verhindern. Dies verlangen wiederum die Angemessenheits-, Wirtschaftlichkeits-, Transparenz- und Gleichheitsgebote.

Abgeordnete

1. Verbot von Geschenken, »Spenden« und sonstigen Interessentenzahlungen

Geschenke an Abgeordnete, die häufig beschönigend als »Spenden« bezeichnet werden, stehen im »Dunstkreis der Korruption« (so mit Recht der Politikwissenschaftler Theodor Eschenburg). Es reicht nicht, sie der Einkommensteuer zu unterwerfen oder die bisher sehr laxe Publikationspflicht zu verschärfen; sie müssen vielmehr konsequent untersagt werden, wie dies auch die Parteienfinanzierungskommission in ihrem Bericht von 1993 empfohlen hat.[5] Gleiches gilt für Zahlungen aus Scheinberater- und Scheinarbeitsverträgen. Auch hier müssen endlich die vom Bundesverfassungsgericht angemahnten gesetzlichen Vorkehrungen getroffen werden, um sie zu unterbinden.

2. Kostenpauschalen

Bundestagsabgeordnete erhalten neben Gehalt, Versorgung, Amtsausstattung und Mitarbeitern eine steuerfreie Kostenpauschale von jährlich etwa 76 000 DM, die unabhängig vom tatsächlichen Aufwand gewährt wird. Dieses verfassungswidrige Privileg sollte im Zuge der Steuerreform beseitigt und die Aufwendungen sollten in Zukunft einzeln abgerechnet werden. Dies hatte auch die Kissel-Kommission in ihrem Bericht von 1993 verlangt.[6] Damit entfiele auch das weitere verfassungswidrige Privileg, daß der Bundeskanzler, die Bundesminister und die Parlamentarischen Staatssekretäre neben ihren Ministerbezügen noch drei Viertel der Kostenpauschale von Bundestagsabgeordneten, also jährlich mehr als 55 000 DM, steuerfrei erhalten. Entsprechendes gilt für deutsche Europaabgeordnete, für Landtagsabgeordnete und Landesminister. Die Privilegien von Europa- und Landespolitikern sind zum Teil noch größer, zum Beispiel bei bayerischen Minister-Abgeordneten, die steuerfreie Kostenpauschalen von insgesamt 6248 DM monatlich haben. Auch diese Kostenpauschalen müssen abgebaut werden. Ebensowenig sind die Extrakostenpauschalen von bestimmten Parlamentspräsidenten zu rechtfertigen.

3. Altersversorgung

Die überhöhte, dynamisierte, ohne Eigenbeiträge finanzierte und vor der normalen Altersgrenze beginnende Altersversorgung von Parlamentsabgeordneten sollte reformiert werden. Insbesondere sollte die Altersversorgung auf ein akzeptables Niveau gesenkt werden (2 Prozent pro Abgeordnetenjahr ohne Sockel) und nicht vor Vollendung des 65. Lebensjahres zu laufen beginnen. Insofern hat die Neuregelung in Hamburg Maßstäbe gesetzt. Noch sinnvoller wäre es, es den Abgeordneten selbst zu überlassen, eine bedarfsgerechte Altersversorgung aus ihrer entsprechend zu bemessenden Entschädigung zu finanzieren. Parlamentarische Amtsträger sollten keinen Zuschlag auf die Altersversorgung erhalten.

4. Übergangsgelder

Die überhöhten Übergangsgelder sind abzubauen und eine Anrechnung auf anderweitige Einkommen vorzusehen. Parlamentarische Amtsträger sollten keinen Zuschlag auf das Übergangsgeld erhalten.

5. Einheitlicher Bruttobetrag

Sinnvoll wäre es, den Abgeordneten einen pauschalen Einheits-
betrag zu geben, aus dem sie alles zu bestreiten hätten (Unterhalt, Unkosten, Alters- und Krankheitsvorsorge). Derartige
Vorschläge werden in Parlamentskreisen abgelehnt, weil dann
die offen festzusetzende Gesamtsumme derart hoch wäre, daß
sie der Öffentlichkeit nicht zu vermitteln wäre. Gerade dieser
Einwand bestätigt, daß nur auf diesem Wege Klarheit und
Transparenz und im übrigen auch die volle Besteuerung der
Diäten entsprechend dem Gleichheitssatz erreicht werden. Erst
wenn Abgeordnete selbst in vollem Umfang unter den Steuergesetzen leiden, dürfte auch die Bereitschaft zur überfälligen
Steuerreform zu erwarten sein. Auch sähe der Abgeordnete auf
diese Weise, wie teuer eine privat zu finanzierende Versorgung
ist, und würde auch insoweit an den Sorgen der Bevölkerung
teilhaben können. Tacitus' zeitlose Feststellung »Nichts hält die
Gesetze so wirksam wie ihre Anwendung gegen hochgestellte
Personen« scheint wie gemünzt auf die Abgeordnetenbezahlung. Die Einführung eines Einheitsbetrags würde zudem das
mißliche Kleben der Abgeordneten am Mandat, das durch die
bisherige Regelung gefördert wird, beseitigen. Der Abgeordnete bräuchte dann nicht mehr rund zwei Jahrzehnte im Parlament zu bleiben, um eine Altersvollversorgung zu erlangen.

6. Entschädigung statt Alimentation

Das Grundgesetz und die entsprechenden Vorschriften der Landesverfassungen geben Abgeordneten einen Anspruch auf eine
angemessene, ihre Unabhängigkeit sichernde »Entschädigung«,
ein Begriff, in dem der Bezug zu der Einbuße, die der Abgeord-

nete in Folge der Wahrnehmung des Mandats erleidet, bereits im Wortlaut angelegt ist (Entschädigung für entgangenes Einkommen). Der Begriff der Entschädigung legt nahe, daß diese sich jedenfalls prinzipiell an der Höhe des bisherigen Einkommens ausrichtet und je nach mandatsbedingtem Einkommensausfall unterschiedlich hoch ist. Dadurch würde die Vergütung der Idee nach (und innerhalb eines gewissen Rahmens)[7] für alle Einkommensschichten finanziell gleich attraktiv, was auch dem Gedanken des gleichen passiven Wahlrechts besonders gut entspräche. Es würde verhindert, daß die Übernahme eines Parlamentsmandats für Bezieher kleiner oder mittlerer Einkommen ein Riesengeschäft (»Lehrerparlament«) und für gutverdienende Freiberufler und Seiteneinsteiger aus der Wirtschaft einen zu hohen finanziellen Verlust darstellt. Zudem würde die Mobilität erhöht, weil das Kleben am Mandat aus wirtschaftlichen Gründen entfiele oder jedenfalls an Bedeutung verlieren würde.[8] Ein solches Verständnis des Begriffs Entschädigung, das den vom Grundgesetz und den Landesverfassungen nahegelegten Charakter ernst nimmt, war vor dem Diäten-Urteil von 1975 durchaus verbreitet und könnte durch ein Urteil von 1987 in Zukunft wieder Gewicht erhalten. In dieser Entscheidung hat das Gericht die Verpflichtung des Gesetzgebers auf eine für alle Abgeordneten gleiche Vollalimentation – in ausdrücklicher Abweichung vom Diäten-Urteil – wieder zurückgenommen.[9] Die Rückkehr zur echten Entschädigung dürfte, so einleuchtend sie auch sein mag, allerdings noch schwerer zu verwirklichen sein als der unter Punkt 5 zur Diskussion gestellte einheitliche Bruttobetrag, schon deshalb, weil die meisten derzeitigen Abgeordneten sehr viel höhere Einnahmen aus dem Mandat beziehen, als sie sonst verdienen würden.

7. Teilzeittätigkeit von Landesparlamentariern

Die Tätigkeit in Landesparlamenten müßte so umorganisiert werden, daß die Wahrnehmung des Landtagsmandats neben einem Beruf ermöglicht würde. Von den Aufgaben her wäre dies ohne weiteres machbar. Damit würde eine wesentliche Barriere für Seiteneinsteiger beseitigt. Würde den Wählern durch Einführung des Kumulierens und Panaschierens (flexible Wahllisten) oder durch Einführung des Mehrheitswahlrechts auf Landesebene auch verstärkter Einfluß auf die Auswahl der Abgeordneten gegeben, würde eine weitere bisher bestehende Zugangssperre für Seiteneinsteiger gemindert: die Notwendigkeit einer langjährigen innerparteilichen Ochsentour.

8. Zahl der Abgeordneten

Die Zahl der Abgeordneten ist zu senken. Das Repräsentantenhaus der USA hat – trotz fast dreimal so großer Bevölkerung wie Deutschland – nur 435 Abgeordnete, nicht die rund 600, die der Bundestag selbst nach der vorgesehenen Verkleinerung ab dem Jahre 2002 noch haben wird. Das Unterhaus (Assembly) Kaliforniens, des größten amerikanischen Einzelstaates mit 32 Millionen Einwohnern, hat 80 Mitglieder.[10] Nordrhein-Westfalen als größtes deutsches Bundesland hat mit nur rund 17 Millionen Einwohnern 221 Abgeordnete.

Abbau der Überversorgung des Bundespräsidenten

Bundespräsidenten sind die einzigen Amtsträger, die ihre vollen Amtsbezüge[11] auch im Ruhestand weiterbeziehen.[12] Auch eventuelle Witwen- und Waisengelder berechnen sich daraus, nicht wie bei sonstigen Amtsträgern und Beamten aus der Versorgung von maximal 75 Prozent. Bis 1959 war (wie für den früheren Reichspräsidenten) vorgesehen, daß das Gehalt nach Eintritt in den Ruhestand nur ein Jahr weiterläuft und danach auf die Hälfte absinkt. Die Änderung von 1959, die im Zusammenhang mit dem seinerzeitigen (später allerdings wieder aufgegebenen) Wunsch Adenauers erfolgte, Bundespräsident zu werden, wurde mit fortbestehenden nachamtlichen Pflichten von ehemaligen Bundespräsidenten begründet. Dafür haben sie inzwischen aber ausreichende personelle und sachliche Mittel zur Verfügung, so daß die frühere Begründung für die 100-Prozent-Versorgung nicht mehr trägt. Eine Absenkung des Ruhegehalts auf höchstens 75 Prozent erscheint sinnvoll und angemessen.

Minister und Parlamentarische Staatssekretäre

1. Keine steuerfreie Dienstaufwandsentschädigung

Die zum Teil sehr hohen steuerfreien Dienstaufwandsentschädigungen von Ministerpräsidenten, Ministern und Parlamentarischen Staatssekretären sind zu beseitigen.

2. Keine zusätzlichen Abgeordnetenbezüge

In erster Linie kommt es darauf an, die Unvereinbarkeit von Regierungsamt und Parlamentsmandat (wie sie in Hamburg und Bremen besteht) auch in den anderen Ländern und im Bund durchzusetzen. Solange dies noch nicht gelingt, muß wenigstens das überholte Privileg, daß Bundeskanzler, Bundesminister und Parlamentarische Staatssekretäre ebenso wie die meisten Landesminister neben ihren Ministerbezügen noch große Teile der Abgeordnetenentschädigung zusätzlich erhalten, beseitigt werden. Das gilt sowohl für die steuerpflichtige Entschädigung als auch für die steuerfreien Kostenpauschalen von Abgeordneten. Der Niedersächsische Landtag hat hier in eigener Sache ein nachahmenswertes Vorbild gesetzt. Auch einige andere Länder haben die Abgeordnetenbezüge von Regierungsmitgliedern stark reduziert.

3. Keine Koppelung der Ministerbezüge an die Beamtenbesoldung

Die Koppelung der Bezüge von Ministern und Parlamentarischen Staatssekretären an die Beamtenbesoldung ist sachlich unangemessen, verstößt gegen das Unabhängigkeitsgebot (bei Tarifverhandlungen der Minister) und das Transparenzgebot und sollte beseitigt werden.

4. Kürzung des Übergangsgeldes

Das überzogene Übergangsgeld von Bundesministern, Parlamentarischen Staatssekretären und vielen Landesministern muß eingedämmt werden. Das Übergangsgeld hatte früher die Funk-

tion einer Ersatzrente, hat diese aber mit der Einführung der
Altersrente für Minister verloren. Es könnte für den Fall des
anschließenden Ruhestandes ganz entfallen.

5. Einschränkung der Pension

Hinsichtlich der Altersversorgung sind Landesminister besonders privilegiert. Völlig unhaltbar ist, daß ihre Pension sehr viel
großzügiger bemessen ist als die von Bundesministern, obwohl
auch diese nicht gerade schlecht ist. Nachdem dieser Mißstand
1992 aufgedeckt und öffentlich kritisiert worden war, hat inzwischen die Hälfte der Länder die Konsequenz gezogen, ihre Ministergesetze geändert und die Versorgung von Landesministern
an die von Bundesministern angeglichen, zumeist allerdings nur
für die Zukunft. In anderen Ländern besteht nach wie vor dringender Reformbedarf.

6. Verringerung der Anzahl, der Bezahlung und Versorgung von Parlamentarischen Staatssekretären

Die Zahl der Parlamentarischen Staatssekretäre ist erheblich zu
mindern, wenn diese Einrichtung nicht überhaupt beseitigt werden sollte. Ihre Bezahlung und Versorgung ist – im Verhältnis zu
ihren Aufgaben – völlig überzogen. Schleswig-Holstein zeigt, daß
auch eine finanziell sehr viel bescheidenere Finanzausstattung
von Parlamentarischen Staatssekretären möglich ist.

Politische Beamte

1. Einschränkung des Kreises

Sofern man die Einrichtung von politischen Beamten überhaupt für legitim hält, muß der Kreis jedenfalls erheblich eingeschränkt werden. Hessen und der Bund haben insofern einen (allerdings noch nicht ausreichenden) Anfang gemacht.

2. Senkung der Versorgung

Die Versorgung von politischen Beamten ist überzogen. Sie muß jedenfalls auf den Stand vor der Gesetzesänderung von 1976 zurückgeführt werden (maximal 50 Prozent im einstweiligen Ruhestand und keine Anrechnung der einstweiligen Ruhestandsjahre auf die endgültige Versorgung). Weiter ist zum Beispiel zu prüfen, ob der Anspruch auf Versorgung auch dann bestehen soll, wenn die Versetzung in den Ruhestand auf Betreiben oder auf grobem Verschulden des Beamten beruht.

Kommunale Wahlbeamte

1. Einschränkung der steuerfreien Dienstaufwandsentschädigung

Die Dienstaufwandsentschädigungen von kommunalen Wahlbeamten sind zum Teil überzogen, zum Beispiel die von Bürgermeistern in Baden-Württemberg. Hier muß eine Einschränkung erfolgen, wenn derartige Dienstaufwandsentschädigungen nicht überhaupt beseitigt werden.

2. Überzogene Versorgung

Die Versorgung von kommunalen Wahlbeamten ist – jedenfalls in bezug auf die erste Amtszeit – überzogen und muß eingeschränkt werden. Zu überprüfen ist auch der Beginn der Zahlungen oft lange vor Erreichen der allgemeinen Altersgrenze.

Darüber hinaus sind in mehreren Ländern beim Übergang zur Direktwahl der Bürgermeister und Landräte sehr großzügige Vorschriften eingeführt worden, die zum Mißbrauch geradezu einladen und die möglichst rasch geändert werden sollten.

3. Anrechnung von Privateinkünften

Die bisher nur sehr eingeschränkte und zu großzügige Anrechnung von privatwirtschaftlichen Erwerbseinkommen auf vorzeitige Pensionen von politischen Beamten und kommunalen Wahlbeamten muß verschärft werden.

Strenge Anrechnungsvorschriften

Die Anrechnungsvorschriften beim Zusammentreffen von zwei oder mehr Einkommen (und Versorgungen) aus öffentlichen Kassen müssen massiv verschärft werden. Auf Pensionen, die vor Erreichen der allgemeinen Altersgrenze bezahlt werden, und auf

Übergangsgelder müssen auch privatwirtschaftliche Erwerbseinkommen angerechnet werden. Das (Nicht-)Anrechnungspro-
blem verliert allerdings in dem Maße an Gewicht, als, wie vorstehend gefordert, das gleichzeitige Innehaben von mehreren Ämtern unterbunden und die Überversorgungen von Politikern abgebaut werden.

Dank

Zu diesem Buch haben viele beigetragen: Dr. Hans-Horst Giesing, der ehemalige Direktor des niedersächsischen Landtags, hat das Buch angeregt und dem Verfasser immer wieder Mut gemacht, es auch konsequent zu Ende zu führen. Rechtsanwalt Michael Korte und Rechtsassessor Alexander Willand haben mehrere Monate intensiv mitgearbeitet, die Zahlen auf den neuesten Stand gebracht und zu verschiedenen Aspekten vorbereitende Papiere entworfen. Joachim Schulz und einige Landesverbände des Bundes der Steuerzahler haben dankenswerterweise die Honorierung der beiden Mitarbeiter übernommen und damit erst die Voraussetzung für das Zustandekommen dieser Untersuchung geschaffen. Das Forschungsinstitut bei der Deutschen Hochschule für Verwaltungswissenschaften Speyer, in dem das Thema erarbeitet wurde, hat die wissenschaftliche Infrastruktur zur Verfügung gestellt. Rechtsassessorin Regine Schunda hat vorbereitende Unterlagen zusammengestellt und Korrekturen gelesen, Christa Betz hat in bewährter und zuverlässiger Weise das Manuskript erstellt. Ihnen allen sei an dieser Stelle herzlich gedankt. Gedankt sei aber auch den vielen Korrespondenzpartnern, die Anregungen und Material beisteuerten, und nicht zuletzt dem Knaur Verlag, der das Manuskript als Taschenbuch herausbringt und ihm so die allgemeine Zugänglichkeit für Wissenschaft, Praxis und Bürger sichert. Mein Autorenhonorar wird der Hochschule zur Verfügung gestellt.

Speyer, Anfang März 1998   *Hans Herbert von Arnim*

Anhang

Tabellen, Schaubilder und Übersichten

Tabelle 1:   Abgeordnetenentschädigung
(steuerpflichtig) in Bund und Ländern[1]

Monatsbeträge in DM   Stand: 1. Januar 1998

Bund	11 825 (ab 1. 1. 1999: 12 875)[2]
Flächenstaaten	
Baden-Württemberg	7 900[3]
Bayern	10 115[4]
Hessen	11 266
Niedersachsen	9 825
Nordrhein-Westfalen	8 605
Rheinland-Pfalz	8 955
Saarland	7 971
Schleswig-Holstein	7 350
Stadtstaaten	
Berlin	5 100
Bremen[5]	4 457
Hamburg	4 000
Neue Länder	
Brandenburg	7 086[6]
Mecklenburg-Vorpommern	6 310
Sachsen	6 753
Sachsen-Anhalt	6 500
Thüringen	7 615[7]

Zu den Zulagen von parlamentarischen Amtsträgern siehe Tabelle 3; zu
den Aufwandsentschädigungen Tabellen 2 und 4

Tabelle 1 209

Anmerkungen zu Tabelle 1

1 Die steuerpflichtige Abgeordnetenentschädigung wird im Bund und in allen Ländern formal 12mal im Jahr gezahlt; in ihre Bemessung geht in der Sache jedoch das im öffentlichen Dienst gezahlte 13. Gehalt (»Sonderzuwendung«) regelmäßig mit ein (Siehe z. B. § 11 I 1 Abgeordnetengesetz des Bundes). Die Abgeordnetengesetze des Bundes und der meisten Länder kürzen die Abgeordnetenentschädigung um $1/365$ »in Anrechnung« der Kosten von Pflegefällen; in Sachsen liegt die Kürzung bei 0,5%. Dieser Abschlag wird in diesem Buch nicht berücksichtigt, weil er sehr gering ist, sich nicht auf die Altersversorgung auswirkt und den Überblick erschwert.

2 Abgeordnetengesetz vom 18. 2. 1977, zuletzt geändert durch Gesetze vom 15. 12. 1995 (BGBl. I S. 1718) und vom 19. 6. 1996 (BGBl. I S. 843). Durch diese Änderungen wurde die bisherige Entschädigung von 10366 DM rückwirkend zum 1. 10. 1995 auf 11300 DM erhöht. Darüber hinaus wurden durch das erstgenannte Änderungsgesetz drei weitere Erhöhungsstufen festgelegt, die dann durch das zweitgenannte Änderungsgesetz um ein Jahr hinausgeschoben wurden. Danach beträgt die Entschädigung ab 1. 7. 1997 11825 DM, ab 1. 4. 1998 12350 DM und ab 1. 1. 1999 12875 DM (§ 11 I).

3 Ab 1. 6. 1998 8058 DM.

4 In Bayern wird die Entschädigung zum 1. 7. 1998 automatisch um den Prozentsatz der Erhöhung der Einkommen Nichtselbständiger im vorangehenden Jahr erhöht.

5 In Bremen wird unter bestimmten Umständen zusätzlich der durch Sitzungen und Reisen entstehende Erwerbsausfall erstattet (§ 6 AbgO).

6 In Brandenburg wird die Entschädigung kraft Abgeordnetengesetzes am 1. 1. 1999 auf 7576 DM steigen.

7 In Thüringen wurde die automatische Ankoppelung der Entschädigung an die Entwicklung der Einkommen von Nichtselbständigen 1997/98 ausgesetzt.

Tabelle 2:   Aufwandsentschädigung von Abgeordneten (steuerfrei) in Bund und Ländern

Monatsbeträge in DM, soweit nicht anders vermerkt*

	Einheits-pauschale[1]	Allgemeine Un-kostenpauschale	Fahrtkostenerstattung
	1	2	3
Bund[2]	6344[3] (4758)[4]	–	–
Flächenländer			
Baden-Württemberg	–	1600	515–1313[7] (257)[4]
Bayern	4859 (3644)[4]	–	–
Hessen	–	900	0,42/km[11]
Niedersachsen	–	1930 (515)[9]	0,52/km (0)[16]
Nordrhein-Westfalen	–	2242	764–1498 (0)[4]
Rheinland-Pfalz	–	2200	0–1071[7] (0)[4]
Saarland	–	1877	150–250[21] (0)[4]
Schleswig-Holstein	–	1600 (1200)[9]	92/370[22] zusätzlich 220 bis 1265[7] oder 0,52/km (0)[4]
Stadtstaaten			
Berlin	1460	–	–
Bremen	–	769	43 pro Tag[23]
Hamburg	–	600[26]	–
Neue Länder			
Brandenburg	–	1706	330–2640[27] (0)[4]
Mecklenburg-Vorpommern	–	1920 (1440)[9]	0,42/km (0)[4]
Sachsen	–	2160	0,52/km
Sachsen-Anhalt	–	1800 (360)[9]	216–1290[7] (0)[4]
Thüringen	–	1865[31]	350–1458[7, 31] (0)[4]

Tabelle 2   211

Stand: Januar 1998.

Tagegeld	Übernachtungsgeld	Aufwendungen für die Beschäftigung von Mitarbeitern
4	5	6
–	–	bis 168 624 p. a.[5, 6]
693[8] (347)[9]	39 pro Übernachtung[10]	bis ¾ BAT VIb[6]
–	–	bis 5349 (= BAT VIb)[5, 6]
pro Tag[12] 29/39[13]	33 pro Übernachtung[12, 14, 15]	bis ½ BAT VIb[6]
pro Tag 30/45[17] (0)[16]	39 pro Übernachtung[18] (0)[16]	bis ½ BAT VIb[6]
536	ja[19]	bis 4726[6]
550 (275)[8]	ja[20]	bis ca. ½ BAT VIb[6]
pro Tag 50	–	–
pro Tag 40	ja[20]	bis 1500[6]
	–	–[6]
30/60[24] 35/70[26]	–	bis 500[6]
40 pro Sitzung	–	bis BAT IIa[6]
476	ja[28]	bis BAT-Ost IIa[5, 6]
pro Tag 40	39 pro Übernachtung[18]	bis BAT-Ost VIb[6]
1200[29] (200)[29]	33 pro Übernachtung[30]	bis 3376[5, 6]
pro Tag 40–60[7]	39 pro Übernachtung[18]	bis BAT-Ost VIb[6]
583[31]	28 pro Übernachtung[32]	bis BAT-Ost Vb[6]

* Hinzu kommen unentgeltliche Sachleistungen wie in der Regel Arbeitszimmer, Benutzung des Telefons und der sonstigen Kommunikationsmittel im Parlament, Benutzung von Verkehrsmitteln.

Anmerkungen zu Tabelle 2

1 Umfassende Pauschale.

2 § 12 Abgeordnetengesetz vom 18. 2. 1997 (BGBl. I S. 297), zuletzt geändert durch Gesetz vom 19. 6. 1996 (BGBl. I S. 843).

3 Die Kostenpauschale wird zum 1. Januar eines jeden Jahres der Entwicklung der allgemeinen Lebenshaltungsausgaben aller privaten Haushalte im vorvergangenen Kalenderjahr automatisch angepaßt.

4 Soweit ein landeseigener Dienstwagen zur ausschließlichen Verfügung steht.

5 Nach Maßgabe des »Haushaltsgesetzes«.

6 Aufwendungen für die Beschäftigung von Mitarbeitern je Abgeordneten:

Bund:
§ 12 III AbgG gibt einen Anspruch dem Grunde nach gegen Nachweis; der genaue Betrag ergibt sich nur aus dem Haushaltsplan: für 1996 bis 170 820 DM p. a. zuzüglich Nebenleistungen. Laut Haushaltsplan steigt dieser Höchstbetrag ab 1996 entsprechend den durchschnittlichen Steigerungen der BAT-Tarife.

Baden-Württemberg:
Pauschal 610 DM oder auf Nachweis bis maximal 75% der Bruttovergütung BAT VIb (6. Lebensaltersstufe, Ortszuschlag Tarifklasse II, Stufe 3) monatlich. Nebenleistungen werden nach Maßgabe besonderer Ausführungsbestimmungen erstattet (§ 6 IV AbgG); weder im Abgeordnetengesetz noch im Haushaltsplan ist ein genauer Betrag genannt, aus dem Haushaltsplan ergibt sich nur eine Gesamtsumme.

Bayern:
Art. 6 VII AbgG gibt einen Anspruch dem Grunde nach; der genaue Betrag bis 5077 DM monatlich (in Anlehnung an BAT VIb) und die Bezugsgröße ergeben sich nur aus dem Haushaltsplan.

Tabelle 2   213

Hessen:
Auf Nachweis die Kosten bis zur Hälfte der Bruttovergütung BAT
VIb (Endstufe, Ortszuschlag Stufe 4) monatlich (§ 6 I Nr. 4 AbgG);
weder im Abgeordnetengesetz noch im Haushaltsplan ist ein ge-
nauer Betrag genannt, aus dem Haushaltsplan ergibt sich nur eine
Gesamtsumme.

Niedersachsen:
Nachgewiesene Kosten bis zu einem Höchstbetrag in Höhe der
Hälfte der Bruttovergütung BAT VIb (unter Berücksichtigung von
Nebenleistungen) monatlich (§ 7 II AbgG); weder im Abgeordne-
tengesetz noch im Haushaltsplan ist ein genauer Betrag genannt, aus
dem Haushaltsplan ergibt sich nur eine Gesamtsumme.

Nordrhein-Westfalen:
Bis 4726 DM monatlich zuzüglich Nebenleistungen; der Betrag ist
im Abgeordnetengesetz (§ 6 VI AbgG) genannt.

Rheinland-Pfalz:
Auf Nachweis bis zu dem Betrag, den ein Angestellter des Landes
bei einer Arbeitszeit von wöchentlich 18 Stunden in Vergütungs-
gruppe BAT VIb (zuzügl. Nebenleistungen) erhält, monatlich (§ 6
III AbgG); weder im Abgeordnetengesetz noch im Haushaltsplan ist
ein genauer Betrag genannt, aus dem Haushaltsplan ergibt sich nur
eine Gesamtsumme.

Schleswig-Holstein:
Auf Nachweis bis zu 1500 DM monatlich; der Betrag ist im Abgeordnetengesetz (§ 9 III AbgG) genannt.

Berlin:
In § 7 Abs. 4 AbgG findet sich zwar die Bestimmung: »Aufwendungen für die Beschäftigung von Mitarbeitern werden nach Maßgabe
des Haushaltsgesetzes ersetzt.« Im Haushaltsgesetz findet sich bisher allerdings keine Bestimmung, und auch in die Haushaltspläne
wurden entsprechende Mittel bislang nicht eingestellt.

Bremen:
Kann-Bestimmung dem Grunde nach in § 47 AbgG; laut Richtlinie
bis zu 500 DM pro Abgeordneten monatlich auf Nachweis für
Unterhalt von Büro und Anstellung von Mitarbeitern; weder im
Abgeordnetengesetz noch im Haushaltsplan ist ein genauer Betrag
genannt, aus dem Haushaltsplan ergibt sich nur eine Gesamtsumme
(1997: 600 000 DM).

Hamburg:
Bis zur Höhe der Hälfte des monatlichen Gehalts eines Angestellten
nach BAT IIa auf Nachweis; weder im Abgeordnetengesetz noch im
Haushaltsplan ist der genaue Betrag genannt (auch nicht der Pauschale), aus dem Haushaltsplan ergibt sich nur eine Gesamtsumme.

Brandenburg:
In § 6 V Nr. 1 AbG findet sich nur ein Anspruch dem Grunde nach.
Der genaue Betrag ergibt sich nur aus dem Haushaltsplan: auf
Nachweis bis zur Höhe der Bruttovergütung BAT-Ost IIa monatlich
(6. Lebensaltersstufe, Ortszuschlag nach Tarifklasse Ib, Stufe 3,
zuzügl. Nebenleistungen); Erstattungshöchstbetrag je Mitarbeiter
4991 DM.

Mecklenburg-Vorpommern:
Auf Nachweis die Kosten bis zur Höhe der Bruttovergütung BAT-
Ost VIb monatlich (35 Jahre, verheiratet, 2 Kinder). Personalneben-
kosten werden zusätzlich in Ansatz gebracht (§ 9 AbgG); weder im
Abgeordnetengesetz noch im Haushaltsplan ist ein genauer Betrag
genannt, aus dem Haushaltsplan ergibt sich nur eine Gesamtsumme.

Sachsen:
§ 6 IV AbgG gibt einen Anspruch dem Grunde nach; weder im
AbgG noch im Haushaltsplan ist der genaue Betrag genannt (auch
nicht der Pauschale), aus dem Haushaltsplan ergibt sich nur die
Gesamtsumme.

Tabelle 2   215

Sachsen-Anhalt:

Auf Nachweis die Kosten bis zur Höhe der Bruttovergütung BAT-Ost VIb monatlich (6. Lebensaltersstufe, Ortszuschlag nach Tarifklasse II, Stufe 3) zuzüglich der entsprechenden Nebenleistungen (§ 8 II AbgG); weder im Abgeordnetengesetz noch im Haushaltsplan ist ein genauer Betrag genannt, aus dem Haushaltsplan ergibt sich nur eine Gesamtsumme.

Thüringen:

Auf Nachweis die Kosten bis zur Höhe der Bruttovergütung BAT-Ost Vb monatlich (10. Lebensaltersstufe, Ortszuschlag nach Tarifklasse Ic, Stufe 3) zuzüglich der entsprechenden Nebenleistungen (§ 7 AbgG); weder im Abgeordnetengesetz noch im Haushaltsplan ist ein genauer Betrag genannt, aus dem Haushaltsplan ergibt sich nur eine Gesamtsumme.

7 Pauschale, gestaffelt nach der Entfernung zwischen Wohnort und Sitz des Landtags.

8 Abgeordnete mit Wohnsitz in Stuttgart erhalten eine verminderte Tagegeldpauschale von 600 DM.

9 Geminderter Betrag für Abgeordnete, die Amtsbezüge beziehen.

10 Auf Nachweis werden angemessene Mehrkosten erstattet.

11 Dieser Satz erhöht sich auf den Betrag, der als höchste Wegstreckenentschädigung für die Benutzung anerkannt privateigener Kraftfahrzeuge durch Beamte des Landes festgesetzt wird.

12 Tagegeld und Übernachtungsgeld werden in sinngemäßer Anwendung des Hess. Reisekostengesetzes (HRKG) in der jeweils geltenden Fassung nach Reisekostenstufe I gezahlt.

13 Tagegeld für einen Zeitraum von nicht mehr als einem vollen Kalendertag/für einen Zeitraum von mehreren Tagen je voller Kalendertag. Bei einer Dauer unter 12 Stunden wird der Betrag entsprechend § 9 III HRKG gemindert.

14 Nachgewiesene Mehrkosten werden erstattet. Ohne weitere Begründung werden außerdem nachgewiesene Kosten bei Übernachtungen außerhalb Hessens erstattet.

15 Einem Mitglied des Landtags, das außerhalb Wiesbadens wohnt und

in einer gemieteten oder eigenen Wohnung in Wiesbaden übernach-
tet, kann ein Pauschbetrag von 75 DM je Übernachtung ersetzt
werden; höchstens jedoch 10 Übernachtungen im Monat.

16 Mitglieder der Landesregierung erhalten keine Reisekostenent-
schädigung.

17 Tagegeld bei einem Tag/bei mehrtägigen Reisen.

18 Nachgewiesene Mehrkosten werden bis zu einem Höchstbetrag erstattet.

19 Durch Tagegeldpauschalen abgedeckt, zusätzlich werden Kosten für
notwendige Übernachtungen bei Sitzungen außerhalb des Sitzes des
Landtags erstattet.

20 In Höhe der nachgewiesenen Kosten (ohne Höchstbetrag).

21 Gestaffelt nach Entfernung des Wohnsitzes vom Sitz des Parlaments. Zusätzlich werden monatlich 16 Fahrten vom Wohnort zum
Landtag und zurück mit 0,52 DM pro gefahrenem Kilometer erstattet.

22 Für Fahrten in einem städtischen/ländlichen Wahlkreis.

23 Nur bei Fahrten von Bremerhaven zur Sitzung in Bremen und
umgekehrt; das Reisetagegeld wird beim Sitzungsgeld angerechnet.

24 Je nach Sitzungsdauer/Dauer der Anwesenheit.

25 Bei Sitzung außerhalb des Wohnortes des Abgeordneten; je nach
Sitzungsdauer/Dauer der Anwesenheit.

26 Hinzu kommt auf Antrag und Nachweis ein Bürokostenzuschuß von
700 DM.

27 Beim Wohnort am Sitz des Landtags: 330 DM. Bei einer Entfernung
des Wohnortes vom Sitz des Landtags bis 30 km weitere 330 DM. Für
jeweils weitere 30 km erfolgt eine Erhöhung um 330 DM. Bei einer
Entfernung von über 180 km ergibt sich eine Summe von 2640 DM.

28 Bei sitzungsbedingten Übernachtungen werden die über einen
Sockelbetrag hinausgehenden tatsächlichen Kosten erstattet.

29 Einem Mitglied des Landtags, dem ein landeseigener Dienstwagen
zur ausschließlichen Verfügung steht, wird die Tagegeld- und Fahrtkostenpauschale um 400 DM gekürzt; einem Mitglied des Landtags,
das Amtsbezüge als Staatsminister oder Staatssekretär bezieht, wird
sie um 50 Prozent gekürzt. Beide Kürzungen erfolgen gegebenenfalls nebeneinander.

Tabelle 2   217

30 Übernachtungsgeld in Höhe des Höchstsatzes nach dem Landes-
   reisegesetz oder auf Nachweis die tatsächlichen Kosten bis zu einem
   Höchstsatz.

31 Diese Beträge verändern sich jährlich automatisch entsprechend der
   Entwicklung der Lebenshaltungskosten aller Arbeitnehmerhaushal-
   te in Thüringen.

32 Abgeordnete erhalten bei mandatsbedingten, nicht durch eine Reise
   im Auftrag einer Fraktion veranlaßten Übernachtungen außerhalb
   ihres Wohnsitzes ein Übernachtungsgeld nach § 9 des Thüringer
   Reisekostengesetzes. Unvermeidbare Mehrkosten werden auf
   Nachweis erstattet.

Tabelle 3: Zusätzliche Entschädigung für parlamentarische Amtsträger (steuerpflichtig) in Bund und Ländern nach den Abgeordnetengesetzen

Steuerpflichtige Gesamtbezüge,[1] also einschließlich der allgemeiner Abgeordnetenentschädigung[2]

Monatsbeträge in DM

	Entschädigung als Basis	Präsident	Vizepräsident
	1	2	3
Bund	11 825	23 650 (=200%)	17 738 (=150%)
Flächenstaaten			
Baden-Württemberg	7 900	15 800 (=200%)	11 850 (=150%)
Bayern	10 115	20 230 (=200%)	15 173 (=150%)
Hessen	11 266	16 899 (=150%)	14 083 (=125%)
Niedersachsen	9 825	19 650 (=200%)	14 378 (=150%)
Nordrhein-Westfalen	8 605	17 210 (=200%)	12 908 (=150%)
Rheinland-Pfalz	8 955	17 909 (=200%)	13 432 (=150%)
Saarland	7 971	15 942 (=200%)	11 957 (=150%)
Schleswig-Holstein[3]	7 350	14 240 (=194%)	10 795 (=147%)
Stadtstaaten			
Berlin	5 100	10 200 (=200%)	7 650 (=150%)
Bremen	4 457	13 371 (=300%)	8 914 (=200%)
Hamburg[4]	4 000	12 000 (=300%)	8 000 (=200%)
Neue Länder			
Brandenburg	7 086	14 172 (=200%)	10 629 (=150%)
Mecklenburg-Vorpommern	6 310	12 620 (=200%)	9 465 (=150%)
Sachsen	6 753	13 506 (=200%)	10 130 (=150%)
Sachsen-Anhalt	6 500	13 000 (=200%)	9 750 (=150%)
Thüringen	7 615	15 229 (=200%)	12 945 (=170%)

Tabelle 3 219

Stand: 1. Januar 1998.

Fraktionsvorsitzende	Parlamentarische Fraktionsgesch.-führer	Stellvertretende Fraktionsvorsitzende	Ausschußvorsitzende	Vorsitzende der Fraktionsarbeitskreise
4	5	6	7	8
–	–	–	–	–
–	–	–	–	–
–	–	–	–	–
16 899 (=150%)	–	–	–	–
–	–	–	–	–
–	–	–	–	–
17 909 (=200%)	–	–	–	–
15 942 (=200%)	–	–	–	–
15 963 (=217%)	12 518 (=170%)	9 417 (=128%)	8 728 (=119%)	8 728 (–119%)
–	–	–		–
–	–	–	–	–
12 000 (=300%)	–	8 000 (=200%)		–
–	–	–	–	–
12 620 (=200%)	11 043 (=175%)	8 203 (=130%)	8 203 (=130%)	7 888 (=125%)
–	–	–	–	–
13 000 (=200%)	10 400 (=160%)	8 450 (=130%)	7 800 (=120%)	7 800 (=120%)
15 229 (=200%)	12 945 (=170%)	10 660 (=140%)	10 660 (=140%)	–

Anmerkungen zu Tabelle 3

1 Die Ziffern in Klammern bezeichnen die Gesamtbezüge in Prozent der in Spalte 1 genannten allgemeinen Abgeordnetenentschädigung.

2 Im Bund und in den meisten Ländern wirkt sich der Bezug der zusätzlichen Entschädigung – entsprechend seiner Dauer – erhöhend auf die Altersversorgung der Abgeordneten aus. In Bremen gilt das nur für den Präsidenten. In den Ländern Hessen, Schleswig-Holstein, Mecklenburg-Vorpommern, Sachsen-Anhalt und Thüringen wirkt sich die zusätzliche Entschädigung dagegen nicht auf die Höhe der Altersversorgung der Funktionsträger aus.

3 Die Berechnungsgrundlage der zusätzlichen Entschädigung ist in Schleswig-Holstein ausnahmsweise abweichend von der allgemeinen Abgeordnetenentschädigung (= 7 350 DM) gesetzlich auf 6 890 DM festgesetzt.

4 In Hamburg erhalten auch die Sprecher von Gruppen 200%.

Tabelle 4   221

Tabelle 4: Zusätzliche Kostenpauschale (steuerfrei) für parlamentarische Amtsträger in Bund und Ländern

Monatsbeträge in DM   Stand: 1. Januar 1998.

	Präsident des Bundes- bzw. Landtags	Vizepräsident des Bundes- bzw. Landtags	Fraktions- vorsitzender	stellv. Fraktions- vorsitzender	Ausschuß- vorsitzender	stellv. Ausschuß- vorsitzender
Bund (§ 12 VI)	2000	600	–	–	–	–
Flächenstaaten						
Baden-Württemberg (§ 6 VII)	1504	752	1253	–	628[1]	(628)[2]
Bayern (Art. 6 VI)	2110	1057	–	–	996	748
Hessen	–	–	–	–	–	–
Niedersachsen (§ 7 I 2)	515	103	–	–	206[3]	–
Nordrhein-Westfalen (§ 6 V)	2465	910	–	–	–	–
Rheinland-Pfalz (§ 6 V)	800	400	800	–	450[4]	–
Saarland (§ 6 IV)	751	469	751	–	563	–
Schleswig-Holstein	–	–	–	–	–	–
Stadtstaaten						
Berlin (§ 7 III)	1460	730	–	–	–	–
Bremen		–	–	–	–	–
Hamburg	–	–	–	–	–	–
Neue Länder						
Brandenburg (§ 6 IV)	1110	555	–	–	–	–
Mecklenburg-Vorpommern	–	–	–	–	–	–
Sachsen (§ 6 VI)	900	450[5]	600	–	450	450[2]
Sachsen-Anhalt	–	–	–	–	–	–
Thüringen	–	–	–	–	–	–

Anmerkungen zu Tabelle 4

1 Dieser Betrag erhöht sich für Mitglieder des Petitionsausschusses, von Untersuchungsausschüssen und Enquetekommissionen um 294 DM (zusätzliche Tagegeldpauschale) und für den Vorsitzenden des Petitionsausschusses um weitere 200 DM zur Abgeltung der amtsbedingten zusätzlichen Telefonkosten.

2 Diesen Betrag erhält nur der stellvertretende Vorsitzende des Petitionsausschusses.

3 Diesen Betrag erhalten auch die Vorsitzenden der Unterausschüsse, der Untersuchungsausschüsse, der Enquetekommission und der Sonderausschüsse.

4 Ausschußvorsitzende sind auch die Vorsitzenden der den Ausschüssen vergleichbaren Kommissionen und der Vorsitzende der Rechnungsprüfungskommission. Die Vorsitzenden des Wahlprüfungsausschusses, der Untersuchungsausschüsse, der Enquetekommissionen und der Rechnungsprüfungskommissionen erhalten die Aufwandsentschädigung für die Dauer der jeweiligen Verfahren.

5 Die anderen Mitglieder des Präsidiums erhalten 300 DM.

Tabelle 5 (doppelseitig)
folgt auf Seite 224

Tabelle 5: Altersversorgung ehemaliger Abgeordneter in Bund und Ländern (Struktur)

Monatsbeträge in DM

Bund bzw. Land (in Klammern die einschlägigen Vorschriften des jeweiligen Abgeordnetengesetzes)		Höhe der Entschädigung als Basis	Mindestrente			
			Voraussetzung (Dauer der Parlamentszugehörigkeit)	Prozent der E[1]	Betrag in DM	Beginn der Zahlungen
		1	2	3	4	5
Bund (§§ 19 f.)[2]	künftige Abg.	12 875 (ab 1. 1. 1999)	8 Jahre[3, 4]	24	3090	65 Lj.[4a]
	ehem. Abg.	11 625 (ab 1. 1. 1999)	8 Jahre[3, 4]	35	4069	65. Lj.
Flächenstaaten						
Baden-Württemberg (§§ 11 f.)		7 900	8 Jahre[3]	30	2370	60. Lj.
Bayern (Art. 12 f.)		10 115	8 Jahre[3, 5]	35	˙3540	65. Lj.
Hessen (§§ 10 f.)		11 266	6 Jahre[6]	29	3267	55. Lj.
Niedersachsen (§§ 18 ff.)		9 825	8 Jahre[8]	25	2456	65. Lj.
Nordrhein-Westfalen (§§ 12 f.)		8 605	8 Jahre[3]	33	2839	60. Lj.
Rheinland-Pfalz (§§ 11 f.)		8 955	10 Jahre[3]	33	2955	60. Lj.
Saarland (§§ 11 f.)		7 971	8 Jahre[3]	35	2789	60. Lj.
Schleswig-Holstein (§§ 17 f.)		7 260	8 Jahre[3]	35	2541	65. Lj.
Stadtstaaten						
Berlin (§§ 11 f.)		5 100	7 Jahre[3]	45	2295	63. Lj.
Bremen (§§ 12 f.)		4 457	2 Jahre[3]	6	267	63. Lj.
Hamburg (§§ 10 f.)		4 000	1 Jahr[3]	2	80	65. Lj.
Neue Länder						
Brandenburg (§§ 11 f.)		7 086	8 Jahre[3, 9]	33	2338	65. Lj.
Mecklenburg-Vorpommern (§§ 17 f.)		6 310	8 Jahre[10]	35	2209	60. Lj.
Sachsen (§§ 13 f.)		6 753	8 Jahre[3, 9]	35	2364	60. Lj.
Sachsen-Anhalt (§§ 17 f.)		6 500	6 Jahre[9, 11]	38,5	2503	55. Lj.
Thüringen (§§ 12 f.)		7 615	6 Jahre[9]	29	2208	55. Lj.

Tabelle 5   225

Stand: 1. Januar 1998.

Steigerungsrate pro Jahr in Prozent der E[1]	Höchstrente			
	Voraussetzung (Dauer der Parlamentszugehörigkeit)	Prozent der E[1]	Betrag	Beginn der Zahlungen
6	7	8	9	10
3	23 Jahre[3, 4]	69	8884	55. Lj.[4a]
4	18 Jahre[3, 4]	75	8719	55. Lj.
4	18 Jahre[3]	70	5530	55. Lj.
4	18 Jahre[3, 5]	75	7586	55. Lj.
3	22 Jahre[6]	75	8450	55. Lj.
3,5	23 Jahre[7]	75	7368	60. Lj.
3,5	20 Jahre[3]	75	6453	55. Lj.
3,5	20 Jahre[3]	68	6089	57. Lj.
4	18 Jahre[3]	75	5978	55. Lj.
4	18 Jahre[3]	75	5445	55. Lj.
5	13 Jahre[3]	75	3825	55. Lj.[8]
3	25 Jahre[3]	75	3343	59. Lj.
2	_[12]	–	–	–
3,5	20 Jahre[3]	75	5314	55. Lj.
5	16 Jahre[6]	75	4733	55. Lj.
4	18 Jahre[3]	75	5065	55. Lj.
5	16 Jahre[3]	75	4875	55. Lj.
3	22 Jahre[6]	75	5711	55. Lj.

Anmerkungen zu Tabelle 5

1 E = Entschädigung (zur Auswirkung der Funktionszulage auf die Altersversorgung von Funktionsträgern siehe Tabelle 3 Anm. 2).

2 Die Berechnungen für »künftige« Abgeordnete des Bundestags beruhen auf einer Entschädigungshöhe von 12 875 DM, die ab 1. 1. 1999 gezahlt wird (Gesetz zur Neuregelung der Rechtsstellung der Abgeordneten vom 15. 12. 1995, BGBl. S. 1718, zuletzt geändert durch Gesetz v. 19. 6. 1996, BGBl. S. 843). *Künftige* Abgeordnete sind diejenigen, die nach Inkrafttreten der Neuregelung Ende 1995 in den Bundestag eintreten. Da ihre Altersversorgung frühestens im Jahre 2003 beginnt, werden sie in den Genuß aller vier jetzt schon gesetzlich festgelegten Erhöhungsstufen kommen; deshalb erscheint es sinnvoll, von 12 875 DM auszugehen (erste Zeile). Für Mitglieder, die am Tag des Inkrafttretens des Gesetzes dem Bundestag angehören (*amtierende* Abgeordnete) und die für diese Regelung optieren, oder für *ehemalige* Mitglieder gelten die bisherigen Regelungen fort. Bemessungsbeträge für ihre Versorgung sind aber nur halb so rasch wachsende Beträge: ab 1. 4. 1998 11 375 DM und ab 1. 1. 1999 11 625 DM. Auch hier erscheint es, da die Steigerungsbeträge bereits beschlossen sind und die amtierenden Abgeordneten in aller Regel frühestens 1998 aus dem Bundestag ausscheiden, sinnvoll, bereits die Beträge ab 1999 anzusetzen (zweite Zeile).

3 Dabei zählt ein halbes Jahr (und ein Tag) als ein volles Jahr.

4 Eine Wahlperiode wird mit 4 Jahren angerechnet, soweit ihre Dauer über 2 Jahre hinausgeht.

4a Gemeint ist jeweils das vollendete Lebensjahr.

5 Datumsmäßige Verschiebungen des Wahltags bleiben unberücksichtigt.

6 In Hessen, Mecklenburg-Vorpommern und Thüringen zählen nur volle Jahre.

7 In Niedersachsen zählt ein Rest von mehr als 182 Tagen als ein Jahr. Gehörte ein früherer Abgeordneter dem Landtag mehrmals mit Unterbrechungen an, so sind die Zeitabschnitte zusammenzurechnen.

8 Bei einer Mitgliedschaft zum Abgeordnetenhaus von 20 Jahren und mehr gibt es keine Altersgrenze.

Tabelle 5   227

9 Für Mitglieder der Landtage der ersten Wahlperiode gibt es Sonderregeln: In Brandenburg gibt es für Angehörige des 1. Landtags bei Erreichen des gesetzlichen Rentenalters nach 4 Jahren Parlamentszugehörigkeit eine Altersversorgung von 19% der Entschädigung. In Sachsen werden nach 3 Jahren im 1. Landtag 25% der Entschädigung als Altersversorgung ab dem 53. Lebensjahr erreicht. Die Abgeordneten in Sachsen-Anhalt erhalten nach der ersten Wahlperiode, die mindestens 3 Jahre gedauert haben muß, ab Vollendung des 55. Lebensjahres sogar eine Altersversorgung von 38,5% der Entschädigung. Die Abgeordneten des 1. Thüringer Landtags erhalten nach der ersten Wahlperiode mit einer Dauer von mindestens 3 Jahren und 6 Monaten eine Versorgung von 29% der Entschädigung ab dem 55. Lebensjahr.

10 Erforderlich ist eine Mitgliedschaft zum Landtag von zwei Wahlperioden oder von acht vollen Jahren.

11 Erforderlich sind grundsätzlich zwei Wahlperioden, die zusammen aber mindestens 6 Jahre gedauert haben müssen.

12 In Hamburg ist keine Höchstgrenze vorgesehen.

Tabelle 6: Altersversorgung von ehemaligen Abgeordneten (Beträge in Vierjahresschritten)

Monatsbeträge in DM

Land		Zugehörigkeit zum Parlament (in Jahren)				
	Basis	2 Jahre	v.-H.-Satz	4 Jahre	v.-H.-Satz
Bund künftige Abg.[1]	12 875	–		–	
ehem. u. amtierende Abg.[1]	11 625	–		–	
Flächenstaaten					
Baden-Württemberg	7 900	–		–	
Bayern	10 115	–		–	
Hessen[2]	11 266	–		–	
Niedersachsen	9 825	–		–	
Nordrhein-Westfalen	8 605	–		–	
Rheinland-Pfalz[3]	8 955	–		–	
Saarland	7 971	–		–	
Schleswig-Holstein	7 350	–		–	
Stadtstaaten					
Berlin[4]	5 100	–		–	
Bremen[5]	4 457	267	*6%*	535	*12%*
Hamburg[6]	4 000	160	*4%*	320	*8%*
Neue Länder					
Brandenburg	7 086	–		–	
Mecklenburg-Vorpommern	6 310	–		–	
Sachsen	6 753	–		–	
Sachsen-Anhalt	6 500	–		–	
Thüringen[2]	7 615	–		–	

Tabelle 6   229

Stand: Januar 1998; Beträge auf volle DM gerundet.

Zugehörigkeit zum Parlament (in Jahren)									
8 Jahre	v.-H.-Satz	12 Jahre	v.-H.-Satz	16 Jahre	v.-H.-Satz	20 Jahre	v.-H.-Satz	24 Jahre	v.-H.-Satz
3 090	24%	4 635	36%	6 180	48%	7 725	60%	8 884	69%
4 069	35%	5 929	51%	7 789	67%	8 719	75%	8 719	75%
2 370	30%	3 476	44%	4 582	58%	5 530	70%	5 530	70%
3 540	35%	5 159	51%	6 777	67%	7 586	75%	7 586	75%
3 943	35%	5 295	47%	6 647	59%	7 999	71%	8 450	75%
2 456	25%	3 832	39%	5 207	53%	6 583	67%	7 369	75%
2 840	33%	4 044	47%	5 249	61%	6 454	75%	6 454	75%
–		3 582	40%	4 836	54%	6 089	68%	6 089	68%
2 790	35%	4 065	51%	5 341	67%	5 978	75%	5 978	75%
2 573	35%	3 749	51%	4 925	67%	5 513	75%	5 513	75%
2 550	50%	3 570	70%	3 825	75%	3 825	75%	3 825	75%
1 070	24%	1 605	36%	2 139	48%	2 674	60%	3 209	72%
640	16%	960	24%	1 280	32%	1 600	40%	1 920	48%
2 338	33%	3 330	47%	4 322	61%	5 315	75%	5 315	75%
2 209	35%	3 471	55%	4 733	75%	4 733	75%	4 733	75%
2 364	35%	3 444	51%	4 525	67%	5 065	75%	5 065	75%
2 503	38,5%	3 803	59%	4 875	75%	4 875	75%	4 875	75%
2 665	35%	3 579	47%	4 493	59%	5 406	71%	5 711	75%

Anmerkungen zu Tabelle 6

1 Seit der »Diätenanpassung« von 1995 hängt die Berechnung der Abgeordnetenversorgung beim Bund auch noch davon ab, ob der begünstigte Abgeordnete vor dem 23. 12. 1995 dem Bundestag angehörte, vgl. § 35a AbgG. Ab 1999 gilt für diese Abgeordneten eine Berechnungsbasis von 11 625 DM. Für sog. »künftige« Abgeordnete, die dem Bundestag vor dem 23. 12. 1995 nicht angehörten, berechnet sich die Versorgung ab 1999 auf einer Grundlage von 12 875 DM. Die Höchstversorgung von 75% der Bezüge (ehemalige und amtierende Abgeordnete) bzw. 69% (»künftige« Abgeordnete) ist in beiden Fällen nach 23 Jahren erreicht.

2 Die Mindestversorgung ist mit einer Parlamentszugehörigkeit von 6 Jahren erreicht.

3 Die Mindestversorgung ist mit einer Parlamentszugehörigkeit von 10 Jahren erreicht.

4 Die Mindestversorgung ist mit einer Parlamentszugehörigkeit von 7 Jahren erreicht.

5 Die Mindestversorgung ist mit einer Parlamentszugehörigkeit von 2 Jahren erreicht.

6 Die Mindestversorgung ist mit einer Parlamentszugehörigkeit von 1 Jahr erreicht.

Tabelle 7 (doppelseitig)
folgt auf Seite 232

Tabelle 7:　Übergangsgeld für ehemalige Abgeordnete in Bund und Ländern

Gesamtsumme in DM

Bund bzw. Land (in Klammern die einschlägige Vorschrift des jeweiligen Abgeordnetengesetzes)		Höhe der Entschädigung als Basis[1,2]	Übergangsgeld nach einem Jahr Parlamentszugehörigkeit
		1	2
Bund (§ 18 I)[3]	künftige Abg.	12 875	12 875 (E[4] x 1)
	ehemalige Abg.	10 366	31 098 (E x 3)
Flächenstaaten			
Baden-Württemberg (§ 10 I)		7 900	23 700 (E x 3)
Bayern (Art. 11 I) **neu**		10 115	10 115 (E x 1)
Bayern **alt**		10 115	30 345 (E x 3)
Hessen (§ 9 I, II)		11 235	33 705 (E x 3)
Niedersachsen (§ 16 I, III)		9 825	2 9 475 (E x 3)
Nordrhein-Westfalen (§ 11 I)		8 605	25 815 (E x 3)
Rheinland-Pfalz (§ 10 I)		8 955	26 864 (E x 3)
Saarland (§ 10 I)		7 971	23 913 (E x 3)
Schleswig-Holstein (§ 16 I)		7 350	22 050 (E x 3)
Stadtstaaten			
Berlin (§ 10 I)		5 100	5 100 (E x 1)
Bremen (§ 11 I)		4 457	4 457 (E x 1)
Hamburg (§ 9)[5]		4 000	12 000 (E x 3)
Neue Länder			
Brandenburg (§ 10 I)		7 086	21 258 (E x 3)
Mecklenburg-Vorpommern (§ 16 I)		6 310	18 930 (E x 3)
Sachsen (§ 12 I)		6 753	20 259 (E x 3)
Sachsen-Anhalt (§ 16 I)		6 500	19 500 (E x 3)
Thüringen (§§ 11, 12)		7 615	22 844 (E x 3)

Tabelle 7   233

Stand: 1. Januar 1998.

Übergangsgeld nach 4 Jahren Parlamentszugehörigkeit	Übergangsgeld nach 8 Jahren Parlamentszugehörigkeit	Übergangsgeld nach 12 Jahren Parlamentszugehörigkeit	Höchstbetrag des Übergangsgeldes	Dauer der Parlamentszugehörigkeit zur Erlangung des Höchstbetrages
3	4	5	6	7
51 500 (E x 4)	103 000 (E x 8)	154 500 (E x 12)	231 750 (E x 18)	18 Jahre
72 562 (E x 7)	145 124 (E x 14)	217 686 (E x 21)	373 176 (E x 36)	21 Jahre
47 400 (E x 6)	79 000 (E x 10)	110 600 (E x 14)	189 600 (E x 24)	22 Jahre
40 460 (E x 4)	80 920 (E x 8)	121 380 (E x 12)	182 070 (E x 18)	18 Jahre
60 690 (E x 6)	101 150 (E x 10)	141 610 (E x 14)	182 070 (E x 18)	16 Jahre
67 410 (E x 6)	112 350 (E x 10)	134 820 (E x 12)	134 820 (E x 12)	10 Jahre
58 950 (E x 6)	98 250 (E x 10)	117 900 (E x 12)	117 900 (E x 12)	10 Jahre
51 630 (E x 6)	86 050 (E x 10)	120 470 (E x 14)	206 520 (E x 24)	22 Jahre
53 728 (E x 6)	89 547 (E x 10)	107 456 (E x 12)	107 456 (E x 12)	10 Jahre
47 826 (E x 6)	79 710 (E x 10)	111 594 (E x 14)	191 304 (E x 24)	22 Jahre
88 200 (E x 12)	176 400 (E x 24)	220 500 (E x 30)	220 500 (E x 30)	10 Jahre
20 400 (E x 4)	61 200 (E x 12)	86 700 (E x 17)	91 800 (E x 18)	13 Jahre
17 828 (E x 4)	35 656 (E x 8)	53 484 (E x 12)	53 484 (E x 12)	12 Jahre
12 000 (E x 3)	12 000 (E x 3)	12 000 (E x 3)	12 000 (E x 3)	1 Jahr
42 516 (E x 6)	70 860 (E x 10)	99 204 (E x 14)	170 064 (E x 24)	22 Jahre
37 860 (E x 6)	63 100 (E x 10)	88 340 (E x 14)	151 440 (E x 24)	22 Jahre
40 518 (E x 6)	67 530 (E x 10)	94 542 (E x 14)	162 072 (E x 24)	22 Jahre
39 000 (E x 6)	65 000 (E x 10)	91 000 (E x 14)	156 000 (E x 24)	22 Jahre
45 688 (E x 6)	76 146 (E x 10)	91 375 (E x 12)	91 375 (E x 12)	10 Jahre

Anmerkungen zu Tabelle 7

1 Ausgeschiedene Parlamentsmitglieder, die als Funktionsträger eine Funktionszulage erhalten haben (vgl. Tabelle 3), beziehen in Baden-Württemberg, Bayern, Berlin, Hamburg, Niedersachsen, Nordrhein-Westfalen, im Saarland und in Sachsen ein um die Zulage erhöhtes Übergangsgeld, das in der Tabelle nicht ausgewiesen ist. In den anderen Ländern gilt diese problematische Regelung nicht. Dort beziehen auch die Funktionsträger ein Übergangsgeld in Höhe der normalen Entschädigung.

2 Der Auszahlungsbetrag mindert sich regelmäßig um ein Dreihundertfünfundsechzigstel als Beteiligung der Abgeordneten an den Kosten der Pflegeversicherung.

3 Für den Bund ist alternativ die Regelung für *künftige* Abgeordnete, die nach Inkrafttreten der Ende 1995 erlassenen Neuregelung in den Bundestag eintreten (obere Zeile), und für *ehemalige* Abgeordnete, die bei Inkrafttreten der Neuregelung bereits ausgeschieden sind (untere Zeile), zugrunde gelegt, wobei für künftige Abgeordnete die bereits beschlossene vierstufige Erhöhung der Bemessungsgrundlage aus 12 875 DM ab 1. 1. 1999 zugrunde gelegt wird; vorher kann ein Übergangsgeldfall für künftige Abgeordnete ohnehin kaum auftreten. Für ehemalige Abgeordnete ist der Bemessungsbetrag auf 10 366 DM eingefroren. *Amtierende* Abgeordnete können zwischen beiden Systemen wählen.

4 E = Entschädigung.

5 In Hamburg wird ehemaligen Abgeordneten auf Antrag für weitere neun Monate eine sog. »Übergangshilfe« gezahlt. Sie beträgt die Hälfte der Entschädigung, also monatl. 2000 DM. Übergangsgeld und -hilfe werden um alle Einkünfte gekürzt.

Tabelle 8 (doppelseitig)
folgt auf Seite 236

Tabelle 8:   Bezüge von Ministern des Bundes und der Länder[1]
Monatsbeträge in DM

	Amtsgehalt[2]		Orts- oder Familienzuschlag[2]	
	1		2	
	Betrag	*Rechen-modus*	Betrag	*Rechenmodus*
Bund	21 401	*B11 x 4/3*[3]	1 619	*OZ x 4/3*[3]
Flächenstaaten				
Baden-Württemberg	18 635	*B11*	181	*FamZ*
Bayern[4]	22 130	*19/16 B11*	181	*FamZ*
Hessen	18 492	*14/13 B10*	181	*FamZ*
Niedersachsen	20 042	*107,55% B11*	181	*FamZ*
Nordrhein-Westfalen*[5]	22 363	*120% B11*	218	*120% FamZ*
Rheinland-Pfalz	17 425	*B11*	1 318	*OZ*
Saarland	17 425	*B11*	1 318	*OZ*
Schleswig-Holstein*	18 888	*110% B10*	181	*FamZ*
Stadtstaaten				
Berlin*	18 635	*B11*	181	*FamZ*
Bremen	18 635	*B11*	181	*FamZ*
Hamburg*[8]	23 294	*125% B11*	181	*FamZ*
Neue Länder[9]				
Brandenburg*	15 840	*B11*	154	*FamZ*
Mecklenburg-Vorpommern*	16 055	*110% B10*	154	*FamZ*
Sachsen*[10]	15 761	*B11 – 0,5%*	153	*FamZ – 0,5%*
Sachsen-Anhalt*	15 637	*B11 x 0,98*	152	*FamZ x 0,98*
Thüringen	14 449	*B11*	1 093	*OZ*

Tabelle 8 237

Stand: 1. Januar 1998. Beträge auf volle DM gerundet;
Berechnungen anhand der exakten Zahlen.

* Siehe zur Erläuterung Anmerkung 2.

Steuerpflichtige Bezüge Summe 1 + 2	Dienstaufwandsentschädigung (steuerfrei)		Amtsbezüge insgesamt Summe 3 + 4
3	4		5
Betrag	Betrag	Rechenmodus	Betrag
23 020	600	Festbetr.	23 620 DM
18 817	1 000	Festbetr.	19 817 DM
22 311	2 603	2/17 Amtsg.	24 914 DM
18 673	350	Festbetr.	19 023 DM
20 224	1 000	Festbetr.	21 224 DM
22 580	1 326	Festbetr.	23 906 DM
18 743	667	Festbetr.	19 410 DM
18 743	900	Festbetr.[6]	19 643 DM
19 069	280	Festbetr.[7]	19 349 DM
18 817	300	Festbetr.	19 117 DM
18 817	650	Festbetr.	19 467 DM
23 476	550	Festbetr.	24 026 DM
15 994	800	Festbetr.	16 794 DM
16 209	700	Festbetr.	16 909 DM
15 914	1 000	Festbetr.	16 914 DM
15 789	1 000	Festbetr.	16 789 DM
15 542	1 000	Festbetr.	16 542 DM

Anmerkungen zu Tabelle 8

1 Die Bezüge und die Dienstaufwandsentschädigungen der Regierungschefs (Bundeskanzler, Ministerpräsidenten, Bürgermeister) liegen regelmäßig höher, Ausnahme ist nur der Erste Bürgermeister Hamburgs.
Siehe Tabelle 10. – In den Tabellen 8, 10 und in allen anderen einschlägigen Tabellen wird – unabhängig vom tatsächlichen Familienstand –
schematisch von einem Verheirateten ohne Kinder ausgegangen.

2 Die Berechnung der Ministerbezüge ist an die Beamtenbesoldung
gekoppelt. Die Bezeichnungen »B11« und »B10« beziehen sich auf
das Grundgehalt der entsprechenden Beamtenbesoldungsgruppe,
B11 ist z. B. das Grundgehalt eines Staatssekretärs, also des höchsten Beamten, im Bund. Die Struktur der Beamtenbesoldung wurde
allerdings 1997 geändert: Statt wie bisher aus Grundgehalt, Ortszuschlag und Allgemeiner Stellenzulage setzen die Beamtenbezüge
sich jetzt aus Grundgehalt und Familienzuschlag zusammen, wobei
Teile des bisherigen Ortszuschlags und die Allgemeine Zulage in das
Grundgehalt eingegangen sind. So würde sich das Gehalt eines
Staatssekretärs, wenn es keine Strukturänderung gegeben hätte,
zusammensetzen aus Grundgehalt (17 425 DM), Ortszuschlag (1318
DM) und Allgemeiner Stellenzulage (73 DM), zusammen 18 816
DM. Nach neuem Recht besteht es aus Grundgehalt (18 635 DM)
und Familienzuschlag (181 DM), zusammen ebenfalls 18 816 DM.
Die Ministerbezüge berechnen sich teilweise ausdrücklich nach dem
alten System, teilweise ausdrücklich nach dem neuen System. In
manchen Ländern wurde das Ministergesetz noch nicht geändert, so
daß über den Berechnungsmodus bisher nicht ausdrücklich entschieden ist. Diese Länder sind in der Tabelle mit * gekennzeichnet.
Da beide Berechnungsarten grundsätzlich zum gleichen Betrag führen, scheint die Frage im Ergebnis ohne Belang. Auswirkungen
könnte die Frage nur dort haben, wo die Minister bisher keine
Allgemeine Stellenzulage erhielten, sie diese aber im Falle des
Übergangs zum neuen System – weil hier die Zulage ins Grundgehalt eingeht – automatisch erhalten.
Der Tabelle liegt die Annahme zugrunde, daß in den Ländern, wo
über den Modus der Berechnung der Ministerbezüge bisher nicht

Tabelle 8 239

gesetzlich entschieden wurde, von der geltenden Beamtenbesoldung auszugehen ist.

Verzichte der Minister, jährliche Erhöhungen der Beamtenbesoldung auf ihre Bezüge zu erstrecken, bedürfen entsprechender gesetzlicher Änderungen.

3 Die Berechnung der Bezüge von Bundesministern wurde durch verschiedene »Nullrunden« außerordentlich kompliziert, hier die Berechnungsweise: Grundgehalt B11 in der Höhe des Bundesbesoldungs- und -versorgungsanpassungsgesetzes 1991 – BBVAnpG 91 – (BGBl. I 1992, S. 266 ff.) mal $\frac{4}{3}$ gemäß § 11 I a) BMinG. Dieser Betrag wird um den sich aus Art. 2 § 1 Abs. 1 BBVAnpG 94 (BGBl. I , S. 2229) ergebenden Satz von 2%, den sich aus Art. 2 § 1 Abs. 1 BBVAnpG 95 (BGBl. I, S. 1942) ergebenden Satz von 3,2% und den sich aus Art. 1 Abs. 1 BBVAnpG 96/97 (BGBl. I, S. 590) ergebenden Satz von 1,3% erhöht. Dies ergibt das Amtsgehalt. Der Ortszuschlag wird in gleicher Weise, ausgehend vom BBVAnpG 91, ermittelt. Das Dienstrechtsreformgesetz gilt nach dessen Art. 13 nicht für die Mitglieder der Bundesregierung (BGBl. 1997 I, S. 322, 341). Die nach dem BBVAnpG 96/97 geltende Aussetzung der Erhöhung um 1,3% endete am 31. 12. 1997.

4 Seit dem 1. 7. 1997 erhält ein Minister in Bayern monatlich $\frac{19}{16}$ des Grundgehaltes der Besoldungsgruppe B11 als Amtsgehalt sowie den Familienzuschlag nach den für Beamten geltenden Vorschriften. Vorher erhielt er 120 Prozent des Grundgehalts der Besoldungsgruppe B11 plus den Ortszuschlag. Die Dienstaufwandsentschädigung ist dynamisiert. Sie beträgt seit 1. 7. 1997 $\frac{2}{17}$ des Amtsgehalts. Vorher berechnete sie sich als $\frac{1}{8}$ des Amtsgehalts. Der neue Berechnungsmodus führt im Ergebnis zu keinen Änderungen.

5 Nach dem nordrhein-westfälischen Ministergesetz beträgt die Dienstaufwandsentschädigung für Minister 10% des Amtsgehalts. Laut Kabinettsbeschluß vom 26. 5. 1981 verzichten die Mitglieder der Landesregierung auf die regelmäßige Anhebung der Dienstaufwandsentschädigung. Sie ist auf die Beträge mit Stand 1. 3. 1981 festgeschrieben.

6 Inklusive der pauschalen Erstattung sogenannter »Hausbewirtschaftungskosten« gemäß § 8 IIc des saarländischen Ministergesetzes.

7 In Schleswig-Holstein wurde die Dienstaufwandsentschädigung mit Wirkung vom 1. 7. 1997 von 400 DM auf 280 DM gesenkt.

8 Die monatlichen Bezüge eines Senators in Hamburg bestehen aus einem Amtsgehalt in Höhe von $\frac{5}{4}$ (= 125 Prozent) des Grundgehalts der Besoldungsgruppe B11 sowie einem Ortszuschlag. Seit dessen Abschaffung durch das Dienstrechtsreformgesetz ist an seiner Stelle der Familienzuschlag zu bezahlen. Hieraus ergibt sich eine geringfügige Steigerung der Bezüge.

9 In den Ministergesetzen der neuen Länder ist die Koppelung an die abgesenkten Beamtengehälter in den neuen Ländern vorgesehen. Die Absenkung ist in den Tabellen berücksichtigt.

10 In Sachsen bleiben die Ministerbezüge solange um 0,5% gekürzt, bis das Land die bis Ende 1993 bestehende Anzahl der Feiertage um einen Feiertag, der stets auf einen Werktag fällt, vermindert, § 8 II 2 sächs. MinG, § 3a Bundesbesoldungsgesetz.

Tabelle 9 (doppelseitig)
folgt auf Seite 242

Tabelle 9: Bezüge von Ministern des Bundes und der Länder, die gleichzeitig Abgeordnete sind

Monatsbezüge in DM

	Amtsbezüge (steuerpflichtig)	Dienstaufwandsentschädigung (steuerfrei)	
	1	2	
	Betrag	Betrag	*Rechenmodus*
Bund	23 020	600	*Festbetrag*
Flächenstaaten			
Baden-Württemberg	18 817	1 000	*Festbetrag*
Bayern	22 311	2 603	$^2/_{17}$ *Amtsg.*
Hessen	18 673	350	*Festbetrag*
Niedersachsen	20 224	1 000	*Festbetrag*
Nordrhein-Westfalen*	22 580	1 326	*Festbetrag*
Rheinland-Pfalz	18 743	667	*Festbetrag*
Saarland	18 743	900	*Festbetrag*
Schleswig-Holstein*	19 069	280	*Festbetrag*
Stadtstaaten			
Berlin*	18 817	300	*Festbetrag*
Bremen	18 817	650	*Festbetrag*
Hamburg*	23 476	550	*Festbetrag*
Neue Länder			
Brandenburg*	15 994	800	*Festbetrag*
Mecklenburg-Vorpommern*	16 209	700	*Festbetrag*
Sachsen*	15 914	1 000	*Festbetrag*
Sachsen-Anhalt*	15 789	1 000	*Festbetrag*
Thüringen	15 542	1 000	*Festbetrag*

Tabelle 9 243

Stand: 1. Januar 1998. Beträge auf volle DM gerundet;
Berechnungen anhand der exakten Zahlen.

* Siehe zur Erläuterung Anmerkung 2 in Tabelle 8.

Entschädigung (steuerpflichtig)		Aufwandsentschädigung (steuerfrei)	Amtsbezüge u. Abgeordnetenentschädigung (steuerpflichtig)[1] Summe 1 + 3	»Aufwandsentschädigung« (steuerfrei) Summe 2 + 4
3		4	5	6
Betrag[2]	Rechenmodus	Betrag[3]	Betrag	Betrag
5 913	50%	4 758	28 932	5 358
5 530	70%	2 204	24 347	3204
5 058	50%	3 644	27 368	6 248
2 817	25%	900	21 489	1 250
0	–	515	20 224	1 515
4 303	50%	2 778	26 883	4 104
2 686	30%	2 475	21 430	3 142
1 993	25%	1 877	20 736	2 777
1 838	25%	1 200	20 907	1 480
2 550	50%	1 460	21 367	1 760
Unvereinbarkeit v. Amt u. Mandat			18 817	650
Unvereinbarkeit v. Amt u. Mandat			23 476	550
1 772	25%	2 182	17 766	2 982
1 578	25%	1 440	17 786	2 140
3 377	50%	2 360	19 291	3 360
1 625	25%	360	17 414	1 360
2 665	35%	2 448	18 207	3 448

Anmerkungen zu Tabelle 9

1 Die Amtsbezüge werden dreizehnmal im Jahr (12 Monatsbezüge und eine Sonderzuwendung von ca. 94 Prozent), die Abgeordneten-entschädigung zwölfmal im Jahr gezahlt. – Im übrigen sei auf die Anmerkungen zu Tabellen 2 und 8 verwiesen.

2 In Spalte 3 ist der Teil der Abgeordnetenentschädigung wiedergege-ben, den Abgeordnete, die gleichzeitig Minister sind, erhalten, also der gekürzte Betrag. Rechts davon, unter »Rechenmodus«, steht der Prozentsatz, der gezahlt wird.

3 In Spalte 4 ist der Teil der steuerfreien Aufwandspauschalen wieder-gegeben, den Abgeordnete, die gleichzeitig Minister sind, erhalten.

Tabelle 10 (doppelseitig)
folgt auf Seite 246

Tabelle 10:　Steuerpflichtige Bezüge der Regierungschefs des Bundes und der Länder, die gleichzeitig Abgeordnete sind – Monatsbeträge in DM

Bund/Land	Steuerpflichtige Bezüge als Regierungschef	
	Name des Regierungschefs	Amtsgehalt
	1	2
		Betrag *Rechen-modus*
Bund	Dr. Helmut Kohl	26 751 *B11 x ⅚*
Flächenstaaten		
Baden-Württemberg	Erwin Teufel	22 363 *120% B11*
Bayern	Dr. Edmund Stoiber	23 853 *$^{32}/_{25}$ B11*
Hessen	Hans Eichel	22 176 *119% B11*
Niedersachsen	Gerhard Schröder	22 623 *121,4% B11*
Nordrhein-Westfalen*	Johannes Rau	24 847 *⁴⁄₃ B11*
Rheinland-Pfalz	Kurt Beck	19 168 *110% B11*
Saarland	Oskar Lafontaine	19 168 *110% B11*
Schleswig-Holstein*	Heide Simonis	20 499 *110% B11*
Stadtstaaten		
Berlin*	Eberhard Diepgen	22 363 *120% B11*
Bremen	Dr. Henning Scherf	18 635 *B11*
Hamburg*	Ortwin Runde	23 294 *125% B11*
Neue Länder		
Brandenburg*	Manfred Stolpe	17 424 *110% B11*
Mecklenburg-Vorpommern*	Dr. Berndt Seite	17 424 *110% B11*
Sachsen*	Dr. Kurt Biedenkopf	18 913 *120% B11–0,5%*
Sachsen-Anhalt*	Dr. Reinhard Höppner	17 201 *108% B11*
Thüringen	Dr. Bernhard Vogel	17 339 *120% B11*

Tabelle 10   247

Stand: 1. Januar 1998. Beträge auf volle DM gerundet.

* Siehe zur Erläuterung Anmerkung 2 in Tabelle 8.

Steuerpflichtige Bezüge als Regierungschef		Gekürzte Abgeordnetenentschädigung		Steuerpflichtiges Einkommen insges.
Orts- oder Familienzuschlag	Amtsbezüge (steuerpflichtig) Summe 2 + 3	Entschädigung (steuerpflichtig)		Amtsbezüge u. Abgeordneten-entschädigung (steuerpflichtig) Summe 4 + 5
3	4	5		6
Betrag	Rechen-modus	Betrag	Betrag	Rechen-modus	Betrag
1 619	OZ x ⁴/₃	28 370	5 913	50%	34 283
181	FamZ	22 544	5 530	70%	28 074
181	FamZ	24 035	5 058	50%	29 092
181	FamZ	22 358	2 817	25%	25 174
181	FamZ	22 805	0	–	23 476
218	120% FamZ	25 065	4 303	50%	29 367
1 318	OZ	20 486	2 686	30%	23 172
1 318	OZ	20 486	1 993	25%	22 478
181	FamZ	20 680	1 038	25%	22 518
181	FamZ	22 544	2 550	60%	25 094
181	FamZ	18 817	Amt und Mandat sind unvereinbar!		18 817
181	FamZ	23 476			23 476
154	FamZ	17 578	1 772	25%	19 350
154	FamZ	17 578	1 578	25%	19 156
153	FamZ –0,5%	19 067	3 377	50%	22 443
152	FamZ x 0,98	17 353	1 625	25%	18 978
1 093	OZ	18 432	2 665	35%	21 097

Anmerkung zu Tabelle 10

Siehe Anmerkungen zu Tabellen 8 und 9. – Zu den Hervorhebungen in Spalte 5: Die in rechteckige Kästen gesetzten Angaben markieren verfassungswidrige Regelungen, die durch Ellipsen hervorgehobenen Regelungen sind vorbildlich.

Tabelle 11 249

Tabelle 11:   Steuerfreie Aufwandsentschädigungen von Regierungschefs, die gleichzeitig Abgeordnete sind

Bund/Land	nach Ministergesetzen		nach Abgeordneten-gesetzen	Summe
	Dienstaufwandsentschädigung (steuerfrei)		Aufwandspauschalen (steuerfrei)	Aufwandsentschädigung (steuerfrei)
	1		2	3
	Be-trag	*Rechen-modus*	Betrag	Betrag
Bund	2 000	Festbetr.	4 758	6 758
Flächenstaaten				
Baden-Württemberg	2 000	Festbetr.	2 204	4 204
Bayern	4 544	$^4/_{21}$ Amtsg.	3 644	8 188
Hessen	700	Festbetr.	900	1 600
Niedersachsen	1 500	Festbetr.	515	2 015
Nordrhein-Westfalen	2 651	Festbetr.	2 778	5 429
Rheinland-Pfalz	1 500	Festbetr.	2 475	3 975
Saarland	1 600	Festbetr.	1 877	3 477
Schleswig-Holstein	520	Festbetr.	1 200	1 720
Stadtstaaten				
Berlin	750	Festbetr.	1 460	2 210
Bremen	1 300	Festbetr.	Amt und Mandat sind unvereinbar	
Hamburg	1 250	Festbetr.		
Neue Länder				
Brandenburg	1 200	Festbetr.	2 182	3 382
Mecklenburg-Vorp.	1 000	Festbetr.	1 440	2 440
Sachsen	2 000	Festbetr.	2 360	4 360
Sachsen-Anhalt	1 600	Festbetr.	360	1 960
Thüringen	1 500	Festbetr.	2 448	3 948

Stand: 1. Januar 1998; siehe Anmerkungen zu Tabelle 9.

Tabelle 12: Übergangsgeldansprüche von Ministern des Bundes und der Länder
Gesamtsumme in DM

Bund/Land	Übergangsgeld für ehemalige Minister[1]	
	Minimum	
	Auszahlungszeitraum	Gesamtbetrag
	1	2
Bund	6 Monate	103 589
Flächenstaaten		
Baden-Württemberg	6 Monate	84 676
Bayern	6 Monate	100 399
Hessen	6 Monate	84 028
Niedersachsen	6 Monate	91 007
Nordrhein-Westfalen	6 Monate	101 611
Rheinland-Pfalz	6 Monate	84 344
Saarland	6 Monate	84 344
Schleswig-Holstein[3]	1 Monat	19 069
Stadtstaaten		
Berlin	6 Monate	84 676
Bremen	6 Monate	84 676
Hamburg	3 Monate	70 427
Neue Länder		
Brandenburg[4]	3 Monate	47 983
Mecklenburg-Vorpommern[5]	1 Monat	16 209
Sachsen[6]	3 Monate	47 743
Sachsen-Anhalt	3 Monate	47 367
Thüringen	6 Monate	69 940

Tabelle 12   251

Stand: 1. Januar 1998.

Übergangsgeld für ehemalige Minister[1]			Ex-Minister bleibt Abgeordneter, gekürzter Gesamtbetrag[2]
Maximum			
Anspruch ab	Auszahlungszeitraum	Gesamtbetrag	
3	4	5	6
3 Dienstjahren	3 Jahre	448 887	239 661
2 Dienstjahren	2 Jahre	254 027	178 939
2 Dienstjahren	2 Jahre	301 198	128 058
2 Dienstjahren	2 Jahre	252 085	177 767
2 Dienstjahren	2 Jahre	273 022	96 172
2 Dienstjahren	2 Jahre	304 833	201 573
3 Dienstjahren	3 Jahre	365 492	192 056
2 Dienstjahren	2 Jahre	253 033	171 370
2 Dienstjahren	2 Jahre	259 339	206 419
2 Dienstjahren	2 Jahre	254 027	192 827
2 Dienstjahren	2 Jahre	254 027	keine Anrechn.
2 Dienstjahren	2 Jahre	316 922	keine Anrechn.
3 Dienstjahren	3 Jahre	311 889	184 341
2 Dienstjahren	2 Jahre	217 227	175 006
34 Dienstjahren	3 Jahre	310 330	irrelevant
3 Dienstjahren	3 Jahre	307 887	219 981
1 Dienstjahr	1 Jahr	116 567	93 723

Anmerkungen zu Tabelle 12

1 Bei der Berechnung wird prinzipiell nicht berücksichtigt, ob sich das Übergangsgeld im Monat Dezember durch eine Sonderzuwendung (»Weihnachtsgeld«) beinahe verdoppelt. Beim Bund und in einigen Bundesländern ist dies tatsächlich der Fall. Beispielsweise gewährt § 12 Sonderzuwendungsgesetz Weihnachtsgeld auch für Bundesminister, die Übergangsgeld beziehen. In Hamburg ordnet § 13 III letzter Satz Senatsgesetz ebenfalls eine Sonderzuwendung für Übergangsgeldempfänger an.

2 In dieser Spalte wird die zu kürzende Summe immer am Übergangsgeld abgezogen, nicht an der Abgeordnetenentschädigung. Manche AbgG (Art. 22 II Bayern; § 19 I 2 Hessen; § 22 II Nordrhein-Westfalen; § 27 III Schleswig-Holstein; § 21 Berlin; § 27 III Mecklenburg-Vorpommern; § 27 II Sachsen-Anhalt; § 23 I 2 Thüringen) sehen zwar vor, daß beim Zusammentreffen einer Ministerversorgung mit der Abgeordnetenentschädigung letztere gekürzt wird. Aber es ändert nichts am Gesamtbetrag, ob man die Kürzung am Übergangsgeld oder der Abgeordnetenentschädigung vornimmt, solange die absolute Höhe gleich bleibt.

3 In Schleswig-Holstein erhöht sich das Übergangsgeld nach einer Amtszeit von mehr als fünf Jahren um weitere 1,5 Monatsgehälter, § 10 II Ministergesetz.

4 In Brandenburg erhöht sich nach § 11 Abs. 2 Sätze 2 und 3 des Ministergesetzes das Übergangsgeld um 1,5 Amtsgehälter für solche Regierungsmitglieder, die eine volle Legislaturperiode im Amt waren. Dies bleibt hier bei der Berechnung des Maximums außer Betracht.

5 In Mecklenburg-Vorpommern erhöht sich das Übergangsgeld nach einer Amtszeit von mehr als vier Jahren um weitere 1,5 Monatsgehälter, § 13 II 2 Ministergesetz. Auch das bleibt hier außer Betracht.

6 In Sachsen erreicht das Übergangsgeld tatsächlich erst nach Jahrzehnten das Maximum.

Tabelle 13 (doppelseitig)
folgt auf Seite 254

Tabelle 13: Altersversorgung von ehemaligen Ministern
Monatsbeträge in DM

Bund/Land		Zugehörigkeit zur Regierung (in Jahren)			
	Basis[1]	2 Jahre	v.-H.-Satz	4 Jahre	v.-H.-Satz
Bund	23 020	3 530	15,33%	6 676	29%
Flächenstaaten					
Baden-Württemberg	18 817	_[2]		–	
Bayern	22 311	–		6 470	29%
Hessen	18 673	2 863	15,33%	5 415	29%
Niedersachsen	20 224	3 101	15,33%	5 865	29%
Nordrhein-Westfalen	22 580	–		9 709	43%
Rheinland-Pfalz	18 743	2 624	14%	5 248	28%
Saarland	18 743	2 874	15%	5 436	29%
Schleswig-Holstein	19 069	_[2]		–	
Stadtstaaten					
Berlin	18 817	–		8 844	47%
Bremen	18 817	2 885	15%	5 457	29%
Hamburg	23 476	–		11 034	47%
Neue Länder					
Brandenburg[3]	15 994	_[2]		–	
Mecklenburg-Vorpommern	16 209	–		4 863	30%
Sachsen	15 994	–		7 197	45%
Sachsen-Anhalt	15 789	2 895	18%	5 526	35%
Thüringen	15 542	2 849	18,33%	5 440	35%

Tabelle 13 255

Stand: 1. Januar 1998. Beträge auf volle DM gerundet.

Zugehörigkeit zur Regierung (in Jahren)									
8 Jahre	v.-H.-Satz	12 Jahre	v.-H.-Satz	16 Jahre	v.-H.-Satz	20 Jahre	v.-H.-Satz	24 Jahre	v.-H.-Satz
8 978	39%	11 280	49%	13 582	59%	15 884	69%	17 265	75%
9 220	49%	11 478	61%	13 736	73%	14 113	75%	14 113	75%
8 701	39%	10 932	49%	13 163	59%	15 395	69%	16 733	75%
7 282	39%	9 150	49%	11 017	59%	12 884	69%	14 005	75%
7 887	39%	9 910	49%	11 932	59%	13 954	69%	15 168	75%
11 516	51%	13 322	59%	15 129	67%	16 935	75%	16 935	75%
7 591	41%	9 465	51%	11 340	61%	13 214	71%	14 057	75%
7 310	39%	9 184	49%	11 058	59%	12 933	69%	14 057	75%
9 725	51%	11 251	59%	12 776	67%	14 302	75%	14 302	75%
11 102	59%	13 360	71%	14 113	75%	14 113	75%	14 113	75%
7 339	39%	9 220	49%	11 102	59%	12 984	69%	14 113	75%
13 851	59%	16 668	71%	17 607	75%	17 607	75%	17 607	75%
7 997	50%	9 197	57,5%	10 396	65%	11 596	72,5%	11 996	75%
6 484	40%	8 104	50%	9 725	60%	11 346	70%	12 157	75%
8 797	55%	10 396	65%	11 996	75%	11 996	75%	11 996	75%
8 684	55%	11 842	75%	11 842	75%	11 842	75%	11 842	75%
6 994	45%	8 548	55%	10 102	65%	11 657	75%	11 657	75%

Anmerkungen zu Tabelle 13

1 Die Werte entstammen Tabelle 8, Spalte 3. Siehe Anmerkungen dort. Die angegebenen Versorgungssätze sind die zuletzt gesetzlich beschlossenen. Zu beachten ist aber, daß die Einschränkungen der Versorgungssätze, die einige Länder vorgenommen haben, häufig für seinerzeit amtierende Regierungsmitglieder noch nicht gelten, so daß diese noch nach den früheren, sehr viel großzügigeren Versorgungsregeln behandelt werden. So zum Beispiel in Niedersachsen.

2 Die Mindestversorgung ist in Baden-Württemberg, Brandenburg und Schleswig-Holstein nach 5 Dienstjahren erreicht.

3 Einem Minister in Brandenburg, der das Amt für die Dauer einer Legislaturperiode innehat (nach Art. 62 Landesverfassung sind das inzwischen 5 Jahre), steht gemäß § 12 Abs. 4 ein Anspruch auf Ruhegehalt in Höhe von 35 Prozent der Amtsbezüge zu. Im übrigen ist die Vorschrift kaum verständlich. In der Tabelle sind die Werte zugrunde gelegt, die sich aus Angaben des brandenburgischen Innenministeriums ergeben.

Tabelle 14   257

Tabelle 14: Besoldung und Versorgung von politischen Beamten und kommunalen Wahlbeamten

Besoldungs-gruppe[1]	Besoldung			Versorgung	
	Gehalt			Mindestrente[3]	Höchstrente[4]
1	2	3	4	5	6
	von	bis	mittlerer Betr.[2]	35%	75%
A12	4 591,65	6 250,52	5 421,09	1 897,38	4 687,89
A13	5 145,52	6 936,87	6 041,20	2 114,42	5 202,65
A14	5 347,90	7 670,86	6 509,38	2 278,28	5 753,15
A15	6 907,90	8 649,26	7 778,58	2 722,50	6 486,95
A16	7 610,62	9 624,58	8 617,60	3 016,16	7 218,44
B1	8 649,26			3 027,24	6 486,95
B2	10 032,28			3 511,30	7 524,21
B3	10 617,74			3 716,21	7 963,31
B4	11 230,96			3 930,84	8 423,22
B5	11 934,46			4 177,06	8 950,05
B6	12 598,83			4 409,59	9 449,12
B7	13 245,08			4 635,78	9 933,81
B8	13 918,67			4 871,53	10 439,00
B9	14 755,02			5 164,26	11 066,27
B10	17 352,14			6 073,25	13 014,11
B11	18 816,84			6 585,89	14 112,63

Stand: 1. Januar 1998; Grundgehälter einschließlich Familienzuschlag Stufe 1 (verheiratet), ohne Zulagen.

Anmerkungen zu Tabelle 14

1 Die Grundgehälter der Besoldungsordnung A werden nach Stufen
bemessen, die sich an Dienstalter und Leistung orientieren. Die
Grundgehälter der Besoldungsordnung B sind Festgehälter.

2 Arithmetisches Mittel aus den Spalten 2 und 3.

3 Die Mindestrente wurde für die Besoldungsgruppe A nach dem
mittleren Betrag (Spalte 4) berechnet.

4 Die Höchstrente wurde für die Besoldungsgruppe A nach dem
Höchstbetrag berechnet (Spalte 3).

Tabelle 15   259

Tabelle 15:   Gesamtes Bruttoeinkommen von nordrhein-westfälischen Ministern, die gleichzeitig Abgeordnete sind

	Steuerpflichtige und steuerfreie Bezüge	Umrechnung in Bruttoeinkommen
Steuerpflichtige Amtsbezüge	22 580 DM	22 580 DM
Steuerpflichtige Abgeordnetenentschädigung (50%)	4303 DM	4303 DM
Steuerfreie Dienstaufwandsentschädigung als Minister	1326 DM	652 DM[1]
Steuerfreie Aufwandsentschädigung als Abgeordneter	2778 DM	4526 DM[2]
Zwischenergebnis: Bruttoeinkommen (ohne Altersversorgung)		32 061 DM
Anspruch auf Übergangsgeld	Ø ca. 5000 DM[3]	ca. 5000 DM
Anspruch auf Pension	Ø ca. 15 000 DM[4]	ca. 15 000 DM
Endergebnis: Gesamtes Bruttoeinkommen		ca. 52 061 DM

Anmerkungen zu Tabelle 15

1 Es wird unterstellt, daß nordrhein-westfälische Minister keinen größeren Dienstaufwand haben als niedersächsische Minister und daß deren Dienstaufwandspauschale von 1000 DM ausreichend bemessen ist. Das Mehr nordrhein-westfälischer Minister von 326 DM wird – bei einem angenommenen Grenzsteuersatz von 50 Prozent – verdoppelt, um das daraus resultierende zusätzliche Bruttoeinkommen von nordrhein-westfälischen Ministern zu ermitteln.

2 Es wird unterstellt, daß nordrhein-westfälische Minister von ihren Abgeordnetenpauschalen von 2778 DM typischerweise 515 DM für besonderen, angemessenen, mit den Mandatsaufgaben zusammenhängenden Aufwand benötigen (also ebensoviel wie niedersächsi-

sche Minister als Abgeordnetenpauschale erhalten). Der überschüssige Teil der Kostenpauschale von 2263 DM ist steuerfreies Zusatzeinkommen und wird verdoppelt (auf 4526 DM), um das entsprechende Bruttoeinkommen zu ermitteln. Dabei wird ein Grenzsteuersatz von 50 Prozent unterstellt.

3 Um vergleichbare Übergangsgeldansprüche zu erwerben, wie sie nordrhein-westfälische Minister kraft Gesetzes haben, müßten sie am Markt durchschnittliche monatliche Prämien von ca. 5000 DM zahlen.

4 Um vergleichbare Pensionsansprüche zu erwerben, wie sie nordrhein-westfälische Minister kraft Gesetzes haben, müßten sie am Markt durchschnittliche monatliche Prämien von ca. 15 000 DM zahlen. Bei Ausweisung des Bruttoeinkommens ist noch nicht einmal berücksichtigt, daß die Prämien aus versteuertem Einkommen zu entrichten wären.

Tabelle 16   261

Tabelle 16: Zahl der kommunalen Wahlbeamten (insbesondere hauptberufliche Bürgermeister, Gemeindedirektoren, Landräte, Kreisdirektoren und Beigeordnete)

Baden-Württemberg	1296
Bayern	1062[1]
Brandenburg	543[2]
Hessen	585
Mecklenburg-Vorpommern	126
Niedersachsen	696
Nordrhein-Westfalen	457[3]
Rheinland-Pfalz	324
Saarland	81
Sachsen	633[4]
Sachsen-Anhalt	246
Schleswig-Holstein	145
Thüringen	364[5]
Berlin	115
Bremen	17[6]
Hamburg	7[7]
Kommunale Wahlbeamte insgesamt (soweit Angaben vorliegen)	6697

Anmerkungen zu Tabelle 16

1 Ohne hauptberufliche Gemeinderatsmitglieder.
2 Bei hauptamtlichen Beigeordneten war nur die mögliche Höchstzahl verfügbar. Die tatsächliche Zahl liegt niedriger.

3 Ohne hauptberufliche Beigeordnete.

4 Ohne Amtsverweser und Ortsvorsteher.

5 Quellen: Thüringer Kommunalordnung und Staatshandbuch Thüringen, Ausgabe 1996. Bei den Beigeordneten wurde die gesetzlich
zulässige Höchstzahl für hauptamtliche Beigeordnete zugrunde gelegt.

6 Hauptamtliche Ortsamtsleiter in der Stadtgemeinde Bremen und
hauptamtliche Magistratsmitglieder in der Stadtgemeinde Bremerhaven.

7 Hauptamtliche Bezirksleiter.

Tabelle 17 263

Tabelle 17: Versorgungsvergleich von Politikern mit sozialversicherten Bürgern

Altersversorgung von		Höhe des monatlichen Rentenanspruchs in DM	Erforderliche Zahl der Aktivenjahre	Versorgungswert pro Jahr in DM	Mehrfaches des Versorgungswerts von Rentenversicherten	Beginn mit vollendetem
durchschnittlichen Sozialversicherten		2144	45 Jahre	48	einfach	65. Lj.
Bundesministern		6676 bis 17 265	4 bis 23 Jahre	750 bis 1665	16- bis 35fach	55 Lj.
Ministern in Nord-rhein-Westfalen	Mindestversorgung	9709 bis 14 225	4 Jahre	2427 bis 3556	51- bis 75fach	55. Lj.
	Höchstversorgung	16 935	10 bis 20 Jahre	997 bis 1994	21- bis 42fach	sofort ohne Rücksicht auf Alter
Bundestagsabgeordneten	Mindestversorgung	4069	8 Jahre	509	11fach	65. Lj.
	Höchstversorgung	8719	18 Jahre	484	10fach	55. Lj.

Tabelle 18:   Einkommensvergleich von Bonner Staatssekretären

	Beamteter Staats-sekretär	Parlamentarischer Staatssekretär	
		steuerpflichtige und steuerfreie Bezüge	Umrechnung in Bruttoeinkommen[3]
B11[1]	18 817 DM	17 670 DM[2]	17 670 DM
Steuerpflichtige Abgeordneten-entschädigung (minus 30% des Einkommens eines Parl. Staatssekretärs)	–	7524 DM	7 524 DM
Steuerfreie Dienstaufwands-entschädigung als Staatssekretär	–	450 DM	
Steuerfreie Auf-wandsentschädi-gung als Abge-ordneter (75%)	–	4758 DM	7 516 DM
Gesamtes Bruttoeinkommen	18 817 DM		32 710 DM
Differenz der Bruttoeinkom-men von beamte-ten und Parla-mentarischen Staatssekretären			13 893 DM

Anmerkungen zu Tabelle 18
  1 Grundgehalt einschließlich Familienzuschlag Stufe 1 (verheiratet), ohne Zulagen.
  2 Ursprünglich waren die Amtsgehälter von beamteten und Parla-

Tabelle 18   265

mentarischen Staatssekretären gleich hoch: der beamtete Staatssekretär erhielt B11, der Parlamentarische Staatssekretär ¾ des Gehalts eines Bundesministers, der seinerseits ⅘ von B11 erhielt. Durch zwei Nullrunden wuchsen die Gehälter der Bundesminister und der an sie gekoppelten Parlamentarischen Staatssekretäre aber langsamer als die der beamteten Staatssekretäre (siehe Tabelle 8, Anmerkung 3), woraus sich die Differenz von 1147 DM ergibt.

3 Bei den steuerfreien Bezügen wird unterstellt, daß Parlamentarische Staatssekretäre typischerweise Dienstaufwand in Höhe ihrer Dienstaufwandspauschale von 450 DM haben. Weiter wird unterstellt, daß sie von ihrer Abgeordnetenpauschale von 4758 DM typischerweise 1000 DM für besonderen, angemessenen, mit den Mandatsaufgaben zusammenhängenden Aufwand benötigen. (Zum Vergleich: Landesminister in Niedersachsen erhalten, wenn sie Abgeordnete sind, eine Kostenpauschale von 515 DM aus dem Mandat.) Der überschüssige Teil der Kostenpauschale von 3758 DM wird verdoppelt (auf 7516 DM), um ein entsprechendes Bruttoeinkommen zu ermitteln. Dabei wird ein Grenzsteuersatz von 50 Prozent unterstellt.

Tabelle 19:   Oberbürgermeister als Landtagsabgeordnete in Baden-Württemberg

In Baden-Württemberg sind unter den Abgeordneten des Landtags (MdL) drei zugleich Oberbürgermeister und vier hauptberufliche Bürgermeister von Städten und Gemeinden:

Name	seit		Besoldungsgruppe	Mitglied des Landtags seit
Hans Heinz (CDU)	1. 9. 1981	Bürgermeister der Gemeinde Winterbach (7600 Einwohner)	A16*	24. 9. 1992
Jürgen Hofer (FDP/DVP)	1978	Oberbürgermeister der Stadt Weinstadt (25 000 Einwohner)	B4	15. 4. 1996
Friedrich-Wilhelm Kiel (FDP/DVP)	1976	Oberbürgermeister der Stadt Fellbach (43 000 Einwohner)	B6	27. 4. 1992
Bernd Kielburger (SPD)	Juli 1990	Bürgermeister der Gemeinde Königsbach-Stein (9400 Einwohner)	A15*	11. 4. 1980
Manfred List (CDU)	Juni 1975	Oberbürgermeister der Stadt Bietigheim-Bissingen (40 000 Einwohner)	B6	1. 8. 1991
Willi Stächele (CDU)	1981	Bürgermeister der Stadt Oberkirch (19 000 Einwohner)	B3	24. 4. 1992
Gerd Zimmermann (CDU)	1. 2. 1978	Bürgermeister der Stadt Bad Rappenau (19 000 Einwohner)	B3	13. 4. 1988

Tabelle 19   267

Besoldung als (Ober-) Bürgermeister	Kürzung auf 60 Prozent	Steuerfreie Dienstaufwandsentschädigung	Steuerpflichtige Abgeordnetenentschädigung	Steuerpflichtige Bezüge insgesamt
8618 DM	5171 DM	1293 DM	7900 DM	13 071 DM
11 231 DM	6739 DM	1685 DM	7900 DM	14 639 DM
12 599 DM	7559 DM	1890 DM	7900 DM	15 459 DM
7779 DM	4667 DM	1167 DM	7900 DM	12 567 DM
12 599 DM	7559 DM	1890 DM	7900 DM	15 459 DM
10 618 DM	6371 DM	1593 DM	7900 DM	14 271 DM
10 618 DM	6371 DM	1593 DM	7900 DM	14 271 DM

* Es wird angenommen, daß der Bürgermeister als Besoldung den mittleren Betrag (vgl. Tabelle 14 über Besoldung und Versorgung von politischen Beamten und kommunalen Wahlbeamten, Spalte 4) erhält.

Bürgermeister	Steuerfreie Unkosten-pauschalen als Abge-ordneter[1]	Steuerfreie Bezüge insgesamt
Hans Heinz (CDU)	2550 DM	3843 DM
Jürgen Hofer (FDP/DVP)	2550 DM	4235 DM
Friedrich-Wilhelm Kiel (FDP/DVP)	2550 DM	4440 DM
Bernd Kielburger (SPD)	2550 DM	3715 DM
Manfred List (CDU)	2550 DM	4440 DM
Willi Stächele (CDU)	2550 DM	4143 DM
Gerd Zimmermann (CDU)	2550 DM	4143 DM

Anmerkung zu Tabelle 19

1 Unterstellt ist, daß ein Dienstwagen zur Verfügung steht und gege-benenfalls Verrechnungsvereinbarungen mit der Gemeinde getrof-fen sind. Von der Fahrtkostenpauschale für Landtagsabgeordnete ist deshalb nur ein kleiner Teil angesetzt. Näheres siehe auch Tabelle 2 mit Anmerkung 4.

Tabelle 20   269

Tabelle 20:   Frühere Minister mit Pension als aktive Abgeordnete: die Anrechnungsregelungen

	Anrechnungsschwelle	Anrechnungssatz	Höchstanrechnung
Bund	11 825 DM (= E), d. h. keine ges. Schwelle	50%	5913 DM (= ½ E)
Flächenländer			
Baden-Württemberg	11 850 DM (= 1 ½ E)	50%	5925 DM (= ¾ E)
Bayern	10 115 DM (= E)	50%	5 058 DM (= ½ E)
Hessen	19 069 DM (= MG)	100%	–
Niedersachsen	9825 DM (= E), es sei denn, die Versorgung ist höher	100% (75%)[1]	– (2456 DM [= ¼ E1])
Nordrhein-Westfalen	8605 DM (= E)	50%	4303 DM (= ½ E)
Rheinland-Pfalz	8955 DM (= E)	50%	6669 DM (= $^{70}/_{100}$ E)
Saarland	11 159 DM (= $^{140}/_{100}$ E)	50%	5580 DM (= $^{70}/_{100}$ E)
Schleswig-Holstein	7350 (= E)	50%	2205 DM (= $^{30}/_{100}$ E)
Stadtstaaten			
Berlin	–	100%	2550 DM (= ½ E) oder höchstens 50% der Versorgungsbezüge
Bremen	keine Anrechnungsregelung		
Hamburg	keine Anrechnungsregelung		
Neue Länder			
Brandenburg	–	100%	3534 DM (= ½ E) oder höchstens 50% der Versorgungsbezüge

	Anrechnungsschwelle	Anrechnungssatz	Höchstanrechnung
Mecklenburg-Vorpommern	6310 DM (= E)	50%	1893 DM (= $^{30}/_{100}$ E)
Sachsen	6753 DM (= E)	50%	5065 DM (= $^{3}/_{4}$ E)
Sachsen-Anhalt	–	100%	3250 DM (= $^{1}/_{2}$ E) oder höchstens 30% der Versorgungsbezüge
Thüringen	15 542 DM (= MG)	100%	–

E   = (Abgeordneten-)Entschädigung
MG = (ruhegehaltsfähiges) Ministergehalt

Anmerkung zu Tabelle 20
  1 Ab Beginn der 14. Wahlperiode (Frühjahr 1998).

Tabelle 21   271

Tabelle 21: Früherer Abgeordneter als Minister oder Beamter

	Anrechnungsschwelle	Anrech-nungssatz oberh. der Schwelle	Höchstanrechnung
Bund:			
künftige Abgeordnete[1]	12 875 (E)	50%	
ehem. und amt. Abge-ordnete[1]	11 625 (E)	50%	
Flächenländer			
Baden-Württemberg	11 850 (= E x150%)	50%	
Bayern	10 115 (= E)	50%	(Beamten-) Einkommen
Hessen	11 266 (= E)	100%	
Niedersachsen	9825 (= E nach § 6)	50%	
Nordrhein-Westfalen	8605 (= E)	50%	
Rheinland-Pfalz	8954 (= E)	50%	
Saarland	11 149 (= E x 1405%)	50%	
Schleswig-Holstein	7350 (= E)	305%	
Stadtstaaten			
Berlin	5100 (− E)	40%	(Beamten-) Einkommen
Bremen	8915 (= E x 2005%)	50%	50% der Versor-gungsbezüge
Hamburg	keine Anrechnung		
Neue Länder			
Brandenburg	7086 (= E)	50%	
Mecklenburg-Vorpommern	6310 (= E)	30%	
Sachsen	6753 (= E)	50%	
Sachsen-Anhalt	6500 (= E)	30%	
Thüringen	7615 (= E)	100%	

Anmerkung zu Tabelle 21

1 Siehe Anmerkungen zu Tabelle 1.

Tabelle 22:   Kumulation von zeitgleich erworbenen Minister- und Abgeordnetenpensionen

	Anrechnung ab DM (Anrechnungsschwelle)		Anrechnungssatz oberhalb der Schwelle
	Betrag	Rechenmodus	
Bund: künftige Abg.[1]	12 875[2]	E	50%
ehem. u. amt. Abg.[1]	11 625[2]	E	50%
Flächenländer			
Baden-Württemberg	11 850	E x 150%	50%
Bayern	10 115[2]	E	50%
Hessen	16 415	$(MG + \frac{1}{4} E) \times 75\%$	100%
Niedersachsen	15 167	MG x 75%	100%
Nordrhein-Westfalen	8605	E	50%
Rheinland-Pfalz	8954	E	50%
Saarland	11 159	E x 140%	50%
Schleswig-Holstein	7350	E	30%
Stadtstaaten			
Berlin	5100	E	40%
Bremen	Zeitgleicher Erwerb von Senatoren- und Abgeordnetenversorgung nicht möglich		
Hamburg			
Neue Länder			
Brandenburg	7086	E	50%
Mecklenburg-Vorp.	6310	E	30%
Sachsen	6753[2]	E	50%
Sachsen-Anhalt	6500	E	30%
Thüringen	13 084	$(MG + \frac{1}{4} E) \times 75\%$	100%

E   = (Abgeordneten-)Entschädigung
MG = (ruhegehaltsfähiges) Ministergehalt

Anmerkungen zu Tabelle 22

1 Siehe Anmerkung 2 zu Tabelle 1.

2 Die Anrechnungsschwelle erhöht sich für parlamentarische Amtsträger mit erhöhter Entschädigung entsprechend der Dauer der Wahrnehmung dieses Amtes.

Schaubild: Amtszeit der hauptamtlichen (Ober-)Bürgermeister und Wahlperiode der Räte

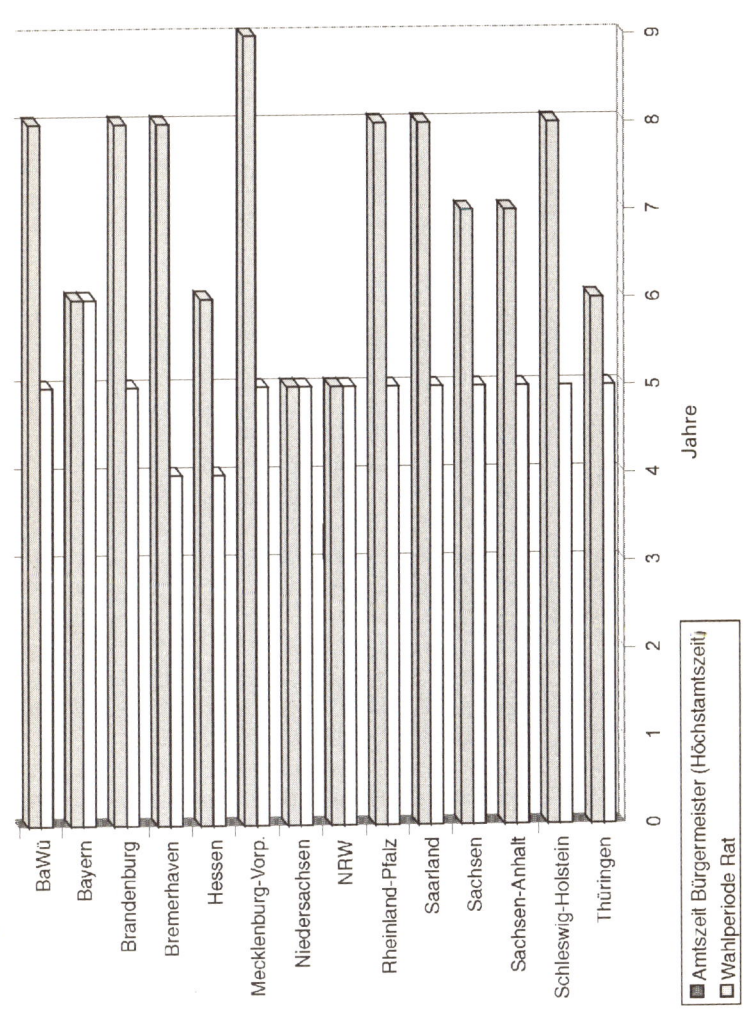

Jahre

■ Amtszeit Bürgermeister (Höchstamtszeit)
□ Wahlperiode Rat

Übersicht 1:   Abgeordnetengesetze des Bundes und der Länder

Bund:	Gesetz in der Fassung vom 21. Februar 1996 (BGBl. I S. 326); zuletzt geändert durch Gesetz vom 19. Juni 1996 (BGBl. I S. 843).
Baden-Württemberg:	Gesetz vom 12. September 1978 (GBl. S. 473); zuletzt geändert durch Gesetz vom 23. Juni 1997 (GBl. S. 237).
Bayern:	Gesetz in der Fassung der Bekanntmachung vom 6. März 1996 (GVBl. S. 82). Bekanntmachung des Präsidenten des Bayerischen Landtags über Entschädigung und Kostenpauschale vom 15. Mai 1997 (GVBl. S. 126).
Berlin:	Gesetz vom 21. Juli 1978 (GVBl. S. 1497); zuletzt geändert durch Gesetz vom 26. September 1995 (GVBl. S. 625).
Brandenburg:	Gesetz in der Fassung der Bekanntmachung vom 29. Mai 1995 (GVBl. S. 102); zuletzt geändert durch Gesetz vom 24. März 1997 (GVBl. S. 12).
Bremen:	Gesetz vom 16. Oktober 1978 (GBl. S. 209), zuletzt geändert durch Gesetz vom 16. Dezember 1997 (GBl. S. 629).
Hamburg:	Gesetz vom 21. Juni 1996 (GVBl. S. 141).
Hessen:	Gesetz vom 18. Oktober 1989 (GVBl. S. 261); zuletzt geändert durch Gesetz vom 20. Dezember 1995 (GVBl. S. 557, berichtigt GVBl. 1996, S. 8).
Mecklenburg-Vorpommern:	Gesetz vom 20. Dezember 1990 (GVOBl. 1991 S. 3); zuletzt geändert durch Gesetz vom 2. Dezember 1997 (GVOBl. S. 755).
Niedersachsen:	Gesetz vom 3. Februar 1978 (GVBl. S. 101); zuletzt geändert durch Gesetz vom 6. Mai 1997 (GVBl. S. 126).
Nordrhein-Westfalen:	Gesetz vom 24. April 1979 (GV. S. 238); zuletzt geändert durch Gesetz vom 14. Januar 1997 (GV. S. 6).

Rheinland-Pfalz:	Gesetz vom 21. Juli 1978 (GVBl. S. 587); zuletzt geändert durch Gesetz vom 12. Februar 1997 (GVBl. S. 55).
Saarland:	Gesetz vom 4. Juli 1979 (Amtsbl. S. 656); zuletzt geändert durch Gesetz vom 5. Juni 1997 (Amtsbl. S. 641).
Sachsen:	Gesetz in der Fassung vom 2. Mai 1994 (GVBl. S. 954); zuletzt geändert durch Gesetz vom 12. Dezember 1997 (GVBl. S. 677).
Sachsen-Anhalt:	Gesetz in der Fassung vom 21. Juli 1994 (GVBl. S. 908); zuletzt geändert durch Gesetz vom 30. Mai 1997 (GVBl. S. 546).
Schleswig-Holstein:	Gesetz in der Fassung vom 13. Februar 1991 (GVOBl. S. 100, Berichtigung 1992 S. 225); zuletzt geändert durch Gesetz vom 16. Dezember 1997 (GVOBl. S. 475).
Thüringen:	Gesetz vom 9. März 1995 (GVBl. S. 121), zuletzt geändert durch Gesetz vom 23. Dezember 1997 (GVBl. S. 545). Unterrichtung durch den Präsidenten des Landtags vom 23. Dezember 1997 (GVBl. S. 545).

Übersicht 2: Ministergesetze des Bundes und der Länder

Bund:	Gesetz über die Rechtsverhältnisse der Mitglieder der Bundesregierung in der Fassung vom 27. Juli 1971 (BGBl. I S. 1166); zuletzt geändert durch Gesetz vom 18. 12. 1989 (BGBl. I S. 2218).
	Gesetz über die Nichtanpassung von Amtsgehalt und Ortszuschlag der Mitglieder der Bundesregierung und der Parlamentarischen Staatssekretäre in den Jahren 1992 und 1993 vom 26. März 1993 (BGBl. I S. 390), zuletzt geändert durch Gesetz vom. 5. Dezember 1997 (BGBl. I S. 2851).
Baden-Württemberg:	Gesetz über die Rechtsverhältnisse der Mitglieder der Regierung in der Fassung vom 20. August 1991 (GBl. S. 553, berichtigt S. 611), geändert durch Gesetz vom 15. 12. 1997 (GBl. S. 533).
Bayern:	Gesetz über die Rechtsverhältnisse der Mitglieder der Staatsregierung vom 4. Dezember 1961 (GVBl. S. 243); zuletzt geändert durch Gesetz vom 24. Juni 1997 (GVBl. S. 171).
Berlin:	Gesetz über die Rechtsverhältnisse der Mitglieder des Senats in der Fassung vom 1. März 1979 (GVBl. S. 469); zuletzt geändert durch Gesetz vom 17. 12. 1988 (GVBl. S. 2323).
Brandenburg:	Gesetz über die Rechtsverhältnisse der Mitglieder der Landesregierung vom 12. Juni 1991 (GVBl. S. 284); zuletzt geändert durch Gesetz vom 17. Dezember 1996 (GVBl. S. 364).
Bremen:	Senatsgesetz vom 17. Dezember 1968 (GBl. S. 237); zuletzt geändert durch Gesetz vom 4. April 1995 (GBl. S. 195).
	Gesetz über die Nichtanpassung von Amts- und Versorgungsbezügen der Mitglieder des Senats in dem Jahr 1997 vom 28. Januar 1997 (GBl. S. 117).

Hamburg:	Senatsgesetz vom 18. Februar 1971 (GVBl. S. 23); zuletzt geändert durch Gesetz vom 2. Juni 1997 (GVBl. S. 180).
Hessen:	Gesetz über die Bezüge der Mitglieder der Landesregierung vom 27. Juni 1993 (GVBl. S. 339); zuletzt geändert durch Gesetz vom 30. Januar 1998 (GVBl. S. 26).
Mecklenburg-Vorpommern:	Gesetz über die Rechtsverhältnisse des Ministerpräsidenten und der Minister vom 21. März 1991 (GVOBl. S. 16); geändert durch Gesetz vom 19. Juli 1994 (GVOBl. S. 746).
	Gesetz über die Nichtanpassung von Amtsgehalt und Ortszuschlag der Mitglieder der Landesregierung und der Parlamentarischen Staatssekretäre des Landes Mecklenburg-Vorpommern vom 25. September 1997 (GVOBl. S. 509).
Niedersachsen:	Gesetz über die Rechtsverhältnisse der Mitglieder der Landesregierung in der Fassung vom 3. April 1979 (GVBl. S. 105), zuletzt geändert durch Gesetz vom 10. Dezember 1997 (GVBl. S. 500).
Nordrhein-Westfalen:	Gesetz über die Rechtsverhältnisse der Mitglieder der Landesregierung in der Fassung vom 23. August 1965 (GV. S. 240); zuletzt geändert durch Gesetz vom 18. Februar 1997 (GV. S. 24).
Rheinland-Pfalz:	Gesetz über die Rechtsverhältnisse der Mitglieder der Landesregierung vom 17. Juni 1954 (GVBl. S. 91); zuletzt geändert durch Gesetz vom 8. Juni 1993 (GVBl. S. 305).
	Gesetz über die Aussetzung der Anpassung der Amts- und Versorgungsbezüge aus einem Amtsverhältnis als Mitglied der Landesregierung und die Fortgeltung bisherigen Rechts vom 19. Juni 1997 (GVBl. S. 155).
Saarland:	Gesetz über die Rechtsverhältnisse der Mitglieder der Landesregierung vom 17. Juli 1963 (Amtsbl.

	S. 435); zuletzt geändert durch Gesetz vom 17. September 1997 (Amtsbl. S. 998).
Sachsen:	Gesetz über die Rechtsverhältnisse der Mitglieder der Staatsregierung in der Fassung vom 2. Mai 1994 (GVBl. S. 962); zuletzt geändert durch Gesetz vom 12. Januar 1995 (GVBl. S. 1).
Sachsen-Anhalt:	Gesetz über die Rechtsverhältnisse der Mitglieder der Landesregierung vom 21. März 1991 (GVBl. S. 16, Berichtigung S. 101); zuletzt geändert durch Gesetz vom 17. Dezember 1996 (GVBl. S. 416).
Schleswig-Holstein:	Gesetz über die Rechtsverhältnisse der Ministerpräsidentin oder des Ministerpräsidenten und der Landesministerinnen und Landesminister in der Fassung vom 1. Oktober 1990 (GVOBl. S. 515); zuletzt geändert durch Gesetz vom 9. September 1997 (GVOBl. S. 442).
Thüringen:	Gesetz über die Rechtsverhältnisse der Mitglieder der Thüringer Landesregierung vom 14. Mai 1991 (GVBl. S. 88); zuletzt geändert durch Gesetz vom 16. Dezember 1996 (GVBl. S. 315).

In den Übersichten 1 und 2 wurden Gesetzesänderungen berücksichtigt, die bis Ende Februar 1998 vorlagen.

Anmerkungen

1. Kapitel: Einführung

1 Bruttolohn- und Gehaltssumme je erwerbstätigen Arbeitnehmer 1998 (= voraussichtlich 51 830 Mark), dividiert durch 12 = 4319 Mark.

2 Siehe Tabelle 10 im Anhang. – In den angegebenen Bezügen des Bundeskanzlers ist der Ortszuschlag enthalten. An seiner Stelle nimmt der Bundeskanzler zwar eine Dienstwohnung in Anspruch, ihr Mietwert erreicht aber mindestens den Ortszuschlag.

3 Siehe Tabelle 8 im Anhang. – Die steuerfreien Dienstaufwandsentschädigungen des Bundespräsidenten, des Bundeskanzlers und der Minister sind in den im Text genannten Beträgen nicht mitgerechnet, ebensowenig die (teils steuerpflichtigen, teils steuerfreien) Teile der Diäten, welche Regierungsmitglieder zusätzlich erhalten, wenn sie gleichzeitig Abgeordnete sind (siehe Tabelle 9 im Anhang).

4 Siehe Tabelle 1 im Anhang. – Die angegebenen Zahlungen an Abgeordnete werden 12mal im Jahr gewährt, Bundespräsident und Regierungsmitglieder erhalten zusätzlich eine jährliche »Sonderzuwendung« in Höhe von 93,78 Prozent des Monatsgehalts.

5 BVerfGE 40, 296.

6 Von 1976 auf 1977 wurden die für den Unterhalt bestimmten Diäten von Bundestagsabgeordneten praktisch verdoppelt. (Bei Landtagsabgeordneten war die Steigerungsrate z. T. noch höher!) Zwar war die Entschädigung ab 1977 zu versteuern, zugleich fiel aber der vorher zu entrichtende Eigenbetrag des Abgeordneten zur Finanzierung seiner Altersrente in Höhe von 25 Prozent der Entschädigung weg. Die Verdoppelung der Entschädigung im Jahre 1977 ging erheblich über die Vorschläge einer eigens dafür eingesetzten Kommission hinaus und wurde von allen Seiten (außerhalb des Parlaments) als zu üppig kritisiert (Beirat für Entschädigungsfragen, Bundestagsdrucksache 7/5531, S. 32 ff.). Auch der vom Verfassungs-

gericht nahegelegte Übergang zur »Vollalimentation« war nicht
geeignet, die Verdoppelung zu legitimieren, weil – nach den Worten
des Gerichts selbst – auch die vorherige niedrigere Entschädigung
bereits eine »Vollalimentation« dargestellt hatte (BVerfGE 40, 296
[315]). Im übrigen ist das Gericht in einer späteren Entscheidung
selbst von der Auffassung abgegangen, die Entschädigung müsse
eine »Vollalimentation« sein (BVerfGE 76, 256 [340 ff.]).

7 Wer bis dahin Ansprüche erworben hatte, konnte diese ungestört
genießen. Damit hatte die amtierende Politikergeneration die überzogene Versorgung für sich selbst gerettet.

2. Kapitel: Abgeordnete

1 Siehe Tabelle 2 im Anhang. Kleinere Kürzungen ergeben sich, wenn
der Abgeordnete bei bestimmten Sitzungen des Parlaments fehlt.

2 Der Berechnung wurden die schon jetzt vom Bundestag festgelegten
Beträge ab 1. 1. 1999 zugrunde gelegt, die aber voraussichtlich weiter
steigen werden.

3 Darin sind auch das 13. Gehalt, das Urlaubsgeld und die Arbeit-
geberaufwendungen für die Sozialversicherung enthalten.

4 *Peter Schindler,* Datenhandbuch zur Geschichte des Deutschen Bun-
destages 1983 bis 1991, 1994, S. 238.

5 Münchner Merkur vom 16. 6. 1995.

6 Deutscher Bundestag, Protokoll der Sitzung vom 21. 9. 1995, S. 4630.

7 Sonntag aktuell vom 24. 3. 1996, S. 3.

8 Ob Knoblich statt der Fahrtkostenpauschale einen Dienstwagen zur
ausschließlichen Verfügung hat, war nicht festzustellen.

9 Märkische Allgemeine Zeitung vom 21. 5. 1997.

10 Inzwischen wurde das Mandat der Vorsitzenden des Bundes der
Steuerzahler erneuert. Das Öffentlichmachen der gesprächsweisen
Drohungen dürfte mit dazu beigetragen haben, daß sie (bisher)
nicht realisiert wurden.

11 Unterrichtung durch den Präsidenten des Landtags über die Ver-
änderung der Grund- und Aufwandsentschädigung mit Wirkung
vom 1. 11. 1996 vom 27. 1. 1997, GVBl. S. 73.

12 Jeweils umgerechnet auf 12 Monatsgehälter, wie sie seit der Gesetzesänderung von 1995 auch gezahlt werden.

13 BVerfGE 40, 296 (319).

14 *von Arnim*, Zweitkommentierung des Art. 48 GG im Bonner Kommentar (1980), Randnummer 14 mit weiteren Nachweisen.

15 Der Verfasser hat die Frage der Verfassungsmäßigkeit in einer
»Stellungnahme zur Neuregelung der Abgeordnetendiäten in Thüringen« vom 21. 2. 1995 für den Bund der Steuerzahler untersucht
und darin die Verfassungswidrigkeit nachgewiesen. Die PDS-Frak-
tion des Landtags hat daraufhin das Landesverfassungsgericht ange-
rufen mit dem Ziel, daß die Verfassungswidrigkeit der Regelung
festgestellt wird, und sich dabei im wesentlichen auf die Stellungnahme des Verfassers berufen. Das Urteil steht noch aus.

16 Landtagsdrucksache 2/2381 und 2382, beide vom 6. 11. 1997.

17 Gesetz zur Änderung der Verfassung des Freistaats Thüringen vom
12. 12. 1997 (GVBl. S. 525) und Drittes Gesetz zur Änderung des
Thüringer Abgeordnetengesetzes vom 23. 12. 1997 (GVBl. S. 545).

18 Rechnungslegung der Fraktionen des Niedersächsischen Landtags
für das Jahr 1996, Niedersächsischer Landtag, Drucksache 13/2971
vom 5. 6. 1997.

19 Veröffentlichung der Rechenschaftsberichte der Fraktionen im
Bayerischen Landtag für das Rechnungsjahr 1996, Bayerischer
Landtag, Drucksache 13/8545 vom 1. 7. 1997.

20 Die Amtsbezüge bayerischer Minister bestehen aus einem steuer-
pflichtigen Amtsgehalt von 22 311 DM und einer steuerfreien
Dienstaufwandsentschädigung von 2603 DM, die Amtsbezüge von
Bundesministern aus einem steuerpflichtigen Amtsgehalt von 23 020
DM und einer steuerfreien Dienstaufwandsentschädigung von
600 DM. In diesen Beträgen sind die zusätzlichen Leistungen an
Minister, die gleichzeitig Abgeordnete sind, noch nicht enthalten.

21 So wies der innenpolitische Ressortchef der Frankfurter Allgemeinen Zeitung, *Friedrich-Karl Fromme*, hinsichtlich der Kostenpauschale von Bundestagsabgeordneten darauf hin, daß sie »von fast
allen Kennern in der jetzigen Form als verfassungswidrig angesehen
wird« (Frankfurter Allgemeine Zeitung vom 23. 10. 1980).

22 *Willi Geiger*, Der Abgeordnete und sein Beruf, ZParl 1978, 522 (527).

23 Bayerischer Verfassungsgerichtshof, DVBl. 1983, 706 (710) mit Anmerkung *von Arnim*; vgl. auch *von Arnim*, Macht macht erfinderisch,
1988, 42 ff.

24 Bericht und Empfehlungen der unabhängigen Kommission zur
Überprüfung von Interessenkollisionen in Amt und Mandat vom
Dezember 1995, 58 ff. Mitglieder waren u. a. der Staatsrechtler
Walter Leisner und der Präsident des Bundes der Steuerzahler
Bayern, Rolf von Hohenhau.

25 Gesetz zur Änderung des Bayerischen Abgeordnetengesetzes vom
23. 12. 1995, Bayerisches Gesetz- und Verordnungsblatt, S. 848.

26 Weiter zu berücksichtigen ist die Pension als ehemalige Professorin.

27 Bericht der Kommission der Landtagsdirektoren vom 16. 5. 1989,
33 ff.; *von Arnim*, Die Partei, der Abgeordnete und das Geld, 1996,
253 ff., 339 ff.

28 Näheres bei *von Arnim*, »Der Staat sind wir!«, 1995, 17 ff., 34 ff.,
60 ff.; *ders.*, Das neue Abgeordnetengesetz. Inhalt, Verfahren, Kritik
und Irreführung der Öffentlichkeit, 1997.

29 Die genannte Erhöhung der Altersversorgung betraf amtierende
und ehemalige Abgeordnete. Für Abgeordnete, die nach Inkrafttreten des neuen Gesetzes in den Bundestag eintreten, tritt möglicher-
weise eine Absenkung ein; endgültig läßt sich das aber erst absehen,
wenn die für Beginn der nächsten Legislaturperiode, also ab Herbst
1998, angekündigte weitere Gesetzesänderung verabschiedet sein
wird.

30 So z. B. in einem Interview mit dem Zweiten Deutschen Fernsehen
am 4. 5. 1997, 19.10 Uhr (»Bonn direkt«): Frage (von Peter Ell-
gaard): »Die Parlamentsreform stagniert zur Zeit. Eine neue Diskussion hat angefangen über die Diätenerhöhung, die ja zum 1. Juli
kommen soll. Und es wird nach wie vor kritisiert, daß die Parlamentarier eine zu komfortable Altersversorgung hätten. Müßte nicht
auch gerade da ein Ruck durch das Parlament gehen?« Antwort
(Rita Süssmuth): »Da muß ich, glaube ich, noch mal in Erinnerung
rufen, daß, als wir die Parlamentsreform gemacht haben, gleichzeitig
die Altersversorgung heruntergesetzt wurde. Früher hatten wir,
wenn jemand die entsprechenden Jahre im Parlament war, also 20
bis 25 Jahre, 75 Prozent. Heute wird er in Zukunft nur noch 68

Prozent haben. Wir reden jetzt über die Frage 64/68 in der Rentenreform. Das heißt, wir sind vorangegangen im Jahre 1995 mit der
Absenkung der Ruhegehaltsbezüge.«

31 Gesetz zur Änderung des Abgeordnetengesetzes des Bundes und
des Europaabgeordnetengesetzes vom 19. 6. 1996, BGBl. I S. 843.

32 Der Vorschlag, die Erhöhung zu verschieben, wurde zuerst von zwei
bis dahin eher unbekannten Bundestagsabgeordneten, *Hans-Werner
Bertl* (SPD) und *Ulrich Petzold* (CDU), gemacht (vgl. Bild-Zeitung
vom 10. 4. 1996). Ein Gesetzentwurf der Grünen war zunächst auf
Unterstützung der Vorsitzenden der anderen Bundestagsfraktionen
gestoßen, fand in den Fraktionen der Union und der SPD dann aber
keine mehrheitliche Zustimmung, so daß die Grünen ihn allein
einbrachten (Bundestagsdrucksache 13/4667 vom 21. 5. 1996), was
Gerald Häfner, dem zuständigen Abgeordneten der Grünen, massive
Feindseligkeiten seiner Bundestagskollegen eintrug (vgl. Der Stern
vom 15. 5. 1996, S. 174 ff.). – Während die Grünen ursprünglich
noch gefordert hatten, die zweite und dritte Erhöhungsstufe je um
ein Jahr zu verschieben *und* auf die vierte Stufe zu verzichten, wurde
im schließlichen Änderungsgesetz auf diesen Verzicht verzichtet.

33 Landgericht Bonn, Urteil vom 16. 2. 1987, S. 428.

34 So Bericht und Antrag des Untersuchungsausschusses »Indirekte
Parteienfinanzierung«, Landtag von Baden-Württemberg, Drucksa-
che 9/4580 vom 26. 6. 1987, Sondervotum der SPD-Abgeordneten,
S. 469.

35 Der Spiegel Nr. 39/1997, S. 46.

36 So Der Spiegel, a. a. O.

37 Möller ist seit 1977 Mitglied des Hessischen Landtags, war Vorsitzender des Innenausschusses (1983 bis 1988) und von zwei Untersuchungsausschüssen und ist von 1988 bis 1991 und jetzt wieder seit
1995 Präsident des Landtags. Von 1991 bis 1995, als die SPD die
stärkste Fraktion stellte, war Möller Vizepräsident.

38 In Hamburg ist durch die jüngste Verfassungs- und Gesetzesänderung (siehe Hamburgisches Abgeordnetengesetz vom 21. 6. 1996)
zwar die Ehrenamtlichkeit aus der Verfassung gestrichen worden,
jedoch bleibt es vom organisatorischen Ablauf der Parlamentsarbeit
her für die Abgeordneten möglich, ihren Beruf fortzuführen.

39 Einige Landesverfassungen gehen auch heute noch erkennbar von
   der Neben- oder Ehrenamtlichkeit des Mandats aus. Dazu *von
   Arnim*, Die Partei, der Abgeordnete und das Geld, 1996, 213.

40 Dazu, daß das Diäten-Urteil des Bundesverfassungsgerichts
   (BVerfGE 40, 296; dazu *Peter Häberle*, Freiheit, Gleichheit und
   Öffentlichkeit des Abgeordnetenstatus, Neue Juristische Wochenschrift 1976, 537) nicht etwa zur Einführung der staatsfinanzierten
   Vollversorgung und schon gar nicht zur Überversorgung nötigte, *von
   Arnim*, Zweitbearbeitung des Art. 48 GG im Bonner Kommentar
   (1980), Rn 129 ff.; *ders.*, Die Partei, der Abgeordnete und das Geld,
   a. a. O., 254 ff. Im übrigen hat das Gericht selbst bereits in seinem
   Diätenurteil die seinerzeit im Saarland bestehende Entschädigung
   von netto 3000 DM ausdrücklich als »Vollalimentation« charakterisiert (BVerfGE 40, 296 [315]). Darüber hinaus hat das Gericht sich
   in einer späteren Entscheidung auch hinsichtlich der »Vollalimentation« korrigiert und betont, es gebe selbst für Bundestagsabgeordnete nicht unbedingt einen Anspruch auf »Vollalimentation«
   (BVerfGE 76, 256 [340 ff.]).

41 *Hermann Eicher*, Der Machtverlust der Landesparlamente, 1988.
   Vgl. auch *von Arnim*, Die Partei, der Abgeordnete und das Geld,
   a. a. O., 227 ff.

42 *von Arnim*, ebenda, 328 ff.

43 *Albert Janssen*, Der Landtag im Leineschloß – Entwicklungslinien
   und Zukunftsperspektiven, in: Präsident des Niedersächsischen
   Landtags, Rückblicke – Ausblicke, 1992, 15 (31).

44 Brief Gottfried Müllers an den Verfasser vom 6. 1. 1992.

45 Auch die ansonsten eher zurückhaltende Unabhängige Kommission
   zur Überprüfung des Abgeordnetenrechts (»Kissel-Kommission«)
   hat in ihrem Bericht vom 3. 6. 1993, Bundestagsdrucksache 12/5020,
   S. 10, Zweifel geäußert, »ob die Tätigkeit eines Landtagsabgeordneten generell als so umfassend anzusehen ist, daß sie als Ausübung
   eines ›Hauptberufs‹ gewertet werden muß«.

46 Näheres bei *von Arnim*, Die Partei, der Abgeordnete und das Geld,
   a. a. O., 238 ff.

47 *von Arnim*, Fetter Bauch regiert nicht gern, 1997, 163 ff.

48 Näheres in *von Arnim*, ebenda, 249 ff.

49 BVerfGE 48, 64.

50 *von Arnim*, ebenda, 115 ff.

51 *Klaus von Dohnanyi* hat das auf die zugespitzte Formel gebracht, die politische Funktionärsschicht sei »erfolgsunabhängig«. Sie wolle »häufig nicht einmal Wahlen gewinnen, sondern ihre eigene Wiederwahl sichern«. *von Dohnanyi*, in: Deutschland im Umbruch. Die politische Klasse und ihre Wirklichkeit. Drittes gesellschaftspolitisches Forum der Banken (Schönhauser Gespräche) am 19. 10. 1995, S. 90.

52 *Larry J. Sabato/Glenn R. Simpson* (Dirty little Secrets, 1996, 22 f.) drücken dies anschaulich so aus: Politiker hätten in ihrem genetischen Code ein »Macht-Gen«, das, wenn es um ihre Existenz als Politiker gehe, alle anderen Erwägungen zurücktreten lasse.

53 § 12 II Abgeordnetengesetz des Bundes.

54 So z. B. der Zweite Senat für Familiensachen des Oberlandesgerichts Düsseldorf vom 6. 2. 1984 (Aktenzeichen 2 UF 151/82); Bundesgerichtshof, Urteil vom 7. 5. 1986, Zeitschrift für Familienrecht 1986, 780 ff.

55 Märkische Oderzeitung vom 13. 2. 1998, vom 14. 2. 1998 und vom 18. 2. 1998; Potsdamer neueste Nachrichten vom 13. 2. 1998 und vom 17. 2. 1998.

56 BVerfGE 40, 296 (318, 328); 49, 1 (2). Näheres zu den verfassungsrechtlichen Kriterien siehe S 146 f.

57 Bericht der Kissel-Kommission, Bundestagsdrucksache 12/5020, S. 11 ff.

58 Angaben für das Jahr 1997. Quelle: »Aufzeichnung über die Vergütungen für die Mitglieder des Europäischen Parlaments« vom 7. 1. 1997. Für die Umrechnung wurde der durchschnittliche ECU-Kurs für 1997 (= 1,96 DM) zugrunde gelegt. Deutsche Bundesbank, Monatsberichte Februar 1998, S. 76*.

59 Ergänzung des Verfassers.

60 Urteil des Oberverwaltungsgerichts des Landes Sachsen-Anhalt vom 3. 12. 1997 (Aktenzeichen: A 3 S 6/96), S. 28 des Umdrucks.

3. Kapitel: Regierungsmitglieder

1 §12 Abs. 4 Satz 1 Ministergesetz Brandenburg, der die Höhe des Ruhegehalts betrifft, lautet: »Das Ruhegehalt beträgt mindestens fünfunddreißig vom Hundert des Amtsgehalts und des Ortszuschlags. Im übrigen gilt die Ruhegehaltsregelung der Besoldungsgruppe B11 des Bundes.«

2 Hamburger Abendblatt vom 14. 10. 1997, S. 9.

3 BVerfGE 40, 296 (318, 328); 49, 1.

4 Gesetz zur Änderung des Landesministergesetzes vom 18. 2. 1997 (GVBl. S. 24).

5 Gesetzentwurf der Fraktion der SPD zur Änderung des Bundesministergesetzes und des Gesetzes über die Rechtsverhältnisse der Parlamentarischen Staatssekretäre vom 6. 12. 1996, Bundestagsdrucksache 13/6452.

6 Gesetzentwurf der Fraktion Bündnis 90/Die Grünen zur Änderung des Bundesministergesetzes und des Gesetzes über die Rechtsverhältnisse der Parlamentarischen Staatssekretäre vom 19. 3. 1997, Bundestagsdrucksache 13/7329.

7 Eingefügt durch Drittes Gesetz zur Änderung des Senatsgesetzes vom 2. Juni 1997, Hamburgisches Gesetz- und Verordnungsblatt 1997, S. 180.

8 *Jan Ehlers,* Regieren als Beruf?, März 1997.

9 Diese Möglichkeit wird mit der Bemerkung abgetan: »Viel Lob wäre dafür kaum zu erwarten, auch nicht die Zustimmung im politischen parlamentarischen Raum.« (*Ehlers,* ebenda, 34).

10 *Ehlers,* ebenda, 40 f.

11 Siehe auch *Wolfgang Hoffmann*, Der mißbrauchte Staat, Die Zeit vom 12. 1. 1996, S. 17.

12 *Wolfgang Hoffmann*, a. a. O.

13 *Wolfgang Hoffmann*, a. a. O.

14 Näheres bei *von Arnim*, Die Partei, der Abgeordnete und das Geld, 1996, 123 ff.

15 *Andreas Borchers*, Die Absahner, Der Stern 47/1997, S. 34 ff.

16 Näheres bei *von Arnim*, Der Staat als Beute, 1993, 200 ff.

17 FAZ-Magazin Nr. 671 vom 8. 1. 1993.

18 *Hans-Joachim Ordemann*, Die zweite Reihe. Parlamentarische Staatssekretäre – hilfreich oder überflüssig?, Die Welt vom 1. 10. 1994, S. 5.

19 Gewisse Abweichungen ergeben sich allerdings daraus, daß die Gehälter von Bundesministern und Parlamentarischen Staatssekretären aufgrund mehrerer Nullrunden langsamer gewachsen sind als die der beamteten Staatssekretäre: Das Gehalt eines beamteten Staatssekretärs beträgt 18 817 DM, 1147 DM mehr als das eines Parlamentarischen Staatssekretärs.

20 Die steuerfreien Pauschalen setzen sich aus 450 DM Dienstaufwandspauschale und 75 Prozent der Kostenpauschale von Bundestagsabgeordneten (= 4758 DM) zusammen, insgesamt also 5208 DM.

21 Dieses überraschende Ergebnis rührt daher, daß die Anrechnungsvorschrift des § 29 Abgeordnetengesetz vorschreibt, daß die Abgeordnetenentschädigung neben Amtsbezügen um 50 Prozent gekürzt wird, die Kürzung aber höchstens 30 Prozent der Amtsbezüge ausmachen darf. Bei Bundesministern greift diese 30-Prozent-Grenze noch nicht, so daß sie nur 50 Prozent der Abgeordnetenentschädigung erhalten. Bei Parlamentarischen Staatssekretären sind 30 Prozent ihres Gehalts (5301 DM) aber weniger als die halbe Abgeordnetenentschädigung, so daß bei ihnen die Entschädigung nur um diesen Betrag gekürzt wird und ihnen deshalb mehr verbleibt.

22 § 11 I Abgeordnetengesetz des Bundes lautet:
»Ein Mitglied des Bundestags erhält eine monatliche Abgeordnetenentschädigung, die sich an einem Zwölftel der Jahresbezüge

- eines Richters bei einem obersten Gerichtshof des Bundes (Besoldungsgruppe R6),
- eines kommunalen Wahlbeamten auf Zeit (Besoldungsgruppe B6)

orientiert. Abweichend von Satz 1 beträgt die Abgeordnetenentschädigung mit Wirkung vom 1. Oktober 1995 11 300 Deutsche Mark, vom 1. Juli 1997 11 825 Deutsche Mark, vom 1. April 1998

12350 Deutsche Mark und vom 1. Januar 1999 12875 Deutsche Mark. Für spätere Anpassungen gilt das in § 30 geregelte Verfahren.«

23 § 12 I Bundesministergesetz.

24 § 11 I 1d Bundesministergesetz in Verbindung mit § 5 I Gesetz über Parlamentarische Staatssekretäre.

25 § 29 VII Abgeordnetengesetz.

26 Gesetz über die Rechtsverhältnisse der Parlamentarischen Staatssekretäre vom 6. 4. 1967, BGBl. I S. 396.

27 Nach der Antwort der Bundesregierung vom 22. 10. 1997 auf die kleine Anfrage der Fraktion Bündnis 90/Die Grünen (Bundestagsdrucksache 13/8811) waren seit der Wende, also zwischen 1982 und Oktober 1997, 50 Parlamentarische Staatssekretäre entlassen worden.

28 Zu Fragen der Anrechnung siehe 7. Kapitel.

29 § 13a Ministergesetz von Schleswig-Holstein. Siehe dazu auch die Debatte im Schleswig-Holsteinischen Landtag am 23. 5. 1996, Plenarprotokoll 14/3, S. 66 ff.

30 Zur Umrechnungsmethode siehe Tabelle 18 und S. 78 f.

4. Kapitel: Politische Beamte

1 *Strötz/Finger*, in: Fürst (Hg.), Gesamtkommentar Öffentliches Dienstrecht (GKÖD), Bd. 1, § 14 Beamtenversorgungsgesetz (Stand 2/95), Rn 77. – Daß überhaupt vor Erreichen der normalen Altersgrenze ein Ruhegehalt gezalt wird, wird mit dem besonderen Risiko begründet, das darin liegt, daß der Beamte jederzeit in den Ruhestand versetzt werden kann.

2 Siehe zum Beispiel § 39 Bundesbeamtengesetz:
»Der in den einstweiligen Ruhestand versetzte Beamte ist verpflichtet, einer erneuten Berufung in das Beamtenverhältnis auf Lebenszeit Folge zu leisten, wenn ihm ein Amt im Dienstbereich seines früheren Dienstherrn verliehen werden soll, das derselben oder einer mindestens gleichwertigen Laufbahn angehört wie das frühere Amt und mit mindestens demselben Endgrundgehalt ... verbunden ist.«

3 Von 1982 bis 1996 wurden im Bund 24 Staatssekretäre und von 1982 bis September 1997 71 sonstige politische Beamte in den einstweiligen Ruhestand versetzt. Bundestagsdrucksache 13/8518, S. 2.

4 A. a. O., S. 9.

5 *Cecior*, in: Schütz, Beamtenrecht, 5. Aufl. (Stand: Januar 1992) § 14 Beamtenversorgungsgesetz, Erläuterung 1 b.

6 *Wolfgang Junker*, Das Beamtenversorgungsgesetz – kritisch betrachtet, Zeitschrift für Beamtenrecht 1976, 293 (298): Vorschützen eines Feigenblattes.

7 Bericht des Innenausschusses des Bundestags zu § 7 Beamtenversorgungsgesetz, Bundestagsdrucksache 7/5165, S. 7.

8 Antwort der Bundesregierung auf die Kleine Anfrage von Bündnis 90/Die Grünen, Bundestagsdrucksache 13/8518 vom 12. 9. 1997, S. 2; *von Arnim*, Fetter Bauch regiert nicht gern, 1997, 38.

9 *von Arnim*, ebenda, 38.

10 So Antwort der Bundesregierung, a. a. O.

11 § 53a Beamtenversorgungsgesetz erging durch Gesetz zur Änderung des Beamtenversorgungsgesetzes und sonstiger dienst- und versorgungsrechtlicher Vorschriften vom 18. 12. 1989, BGBl. I S. 2218, in Kraft getreten am 1. 1. 1992 (in den neuen Ländern am 3. 10. 1990). § 53a Beamtenversorgungsgesetz gilt auch für Personen, die am 1. 1. 1992 bereits in den einstweiligen Ruhestand getreten waren. Die Vorschrift ist so lange allerdings nicht anwendbar, wie eine am 31. 12. 1991 bereits bestehende Beschäftigung oder Tätigkeit über diesen Zeitpunkt hinaus andauert. Siehe GKÖD, Bd. 1, § 53a Beamtenversorgungsgesetz (Stand 1/97), Rn 1 ff. (17 f.).

12 § 34 Sozialgesetzbuch VI (Stand 1. 1. 1998).

13 Tagesspiegel vom 27. 5. 1997.

14 Potzdamer Neueste Nachrichten vom 28. 6. 1997; Frankfurter Allgemeine Zeitung vom 15. 7. 1996.

15 Frankfurter Allgemeine Zeitung, ebenda; Potzdamer Neueste Nachrichten, ebenda.

16 Focus 4/1997, S. 61; Der Steuerzahler, Landesbeilage Saarland, März 1997, 2.

17 Bild am Sonntag vom 23. 2. 1992, S. 4.

18 Frankfurter Allgemeine Zeitung vom 2. 12. 1992 und vom 28. 12. 1992.

Beide versuchten, sich gegen die Versetzung in den einstweiligen Ruhestand gerichtlich zur Wehr zu setzen (Der Spiegel 4/1993, S. 17).

19 Magdeburger Volksstimme vom 14. 4. 1994.

20 *Wolfgang Hoffmann*, Der mißbrauchte Staat, Die Zeit vom 12. 1. 1996, S. 17.

21 Der Spiegel 41/1995, S. 66.

22 Siehe die Nachweise bei Steinbach.

23 Stern vom 5. 8. 1993, S. 122.

24 Frankfurter Allgemeine Zeitung vom 26. 8. 1996.

25 Bild am Sonntag vom 23. Februar 1992, S. 4.

26 *Hoffmann*, a. a. O.

27 Der Spiegel 41/1995 vom 9. 10. 1995, 61 (65 f.).

28 Der Stern vom 5. 8. 1993, S. 122.

29 Das Parlament Nr. 51–52 vom 23. 12. 1994.

30 *Hoffmann*, a. a. O.

31 *Hoffmann*, a. a. O.

32 Bild am Sonntag vom 23. Februar 1992, S. 4.

33 Focus 47/1996 vom 18. 11. 1996, S. 54.

34 Frankfurter Allgemeine Zeitung vom 21. 12. 1993.

35 Frankfurter Allgemeine Zeitung vom 1. 9. 1993 und vom 2. 9. 1993.

36 Speyerer Tagespost vom 31. 7. 1996.

37 Frankfurter Allgemeine Zeitung vom 23. 11. 1993.

38 Frankfurter Allgemeine Zeitung vom 12. 10. 1993.

39 Frankfurter Allgemeine Zeitung vom 22. 12. 1993.

40 Der Spiegel 41/1995; Speyerer Tagespost vom 8. 10. 1993.

41 *Hoffmann*, a. a. O.

42 Stern vom 5. 8. 1993, 122 (123).

43 Der Spiegel 41/1995, S. 66.

44 Sonntag aktuell vom 14. 4. 1996.

5. Kapitel: Die Versorgung kommunaler Wahlbeamter

1 Bild am Sonntag vom 2. 3. 1997, S. 4.

2 Presseinformation Nr. 5/97 des Bundes der Steuerzahler Niedersachsen und Bremen.

3 Der Spiegel 14/1997, S. 27.

4 Der Spiegel, a. a. O.

5 Landtag Nordrhein-Westfalen intern, Nr. 16 vom 27. 9. 1994, S. 6.

6 Der Spiegel 14/1997, S. 26.

7 Bild am Sonntag vom 2. 3. 1997, S. 4.

8 Der Spiegel, a. a. O., S. 27.

9 §§ 4 ff., 66 Beamtenversorgungsgesetz.

10 § 66 II Beamtenversorgungsgesetz.

11 Die Ermächtigung dazu findet sich in § 96 I und II Beamtenrechtsrahmengesetz (BRRG):
»(1) Durch Gesetz kann bestimmt werden, daß der Beamte auf Zeit
mit Ablauf der Amtszeit in den Ruhestand tritt.

(2) Tritt der Beamte mit Ablauf der Amtszeit nicht in den Ruhestand, so ist er mit diesem Zeitpunkt entlassen, sofern er nicht
im Anschluß an seine Amtszeit erneut in dasselbe Amt für eine
weitere Amtszeit berufen wird.«

12 Art. 28 des (bayerischen) Gesetzes über kommunale Wahlbeamte
(KWBG). Dazu auch *Hans Zimmermann*, KWBG, Handkommen-
tar, 4. Aufl., 1990.

13 §§ 21 II, 28 I Ziffer 2 bayerisches Gesetz über kommunale Wahlbeamte.

14 Süddeutsche Zeitung vom 22. 10. 1997, S. 40 (»Eine Kandidatur für
die Pension«) und vom 23. 10. 1997, S 41.

15 § 131 Landesbeamtengesetz Baden-Württemberg. Dazu auch *Gerhard Müller/Erwin Beck*, Das Beamtenrecht in Baden-Württemberg,
Kommentar, Stand: April 1997.

16 § 139 Sächsisches Beamtengesetz.

17 § 44 II 2 Landesbeamtengesetz Nordrhein-Westfalen.

18 Nordrhein-westfälisches Gesetz zur Änderung der Kommunalverfassung vom 17. 5. 1994 (GVOBl. S. 270).

19 §§ 195, 196 Landesbeamtengesetz Nordrhein-Westfalen, eingefügt
als Abschnitt Xa durch Art. VI Nr. 6 des Gesetzes zur Änderung der
Kommunalverfassung. Vgl. *Schütz*, Beamtenrecht des Bundes und
der Länder, Gesamtkommentar, Ordner 1, November 1997, Rn. 2 zu
§ 195 Landesbeamtengesetz.

20 Nach § 195 IX Landesbeamtengesetz Nordrhein-Westfalen gelten

die für hauptberufliche Bürgermeister geltenden Vorschriften für hauptberufliche Landräte entsprechend.

21 § 195 II 3 Landesbeamtengesetz Nordrhein-Westfalen.

22 § 195 IV Landesbeamtengesetz Nordrhein-Westfalen.

23 § 196 II 3, III 2 Landesbeamtengesetz Nordrhein-Westfalen.

24 *Gerhard Müller/Erwin Beck* u. a., Das Beamtenrecht in Baden-Württemberg, Kommentar (Loseblatt, Stand April 1997), § 131 Landesbeamtengesetz, Anm. 5.

25 ... und wird er auch nicht wiedergewählt ...

26 § 96 II BRRG.

27 Weitere Voraussetzung für das Übergangsgeld: Der Beamte darf nicht einer gesetzlichen Verpflichtung, sein Amt nach Ablauf der Amtszeit unter erneuter Berufung in das Beamtenverhältnis weiterzuführen, nicht nachgekommen sein (§ 66 III Beamtenversorgungsgesetz).

28 § 47 Beamtenversorgungsgesetz.

29 Art. VII Abs. 3 des (nordrhein-westfälischen) Gesetzes zur Änderung der Kommunalverfassung vom 17. 5. 1994.

30 Zu den nach der Übergangszeit geltenden Regelungen siehe bereits oben S. 120 f.

31 Art. VII Abs. 1 des genannten Gesetzes.

32 Art. VII Abs. 2 des soeben genannten Gesetzes.

33 Rheinische Post vom 11. 2. 1998 (Interview mit Bertold Reinarz).

34 Art. VII Abs. 1 des genannten Gesetzes.

35 Westfälische Rundschau vom 5. 5. 1997.

36 Rheinische Post vom 23. 7. 1997.

37 Der Spiegel, a. a. O.

38 Rheinische Post vom 23. 7. 1997.

39 So der nordrhein-westfälische CDU-Landtagsabgeordnete Albert Leifert in einer Anfrage an Landesinnenminister Kniola.

6. Kapitel: Die Überversorgung von Politikern

1 Statt vieler *Rudolf Scharping*, Parlamentarische Demokratie im
   Wandel, in: Landeszentrale für politische Bildung (Hg.), Parlamentarische Demokratie in der Krise, 1992, 25 (28).
2 Dies ist die sogenannte Eckrente. Die Höchstrente aus der gesetzlichen Rentenversicherung beträgt nach 45jähriger Beitragszahlung
   in Höhe der gesetzlichen Höchstbeiträge im Jahre 1998 3644 DM
   monatlich.
3 Die Rentenversicherungsgesetze sprechen vom »Aktuellen Renten-
   wert (ARW)«. Er beträgt ab dem 1. 7. 1998 exakt 47,64 DM.
4 Bei diesen Relationen sind zwei Faktoren noch nicht berücksichtigt:
   Einerseits müssen Minister ihre Versorgung voll versteuern, während bei Sozialversicherungsrentnern nur der Ertragsanteil be-
   steuert wird. Andererseits beginnen Ministerpensionen sehr viel
   früher zu laufen (meist ab dem vollendeten 55. Lebensjahr) als
   Sozialversicherungsrenten (65. Lebensjahr), weshalb sie auch erheblich länger gezahlt werden und – bezogen auf die Aktivenjahre – die
   Versorgung einen höheren wirtschaftlichen Wert besitzt. Beide Faktoren sind gegenläufig, so daß sich die durch ihre Nichtberücksichti-
   gung hervorgerufene Vergröberung in der Tendenz ausgleichen
   dürfte und die Vernachlässigung dieser Faktoren deshalb vertretbar
   erscheint.
5 Das gilt für Abgeordnete, die bei Inkrafttreten der Neuregelung von
   1995 bereits im Bundestag waren, ab 1. Januar 1999. Abgeordnete,
   die nach Inkrafttreten der Neuregelung neu in den Bundestag eintreten, z. B. nach den Wahlen von 1998, erhalten nach acht Jahren
   3090 DM (= 24 Prozent). Zu den Einzelheiten siehe Tabelle 5 im
   Anhang.
6 Kienbaum-Vergütungsstudie 1990/91, S. 38.
7 *Heinz Evers* in einer Anhörung des Hessischen Landtags vom 19. 1.
   1993, stenographische Niederschrift der 21. Sitzung des Ältestenrats
   des Hessischen Landtags vom 19. 1. 1993, S. 51.
8 So Der Spiegel 14/1997 vom 31. 3. 1997.
9 *Jan Ehlers,* Regieren als Beruf?, 1997.
10 Zur Anrechnung von Erwerbseinkommen auf die Versorgung von

ehemaligen politischen Beamten und kommunalen Wahlbeamten nach § 53a Beamtenversorgungsgesetz siehe S. 102 f. Der Verweis auf § 53a, der sich ausdrücklich auch in einigen Ministergesetzen findet, führt im Normalfall zu keiner Anrechnung von Erwerbseinkommen auf die Ministerversorgung.

11 § 17 Reichsministergesetz.

12 So z. B. § 8 Abs. 1 des Gesetzes über Gehalt, Ruhegehalt und Hinterbliebenenversorgung der Mitglieder der Bayerischen Staatsregierung vom 5. 9. 1946, BayGVBl. S. 369.

13 § 14 Abs. 1 BMinG 1953: »Ein ehemaliges Mitglied der Bundesregierung erhält von dem Zeitpunkt an, in dem seine Amtsbezüge aufhören, Übergangsgeld, falls ihm nicht Ruhegehalt ... zusteht.«

14 § 1 Absatz 2 Satz 2 des Gesetzes über die Entschädigung der Mitglieder des Bundestags in der Fassung des Änderungsgesetzes vom 15. 6. 1961, BGBl. I S. 763.

15 Bundestagsdrucksache 1444 (3. Wahlperiode).

16 Diätengesetz 1968 vom 3. 5. 1968, BGBl. I S. 334.

17 § 18 Absatz 1 Satz 2 des Gesetzes zur Neuregelung der Rechtsverhältnisse der Mitglieder des Deutschen Bundestags vom 18. 2. 1977, BGBl. I S. 297.

18 *von Arnim*, Zweitkommentierung des Art. 48 GG im Bonner Kommentar, Rnrn. 125 ff.

19 *Geiger*, Der Abgeordnete und sein Beruf, ZParl 1978, 522 (533).

20 So auch der Vorschlag der Hamburger Enquetekommission »Parlamentsreform« von 1992, Hamburger Bürgerschaft Drucksache 14/2600, 180 ff., die Entschädigung nur drei Monate in voller Höhe, die folgenden neun Monate dagegen nur in halber Höhe zu gewähren. Auch die Kissel-Kommission hatte vorgeschlagen, das Übergangsgeld höchstens 12 Monate zu zahlen, und zwar nur noch in Höhe von 75 Prozent der Entschädigung (Bundestagsdrucksache 12/5020, S. 14).

21 § 47 Beamtenversorgungsgesetz.

22 Überblick mit ausführlichen Nachweisen bei *Annette Fischer*, Abgeordnetendiäten und staatliche Fraktionsfinanzierung in den fünf neuen Bundesländern, 1995, 84 ff.

23 Kissel-Kommission, Bundestagsdrucksache 12/5020, S. 13.

24 Eine Ausnahme besteht für Abgeordnete in Berlin (§ 21 VIII Abgeordnetengesetz). Sie betrifft aber nur Mitteilungspflichten bei Verrechnung der Entschädigung mit Einnahmen aus öffentlichen Kassen.

7. Kapitel: Das System der Mehrfachbezüge

1 Der Staatsrechtler *Hans Meyer* gelangt dementsprechend zum Ergebnis, die Mitgliedschaft von Regierungsmitgliedern im Parlament
verstoße bereits gegen geltendes Verfassungsrecht. *Hans Meyer*, Die
Stellung der Parlamente in der Verfassungsordnung des Grundgesetzes, in: Hans-Peter Schneider/Wolfgang Zeh (Hg.), Parlaments-
recht und Parlamentspraxis in der Bundesrepublik Deutschland,
1989, S. 117 (127 ff., Rn 23 ff.). Nicht weniger scharf, aber eher
verfassungs*politisch* ausgerichtet ist die Kritik des Staatsrechtlers
Ingo von Münch, Minister und Abgeordnete in einer Person: die
andauernde Verhöhnung der Gewaltenteilung, Neue Juristische
Wochenschrift 1998, 34 f. (Diesem Aufsatz ist auch das Motto ent-
nommen, das diesem Kapitel vorangestellt ist). Demgegenüber wird
die Problematik nicht ausgeschöpft in: Dimitris Tsatsos (Hg.), Die
Vereinbarkeit von parlamentarischem Mandat und Regierungsamt
in der Parteiendemokratie, 1996
2 Siehe z. B. Art. 66 GG.
3 *Armin Dittmann*, Unvereinbarkeit von Regierungsamt und Abgeordnetenmandat – eine unliebsame Konsequenz des »Diätenurteils«?, Zeitschrift für Rechtspolitik 1978, 52.
4 BVerfGE 40, 296 (312–314).
5 *Hans Meyer*, Die Stellung der Parlamente in der Verfassungsordnung des Grundgesetzes, a. a. O., § 4 Rn 32, spricht von einer »fak-
tischen Inkompatibilität«, da die hohe Arbeitsbelastung der Regierungsmitglieder es ausschließt, daß zugleich beide Funktionen wahrgenommen werden. Die Parlamenttätigkeit beschränke sich auf die
Stimmabgabe im Plenum, wenn es darauf ankomme.
6 § 5 Bundesbesoldungsgesetz.
7 So mit Recht der Präsident des Niedersächsischen Landtags, Nie-

dersächsischer Landtag, 12. Wahlperiode, 62. Plenarsitzung vom 21. 10. 1992, S. 5854.

8 Bericht der Kommission zur Überprüfung der Angemessenheit der Abgeordnetenentschädigung 1992 vom 26. 8. 1992, Landtagsdrucksache Niedersachsen 12/3640, S. 7 f.

9 *Wolfgang Hoffmann-Riem* (Hg.), Bericht der Enquetekommission »Parlamentsreform«, 1993, S. 191 f.

10 BVerfGE 40, 296 (329 f.).

11 BVerfGE 76, 256 (343).

12 Vgl. *von Arnim*, Zweitbearbeitung des Art. 48 GG im Bonner Kommentar, 1980, Rn 163.

13 BGBl. I 1996, S. 302 ff.

14 § 101 III Bundesverfassungsgerichtsgesetz.

15 § 9 I Verfassungsgerichtsgesetz Brandenburg in Verbindung mit § 5 und 21 Abgeordnetengesetz Brandenburg.

16 § 29 I Abgeordnetengesetz des Bundes.

17 Art. 22 I Abgeordnetengesetz Bayern.

18 § 21 I Abgeordnetengesetz Berlin.

19 § 22 I Abgeordnetengesetz Nordrhein-Westfalen.

20 § 23 I Abgeordnetengesetz Sachsen.

21 § 22 I Abgeordnetengesetz Thüringen.

22 *von Arnim*, Wirtschaftlichkeit als Rechtsprinzip, 1988, 67–81 mit weiteren Nachweisen; *Herbert Fischer-Menshausen*, in: von Münch, Grundgesetzkommentar, Bd. 3, 2. Aufl., 1983, Art. 110, Rn 7 und Art. 114, Rn 17; *Peter Selmer*, Zur Intensivierung der Wirtschaftlichkeitskontrolle durch die Rechnungshöfe, Die Verwaltung 1990, 1 (19 f.); *Heinz-Christoph Link*, Staatszwecke im Verfassungsstaat, VVDStRL 48 (1990), Rn 7 (41); *Ernst Heuer*, in: *ders.*, Kommentar zum Haushaltsrecht, Art. 114 GG (1990), Rn 66; *Borell/Schemmel*, Verfassungsgrenzen für Steuerstaat und Staatshaushalt, 1992 (Heft 75 der Schriftenreihe des Karl-Bräuer-Instituts des Bundes der Steuerzahler), 197 ff.; *Klaus Grupp*, Rechtsprobleme der Privatfinanzierung von Verkehrsprojekten, DVBl. 1994, 140 (146); *Rudolf Wendt*, Haushaltsrechtliche Probleme der Kapitalbeteiligung Privater in öffentlichen Infrastrukturinvestitionen, in: Jörn Ipsen (Hg.), Privatisierung öffentlicher Aufgaben, 1994, 37 (50); *Schmidt-Aßmann/Fromm*, Auf-

gaben und Organisation der Deutschen Bundesbahn, 88. Zustimmend auch *Peter Lerche* (1989), in: Maunz/Dürig/Herzog, Kommentar zum Grundgesetz, Art. 86, Rn 65.

23 § 20 I Bundesministergesetz. Auch § 18 IV dieses Gesetzes, wonach der Bund die Landesministerversorgung übernimmt, kann der Versorgungsanspruch gegen das Land Niedersachsen – mangels Kompetenz des Bundes – nicht tangieren.

24 § 18 I Landesministergesetz Rheinland-Pfalz.

25 § 18 III Landesministergesetz Niedersachsen.

26 § 23 II Ministergesetz Baden-Württemberg.

27 § 18 II Saarländisches Ministergesetz.

28 § 18 III Ministergesetz Sachsen-Anhalt.

29 BVerfGE 40, 296 (318, 328).

30 BVerfGE 49, 1 (2). Hervorhebungen im Original.

31 *von Arnim*, Bonner Kommentar, Zweitbearbeitung des Art. 48 GG (1980), Rn 175 ff.; *ders.*, Die Partei, der Abgeordnete und das Geld, 2. Aufl., 1996, 271 ff.; *Joachim Wieland*, Rechtsgutachten zur Verfassungsmäßigkeit des Abgeordnetengesetzes des Landes Rheinland-Pfalz, erstattet im Auftrag des Bundes der Steuerzahler Rheinland-Pfalz e. V., 1991, 77 ff.

32 Für die Pauschalen von Abgeordneten im einzelnen *von Arnim*, Die Partei, der Abgeordnete und das Geld, a. a. O., 271 ff.

33 Bei diesem Einkommensvergleich sind die unterschiedlichen Altersversorgungssysteme von Parlamentarischen und beamteten Staatssekretären nicht berücksichtigt.

34 Der hessische Diätenbeirat hält in seinem Bericht von 1989 denn auch »nennenswerte finanzielle Mehrbelastungen ... für unwahrscheinlich« (S. 27). Für die schleswig-holsteinische Diätenkommission von 1989 fallen eventuelle zusätzliche Kosten jedenfalls nicht ins Gewicht (S. 34).

35 Diätenbeirat, 1989, 27: »Die Kommission schlägt vor, die bisher für die Ausübung besonderer parlamentarischer Funktionen gewährten zusätzlichen Unkostenpauschalen ersatzlos zu streichen.«

36 Schleswig-holsteinische Diätenkommission, 1989, 34: »Die Kommis-

sion empfiehlt, diese zusätzlichen Unkostenpauschalen entfallen zu lassen.«

37 So auch schon die Kommission zur Begutachtung der Rechtsstellung und Entschädigung der Mitglieder des Landtags Nordrhein-Westfalen (Weyer-Kommission), Gutachtliche Stellungnahme vom 19. 12. 1978, 19.

38 So z. B. der Präsident des Landtags Rheinland-Pfalz, Christoph Grimm, in der Fernsehsendung »Tandem« des Südwestfunks, 3. Programm, am 22. 1. 1998, 20.15 Uhr.

39 Vgl. dazu *von Arnim*, Zweitbearbeitung des Art. 48 GG (1980), Bonner Kommentar, Rn 167 ff.

40 So besteht in Baden-Württemberg Inkompatibilität zum Abgeordnetenmandat für Beamte bei einer obersten Landesbehörde (also insbesondere bei den Ministerien), als Staatsanwälte, als Amtsanwälte, bei einem Regierungspräsidium, einer Landesoberbehörde oder einer höheren Sonderbehörde im Range vom Amtmann an aufwärts. Die Regelungen gelten entsprechend für Richter und Angestellte des öffentlichen Dienstes (§ 26 AbgG Baden-Württemberg). Die Rechte und Pflichten eines Beamten auf Zeit ruhen längstens bis zum Ablauf der Amtszeit (§ 32 AbgG Baden-Württemberg). Ähnlich sind die Regelungen in den anderen genannten Ländern.

41 In Sachsen-Anhalt wurde die bislang bestehende Vereinbarkeit von Amt und Mandat auch für kommunale Wahlbeamte mit Geltung ab der dritten Wahlperiode, d. h. ab Frühjahr 1998, aufgehoben: Gesetz zur Änderung des Abgeordnetengesetzes Sachsen-Anhalt vom 30. 5. 1997, GVBl. S. 546.

42 §§ 34, 35 AbgG.

43 § 34b AbgG.

44 § 37 AbgG.

45 §§ 42, 43 AbgG.

46 §§ 42, 43 AbgG.

47 § 89a BBG.

48 Vgl. dazu *Dietrich*, Beamte als Abgeordnete und das Diäten-Urteil des Bundesverfassungsgerichts, Zeitschrift für Beamtenrecht 1976, S. 98.

49 *Hessischer Diätenbeirat*, 1989, 22: »Da die Funktionszulagen an Ab-

geordnete mit besonderen parlamentarischen Funktionen nicht ›aus dem Mandat fließen‹ und deshalb ›nicht unter Art. 3 Abs. 1 GG mit der Abgeordnetenentschädigung vergleichbar‹ sind, können sie allerdings auch nicht bei der Altersversorgung berücksichtigt werden, weil sich die Altersversorgung für Abgeordnete – soweit sie nach der insoweit gewandelten Rechtsprechung des Bundesverfassungsgerichts überhaupt noch geboten erscheint – nur aus der Mandatsausübung und der damit unter Umständen verbundenen längeren Unterbrechung der früheren beruflichen Tätigkeit herleiten läßt. Die Kommission empfiehlt daher dringend, weder die Zusatzentschädigung für den Präsidenten und die Vizepräsidenten des Hessischen Landtags noch die von ihr vorgeschlagenen zusätzlichen Vergütungen für Fraktionsvorsitzende in die Altersversorgung einzubeziehen.«

50 Vgl. auch *Annette Fischer*, Abgeordnetendiäten und staatliche Fraktionsfinanzierung in den fünf neuen Bundesländern, Frankfurt/Main u. a. 1995, 87.

51 Die völlig überzogene Versorgung von Mitgliedern der Bayerischen Staatsregierung wurde zwar 1993 eingedämmt. Für damals amtierende Minister blieb es jedoch bei den erworbenen Ansprüchen.

52 BVerfGE 40, 296 (318).

53 BVerfGE 40, 296 (318).

54 Nachweise bei *von Arnim*, Bonner Kommentar, Art. 48 GG, Rn 123.

55 Dabei wurde hier davon abgesehen, die steuerfreien Pauschalen in Bruttoeinkommen umzurechnen, was noch höhere Beträge ergäbe.

56 Der Spiegel Nr. 14/1997 vom 31. 3. 1997, S. 22 f.

57 Bis zur Auflösung des Bundespostministeriums Ende 1997 und dem Ausscheiden von Postminister Bötsch hatte das Bundeskabinett sogar 18 Mitglieder (Bundeskanzler und 17 Minister).

58 § 14 III AbgG.

59 Gesetz zur Änderung des niedersächsischen Abgeordnetengesetzes vom 6. 5. 1997, GVBl. S. 126.

60 So auch *Kommission der Parlamentsdirektoren*, Bericht vom 16. 5. 1989, S. 36.

61 Vgl. *Kommission der Parlamentsdirektoren*, ebenda, S. 37.

62 *Maaß, Wolfgang/Rupp, Hans Heinrich*, Verfassungsrechtliche Fragen

der Abgeordnetenentschädigung in Hessen, Gutachtliche Äußerung vom 10. September 1988, S. 80.

63 Beim Bund und in den alten Bundesländern beträgt die Sonderzuwendung 93,78 Prozent von den Dezemberbezügen. In den neuen Bundesländern beläuft sich dieser Bemessungsfaktor auf 70,335 Prozent (§ 13 III Sonderzuwendungsgesetz in Verbindung mit der Bekanntmachung des Bundesministeriums des Innern vom 4. 4. 1997, GMBl. S. 266, für das Jahr 1997).

64 § 36 Satz 1 Beamtenrechtsrahmengesetz (BRRG).

65 § 42 BRRG.

66 Art. 55 II GG (für den Bundespräsidenten), Art. 66 GG (für Bundeskanzler und Bundesminister) und § 7 Gesetz über Parlamentarische Staatssekretäre in Verbindung mit § 5 I Bundesministergesetz (für Parlamentarische Staatssekretäre).

67 § 5 II Bundesministergesetz, § 5 III Ministergesetz Baden-Württemberg.

68 In dieser Sache hat das Bundesverfassungsgericht am 17. Februar 1998 entschieden. Siehe Tagespresse vom 18. 2. 1998.

69 BVerfGE 40, 296 (315 ff.). In der späteren Entscheidung von 1987 (BVerfGE 76, 256 [341 ff.]) ist das Gericht aber wieder von der Annahme eines Anspruchs von Abgeordneten auf »Vollalimentation« abgerückt.

70 BVerfGE 40, 296 (321 ff., 327 f., 329 f.).

71 BVerfGE 40, 296 (314 f.); 76, 256 (341 ff.).

72 BVerfGE 40, 296 (318 f.).

73 Die Zeit vom 11. 10. 1996, S. 32.

74 Sonntag aktuell vom 6. 10. 1996.

75 Bruckschen wollte offenbar darauf hinaus, daß er »der Arbeitsvermittlung zur Verfügung« stehe, was nach § 100 I Arbeitsförderungsgesetz Voraussetzung für einen Anspruch auf Arbeitslosengeld ist. Die Vorschrift lautet: »Anspruch auf Arbeitslosengeld hat, wer arbeitslos ist, der Arbeitsvermittlung zur Verfügung steht, die Anwartschaft erfüllt, sich beim Arbeitsamt arbeitslos gemeldet und Arbeitslosengeld beantragt hat.«

76 Sonntag aktuell, a. a. O.

77 § 101 I Arbeitsförderungsgesetz enthält folgende gesetzliche Defini-

tion: »Arbeitslos im Sinne dieses Gesetzes ist ein Arbeitnehmer, der vorübergehend nicht in einem Beschäftigungsverhältnis steht oder nur eine kurzzeitige Beschäftigung ausübt.« Nach Absatz 2 ist ebenfalls nicht arbeitslos, wer selbständig tätig ist.

78 Presseerklärung des Bundes der Steuerzahler Hamburg vom 27. 11. 1996.

79 BVerfGE 40, 296 (314): »Aus der Entschädigung des Inhabers eines Ehrenamtes ist die Bezahlung für die im Parlament geleistete Tätigkeit geworden.«

80 Das gilt selbst für sogenannte Direktspenden, die bei den Abgeordneten verbleiben und nicht – wie Durchlaufspenden – an die Partei weitergegeben werden.

81 Näheres bei *Christine Landfried*, Parteifinanzen und politische Macht, 2. Aufl., 1994, 143 ff.; *von Arnim*, Die Partei, der Abgeordnete und das Geld, 1996, 50 ff., 293 ff.

82 Siehe die gründliche Analyse durch *Stefan Barton*, Der Tatbestand der Abgeordnetenbestechung, Neue Juristische Wochenschrift 1994, 1098 ff.

83 *Ursula Epp*, Die Abgeordnetenbestechung – Paragraph 108e StGB, 1997, 480: »Folgt dem Symbol aber nichts nach – auch nicht die angekündigte Erweiterung der Verhaltensregeln –, muß § 108e tatsächlich als Täuschung bezeichnet werden.« Zum Scheitern der Erweiterung der Verhaltensregeln siehe S. 183.

84 BVerfGE 40, 296 (319).

85 Gesetzentwurf zur Änderung des Abgeordnetengesetzes (des Bundes) der Abgeordneten Gerald Häfner, Christa Nickels, Manfred Such und der Fraktion Bündnis 90/Die Grünen vom 13. 1. 1998 (Bundestagsdrucksache 13/9616).

86 Deutscher Bundestag, Stenographischer Bericht der 216. Sitzung vom 5. 2. 1998, S. 19 792 ff.

87 Eine empfindliche Lücke besteht allerdings nach wie vor darin, daß Lobbyisten bestimmte Reisekosten für Kongreß-Mitglieder übernehmen dürfen: *Ruth Marcus*, Washington's Frequent Fliers. Private interests still make it easy for members of Congress to travel in style, The Washington Post National Weekly Edition, November 17, 1997, S. 6.

88 Näheres in: House Ethical Manual, 102nd Congress, 2nd Session, April 1992, Chapter 3 (S. 83 ff. [91 ff.]).

89 Nicht unter die Begrenzung fällt Einkommen aus Vermietung und Verpachtung, aus Kapitalvermögen etc.

90 House Ethical Manual, a. a. O., S. 101 ff.

91 House of Representatives, Committee on Standards of Official Conduct, Memorandum for All Members and Employees (dated March 6, 1997) concerning salary levels at which outside earned income restrictions, financial disclosure requirements, and post-employment restrictions apply for 1997.

92 House Ethical Manual, a. a. O., S. 124 ff.

93 House Ethical Manual, a. a. O., S. 85.

94 So z. B. hinsichtlich einiger Begrenzungen der amerikanischen Parteienfinanzierung *Peter Lösche*, Probleme der Partei- und Wahlkampffinanzierung in Deutschland und den Vereinigten Staaten, Jahrbuch für Politik 1992, 1. Halbband, 65 (77 ff.).

95 Eine Erklärung dafür, daß aus der Flick-Affäre nicht stärkerer politischer Druck resultierte, gesetzgeberische Barrieren gegen Zuwendungen an Abgeordnete zu schaffen, mag auch darin liegen, daß man bei der Parteienfinanzierung zunächst darin die Lösung zu erblicken vermeinte, daß man dort alles erlaubte und auch noch in grotesker Weise steuerlich begünstigte, eine Entwicklung, der schließlich das Parteienfinanzierungsurteil von 1992 (BVerfGE 82, 265) Einhalt zu gebieten versuchte.

8. Kapitel: Wie die Bezahlung von Politikern sinnvollerweise geregelt werden sollte

1 Der Verfasser hat an anderen Stellen konkrete Vorschläge unterbreitet: *von Arnim*, Der Staat als Beute, 1993, 315 ff.; *ders.*, Die Partei, der Abgeordnete und das Geld, 2. Aufl., 1996.

2 BVerfGE 40, 296 (327): »Die parlamentarische Demokratie basiert auf dem Vertrauen des Volkes; Vertrauen ohne Transparenz, die erlaubt zu verfolgen, was politisch geschieht, ist nicht möglich.«

3 Siehe Art. 48 III 1 GG: »Abgeordnete haben Anspruch auf eine angemessene, ihre Unabhängigkeit sichernde Entschädigung.«

4 BVerfGE 40, 296 (317): »Die Demokratie des Grundgesetzes ist eine grundsätzlich privilegienfeindliche Demokratie.«

5 Empfehlungen der Kommission unabhängiger Sachverständiger zur Parteienfinanzierung, Bundestagsdrucksache 12/4425 vom 19. 2. 1993, S. 31.

6 Bundestagsdrucksache 12/5020, S. 11 ff.

7 Sinnvoll wäre es, Ober- und Untergrenzen für die Entschädigung festzulegen, den Gedanken der Entschädigung also nicht bis zur letzten Konsequenz zu verwirklichen.

8 Näheres bei *von Arnim*, Die Partei, der Abgeordnete und das Geld, a. a. O., 241 f. mit weiteren Nachweisen.

9 Urteil vom 30. 9. 1987, BVerfGE 76, 256 (339 ff.).

10 Hinzu kommen die 40 Mitglieder des kalifornischen Senats.

11 Ohne Aufwandsgeld.

12 Nähere Ausführungen bei *von Arnim*, Der Staat als Beute, 1993, 203 ff., die in diesem Buch nicht wiederholt zu werden brauchen.